政府文化管理前沿

高宏存 / 著

国家行政学院出版社

图书在版编目（CIP）数据

政府文化管理前沿／高宏存著．—北京：国家行政学院出版社，2014.1
　ISBN 978-7-5150-1103-5

　Ⅰ．①政… Ⅱ．①高… Ⅲ．①国家行政机关—文化管理—研究—中国 Ⅳ．① D630.1

中国版本图书馆 CIP 数据核字（2014）第 020037 号

书　　名	政府文化管理前沿
作　　者	高宏存
责任编辑	李少军
出版发行	国家行政学院出版社
	（北京市海淀区长春桥路6号　100089）
电　　话	（010）68920640　68929037
编 辑 部	（010）68928873
经　　销	新华书店
印　　刷	北京市昌平开拓印刷厂
版　　次	2014年1月北京第1版
印　　次	2014年1月北京第1次印刷
开　　本	787毫米×1092毫米　1/16
印　　张	20
字　　数	296千字
书　　号	ISBN 978-7-5150-1103-5
定　　价	40.00元

出 版 说 明

近年来，中国工业化、信息化、城镇化、市场化、国际化进程加快，国民收入稳步增长，经济结构转型提速。同时，中国进入了一个高风险的经济社会大转型、大发展时期，经济社会发展中不平衡、不协调、不可持续问题突出。其中，经济增长的资源环境约束强化、投资和消费关系失衡、收入分配差距较大、科技创新能力不强、产业结构不尽合理、城乡区域发展不协调、就业总量压力和结构性矛盾并存、社会矛盾明显增多等问题表现得尤为明显。此外，随着中国国际地位不断提升和多极化趋势的发展，地区争端增多和多边贸易中的利益纠葛等一系列问题的出现，都急需在政策层面给予回应。

事实上，当前中国面临的诸多"疑难杂症"并非中国独有，如行政效率的提高、公共资源的分配与监督，城市化进程中的建设与治理、多元文化的社会融合与社会和谐、新技术新传媒给政治生活带来的机遇与挑战、国际组织与国际条约体系对国内的多重影响等问题具有相当的普遍性。

发展中国家被这些问题困扰，发达国家也没有完全解决这些问题。所以，问题的普遍性或世界性，使得当代执政者在面临和解决这些问题时，必须具有国际视野和创新观念，而不能拘泥于既有的执政经验和套路，也不应囿于一地一国的有限资源。

面对这种种挑战，我国各级党政领导干部和公务员应具有较强的应对问题、开拓局面、保持稳定、推动发展的综合素质与能力，应不断地主动拓宽理论和知识视野，积极跟踪世界范围内最新而有效的解决问题的政治实践模式，谨慎探索和总结中国现实中的成功经验。同时，也更需要知识阶层积极研究中国社会转型期的新形势、新问题，为应对挑战、解决问题提供智力支持。

"政治前沿新知识文库"是基于上述设想而产生的。这套文库以"资政"为目的，以世界眼光和创新视角聚焦公共政策与治理、社会建设与发展、政党与政治权威、政府与新技术、经济发展与金融战略、国际问题与国际战略等方面的重大问题，将多学科研究的前沿知识与"国家治理"实践中的重要政治、政策问题结合起来，力图打通理论、政策和实践的边界，让理论和政策更好地源于实践、关怀实践。

本文库致力于提供解决现实问题的理论参考、世界经验和丰富案例，以中高级党政领导干部、公务员、政策研究与制定者为主要读者对象，致力于更新其理论视野，提升其执政能力，努力打造影响深远的出版工程。

应该说，本文库是国内知识界在政治前沿问题研究上的一次较为全面的展示，是力图将学术科研界的研究成果转化为政治实践的有益尝试。这套丛书在编写过程中摒弃了传统的体系性的学科知识介绍，而以针对性研究问题的方式出现，看似没什么章法，实则切中肯綮。它既是实践的探索，也是实践的总结，既是经验的浓缩，也是经验的拓展，既是理论的创新，也是理论的积淀。我们认为，不论最终效果如何，这种尝试对于中国转型期许多问题的深入研究，将提供一种新的解决问题的思路。

尝试诚可贵，然纰漏难免。我们也希望能够得到各方面的批评和建议，帮助我们完善这个文库，为读者提供更优质服务，为实现"中国梦"多出一份力。

政治前沿新知识文库编委会
2013 年 5 月

政治前沿新知识文库

政府文化管理前沿
ZHENG FU WEN HUA GUAN LI QIAN YAN

目 录

一 文化改革 文化政策 文化领导权 / 1

新时期国际文化理念引入中国，不断推动国家文化理论创新，深化拓展了文化属性、价值、功能、地位等文化理念认识，开启了文化管理体制和管理方式变革。面对国际文化竞争和文化发展实践新格局，以变革实现中国共产党文化领导权和国家精神创新，公共文化服务和文化产业发展"双轮驱动"，不同领域文化政策密集出台，逐步形成了文化创造发展繁荣的理念、政策、管理、制度等立体化合力机制。

（一）改革是文化发展繁荣的动力源泉 / 1

（二）国家精神创新的生动实践 / 4

（三）文化创造力是实现中国梦的引擎 / 9

（四）文化"中间地带"呼唤深化配套制度创新 / 14

（五）探索文化发展的合力机制 / 20

二 公共文化服务　文化权利　文化治理 / 45

公共文化服务体系建设，是文化管理领域重大政策理论和发展实践创新，是文化强国建设的保障基础，着眼于保障公民基本文化权利，实现文化民权，改善文化民生，扎实推动民族文化创造活力。公共文化服务体系的建立实际上是从文化理念、资源配置、人员管理、组织结构到管理制度设计等一系列问题的变革，包含事业单位组织形式，都要实现从传统文化事业体系到公共文化服务体系的体制转换。公共文化服务是一个社会化开放体系，其决策、实施、评估乃至于文化内容、服务提供和管理组织都要吸纳多元社会主体，以"文化治理"实现文化"公共性"价值。

（一）发展公益性文化事业保障公民文化权利 / 46
（二）全体公民应享有更高文化福利 / 48
（三）公共文化服务发展的阶段性"症结" / 52
（四）多元参与主体与文化治理新格局 / 63

三 新媒体　话语权　网络管理 / 67

互联网带来了"第四次传播革命"，新兴媒体迅速改变了传统媒体生态格局，单一媒体传播变成了多媒体全媒体传播。新技术应用不断催生新媒体形态，扩大着新媒体家族谱系，特别是各种社交媒体爆炸式增长，新传播革命从网络到移动终端变革趋势正在加深，使媒体话语权不断发生转移，传统主流媒体边缘化加重，媒体融合走向传播融合也给传统媒体管理带来了前所未有的挑战，管理实践滞后于媒介融合步伐，媒体规制改革亟需调整适应新发展趋势。

（一）新媒体引领媒体生态变局 / 68
（二）传统主流媒体向网络表达学什么 / 71
（三）传播"移动化"趋势促动话语权转移 / 74
（四）新媒体规制要跟上媒介融合发展步伐 / 81
（五）媒体管理改革和发展趋势 / 90

四 舆论场　意见领袖　政务微博 / 93

传播融合给舆论场带来了立体化、全方位的新空间，参与主体和载体格局的多元多样直接导致舆情生态格局日趋复杂。"一人一媒体"的自媒体时代真正来临，加剧了舆情引导和调控难度。尤其是"意见领袖"、"大 V"们在舆情新闻事件中发挥着巨大影响力，其观点传播影响着公共舆论走势，掌控和引领信息流和意见流，"意见领袖"加剧了信息传播权的集中。新媒介愈来愈受到政府的重视，以微博为代表的社交性媒体拓展了政府公关的新视野，在传递政府信息、协调公众行为、回应社会关切、塑造政府形象等方面的作用日渐凸显，已经成为一个社会对话的重要平台。

（一）"全景监狱"与网络舆论新趋势 / 93

（二）多管齐下治理网络不良信息 / 101

（三）交叉传播下社交性媒体营造立体舆论场 / 108

（四）政务微博舆情引导的原则与策略 / 118

五 文化产业　产业转型　文化竞争力 / 126

"文化产业"是新时期文化属性认识的重大突破，开启了系统性文化创新发展新格局，也是市场经济环境下文化发展的新路径。作为战略性新兴产业，文化产业成为国家经济转型和结构调整的支撑和依托，对塑造我国经济品质和文化品格具有引导性战略价值地位。文化发展新格局新条件下，政府文化经济政策从零散走向系统，文化产业管理模式、方式和实施途径在变革中渐趋明晰完善。文化产业发展直接带来国家综合国力和文化竞争力增强，社会文化发展的活力获得前所未有的释放。

（一）文化产业与文化属性认识突破 / 126

（二）零散走向系统的文化产业政策变迁 / 130

（三）政府文化产业管理方式和途径 / 134

（四）借力文化产业催化引导经济转型 / 140

（五）政府文化产业管理发展变革 / 146

六　文化企业　文化金融　文化投融资 / 151

　　文化企业是文化产业发展的主体，各类自主性市场主体是文化产业发展的保障。在由事业向产业转型的过程中，各类市场主体遭遇到了种种市场壁垒，其中就包括文化投融资的瓶颈制约。产业层面上，国家战略性支柱产业定位的文化产业发展前景广阔。政策层面上，扶持鼓励性积极政策密集出台，社会环境利好。特别是文化金融政策的出台，改善了文化企业融资环境，为风险投资进入文化产业提供了良好契机。同时，当前文化产业引入风险投资又存在各种现实性障碍，亟需文化产业风险投资机制创新，完善各类文化金融政策。

（一）国有文化企业发展障碍重重 / 152

（二）文化产业融资路径一：引入风险投资 / 157

（三）文化产业融资路径二：上市募集资金 / 169

（四）文化产业风险投资新机制探索 / 180

七　文化产业园区　集聚区　产业集群 / 187

　　文化产业园区已成为我国文化产业发展的最重要载体和空间依托，文化企业从空间集中到产业集聚形成了各具特色的文化产业园区，园区化发展也成为政府推动文化产业发展的显著特征和重要趋势，文化产业园区能够直接带动城市空间布局优化和功能转换。只有借助园区公共文化平台的完备，培育孵化骨干文化企业，让"跨界"成为文化产业集聚发展趋向，才能够形成主导产业突出的产业集群，文化产业园区成为文化生产、传播、展示、销售、生活、娱乐的空间，拓展文化产业园区的复合功能，与生活、时尚、社区融合，成为新的文化生活旅游"目的地"。但文化园区发展中也普遍存在"名"与"实"相悖离、名实不符的问题。

（一）文化产业园区的"名""实"之辩 / 187

（二）文化产业园区的实质和内核 / 192

（三）文创园区优化城市空间布局与功能 / 197

（四）让"跨界"成为文化产业集聚发展趋向 / 204

八 文化资源 城镇化 区域发展 / 221

　　文化资源是能够作为资产,应用于文化生产活动并产生社会和经济价值的文化积累,尤其是能够进行规模化运作的文化因素。区域文化特色和文化积累形成的文化生态圈是文化资本转化的空间载体,利用特色文化资源可以发展特色文化产业,为新型城镇化注入文化动力。文化资源产业化利用,要避免过于功利和短视,缺乏创意催化和差异,造成文化资源不可持续利用和破坏,必须遵循市场经济和文化发展规律,借区域特色文化产业发展为区域特色经济塑型。

(一) 经济视阈下的文化资源属性 / 221

(二) 特色文化资源为新型城镇化注入动力 / 232

(三) 文化生态圈是文化资本转化的空间载体 / 236

(四) 区域文化资源利用的问题与困境 / 242

(五) 区域文化资源产业化四原则 / 250

九 文化"走出去" 文化输出 文化软实力 / 265

　　全球一体化环境中,跨文化、跨国界交流传播既是本土文化发展的必要条件,也是文化发展的动力。开展文化交流是文化管理的重要内容,不论物质形态文化产品,还是精神形态文化内容,都是国际间文化交流的形式和载体。而文化输出是对外文化交流的主流形态,我国文化交流"逆差"的结构矛盾突出,文化交流政策不成体系,不能适应建构国家文化软实力的迫切需要。文化软实力是综合国力的表征,文化交流是提升国家文化软实力的重要通道,也是实现文化强国建设战略的内置性条件。

(一) 文化管理与对外文化交流 / 265

(二) 文化输出是对外文化交流的主流形态 / 272

(三) 文化"走出去"政策与文化软实力建构 / 278

十　文化产权　文化主权　文化安全 / 285

全球化加剧了各国对文化资源的争夺，发达国家经济上的支配性力量衍生出文化霸权，极大冲击了发展中国家文化资源产权。由于缺乏文化产权意识，我国大量蕴含着巨大社会价值和经济价值的传统文化资源被西方国家无偿或低价开发成现代文化产品，行销全球获取高额利润。保护国家文化产权不仅是保护本国利用自身文化资源获取经济效益的权力，也是保护和掌控对自身文化进行阐释的权利，维护民族文化主权和文化身份认同。全球化语境和主权文化的困境与机遇，要求中国以文化自觉自信采取主动姿态和应变策略，以攻为守保障国家文化安全，谋求文化大国的崛起。

（一）文化产权指涉文化权利和文化身份 / 286

（二）经济全球化与各国文化产权争夺 / 288

（三）中国文化产权的流失与保护 / 290

（四）全球化语境和主权文化的困境与机遇 / 295

（五）文化大国崛起的主动姿态和应变策略 / 298

后　记 / 308

文化改革　文化政策　文化领导权

【内容提要】新时期国际文化理念引入中国，不断推动国家文化理论创新，深化拓展了文化属性、价值、功能、地位等文化理念认识，开启了文化管理体制和管理方式变革。面对国际文化竞争和文化发展实践新格局，以变革实现中国共产党文化领导权和国家精神创新，公共文化服务和文化产业发展"双轮驱动"，不同领域文化政策密集出台，逐步形成了文化创造发展繁荣的理念、政策、管理、制度等立体化合力机制。

当代中国文化建设，是在建设中国特色社会主义的道路上，在经济全球化浪潮背景下不断探索和实践的。中国共产党十七届六中全会更是在党的历史上第一次明确提出了建设社会主义文化强国的宏伟目标，确立了文化建设的宏伟蓝图和行动纲领，阐明了文化建设的具体路径。国家的文化认识和实践之所以不断获得推进，所依托和凭靠的就是党的文化理论创新支撑以及探索中建立起来的文化宏观管理体制和文化微观管理机制。

（一）改革是文化发展繁荣的动力源泉

任何制度创新都源于文化思想和理念的更新引领，新时期以来中国共产党不断推动文化理论创新和文化政策创新，成为推动文化繁荣最重要的推动力量。文化既是对政治经济社会在精神层面的反映，又对社会发展产生推动作用。

1. 理论创新对文化发展和实践的推动

改革开放以来，党对文化价值地位、功能作用的认识不断深化，判断更加客观、全面、自觉，文化自觉体现了对构建社会发展的远见卓识，总是与时俱进地寻求社会发展的文化动力。

理论创新集中体现在，在全球化背景下更加全面地认识了文化的价值和属性，党的十六大把以往笼统模糊的文化事业单位明确划分为"公益性"和"产业性"两类，提出了"文化产业"的概念，明确了要把经营性事业单位转企改制，培育成为合格的市场主体作为改革文化体制的目标任务重点，从而划定文化事业单位的公共服务职能，在政策体系制定中也开始分类指导区别对待。党的十七大明确提出了增强国家"文化软实力"的发展战略，更加全面地认识到文化是综合国力竞争中重要力量，小康社会建设和国家全面协调可持续发展的重要内容。六中全会进一步提出要加快发展文化产业，推动文化产业成为国民经济支柱性产业。这一系列文化理论创新和认识突破，都是在开放环境下中国共产党自觉进行文化创新的成果和收获。

2. 市场经济体制改革对文化发展和实践的推动

我国社会建设发展实践，特别是市场经济体制的建立和新技术革命的推动，也成为文化体制改革的推动力量。市场经济体制的建立，呼唤政府文化管理理念和方式变革，文化事业单位等各种微观文化组织要适应市场机制要求，更好地确立职能定位和社会功能，在市场条件下提供社会需要的文化产品和服务。深化改革过程中，很多原有的文化事业单位长期存在着事业和产业双轨混合运营的情况，公共职能和市场职能交叉，事业法人和企业法人兼顾，管理过程中政府和市场的边界不清晰。一方面公共文化服务不能充分满足人民的需求，另一方面文化单位又在市场中具有获取经济利益的诉求，公共服务职能缺位错位。因此，计划经济体制下文化单位管理的行政事业体制难以适应市场经济体制的要求，事业单位文化活力不足，文化生产力受到限制；文化产品数量和服务质量结构性矛盾突出，难以满足需求。正是在这样的背景下，2003年开始，中央决定推进文化体制改革的进程，开始了分类指导的改革政策，把理论变革的逻辑起点推进到实践层面。

另外，如果从文化生产传播和消费自身的角度看，信息技术、网络技术和数字技术的使用，改变了以往文化生产消费模式。科技手段改变了文化生产和传播的介质，也会进一步培育一些新型文化消费内容，包含培养人们的新型消费习惯和文化趋向。随着"三网融合"步入实施阶段，将从技术层面打破广电、电信、互联网分业经营的格局，传统的文化产业业态将发生根本转变，逐步实现报纸、广播、电视、杂志、音像、电影、出版、网络、电信、卫星通信等媒介形式深度融合。数字环境下新的文化业态必然要求文化管理体制创新和变革，更新文化管理的思维方式，探索文化管理的机制。

3. 文化体制改革对文化发展繁荣的推动

文化体制改革给文化单位带来了活力，文化产品更加丰富多样，也壮大了文化生产力。在文化体制改革过程中，通过坚持"两分法"把文化事业单位分为"公益性文化事业单位"和"经营性文化产业单位"，根据社会服务职能和发展目标的不同，采用不同的投入机制和管理方式；坚持了"四分开"，即事企分开、政企分开、政事分开、管办分开，逐步建立了适应市场经济体制的管理模式。

借助于改革文化体制，也逐步调整了政府文化管理的方式，努力实现了"两个转变"，即由办文化向管文化转变，由管微观向管宏观转变。市场能够做到调节的就由市场来完成，而不是过度干预市场，超越了政府的职权，政府和市场之间的边界更加明晰。因此，不论是公益性单位还是文化市场主体，活力都释放出来。

比如，2009年11月，原中国东方歌舞团转企改制组建了中国东方演艺集团以后，2010年4月30日完成了整体转企改制。改革后集团公司的演出场次比改革前增长了318%，经营收入增长了219%，员工收入增长了214%，"三个翻番"带来的是经济实力和文化影响力全面提高，文化生产力得到了释放和壮大。这些成绩的取得，与政府出台的一系列扶持政策和放松管制，调动社会力量鼓励私营资本的进入密切相关。我国电影产业的实力和竞争力，也在不断壮大中得以增强。

文化体制改革不仅给文化产业发展和文化市场建立以合法身份，而且文化产业已经成长为我国经济发展中的战略性引导性产业。最近几十年我国文化发展的成就，主要是依靠管理体制上政府放松管制和体制内优先发展的路径实现的，没有一系列文化制度创新，没有文化经济政策体系的完善，就不可能有文化产业的持续发展。一方面，文化体制改革在原有国有文化单位内部，通过经营性文化单位转企改制，培育扶持了大量文化市场主体，进一步激发了原有文化单位的活力和积极性，带来了文化产业的快速发展。另一方面，文化体制改革中对于一些新兴文化业态放松管制，放宽市场准入机制，带来了整个行业发展。最典型的行业就是新媒体行业。对于以网络为代表的新媒体，政府起初是作为经济产业来推动发展的，调动了社会和民间的大量资本，引入资本市场，因此整个行业获得了急速膨胀。从2004年到2009年，网络经济增幅达到了94%，网络媒体和移动传媒一起成为传媒产业发展的两驾马车，在整个媒体市场的比重已经超过广播电视行业。新媒体的影响力也占据了媒体主流，扶持主流媒体网站发展成为国家增强传播能力建设的重要内容。

总之，文化发展繁荣要进一步理顺文化创新和文化管理体制机制改革的关系。文化发展要更加重视发挥市场和企业的作用，深化文化体制改革要建立更加灵活的机制和公平竞争的市场环境，调动不同市场主体参与文化建设，尊重民间社会文化创造的活力，更大范围内推动文化发展。

（二）国家精神创新的生动实践

从2010年中国社会已经整体迈入中等收入国家，逐渐走向国富民强进一步实现现代化，党的十八大在社会转型中期这样一个特定时间节点召开，具有里程碑意义。十八大报告亮点纷呈，处处闪耀着思想理论创新的光芒。国家精神创新进入了新阶段，确立了社会主义文化强国建设新目标，具体文化行政管理制度、管理方式和方法，也提出了发展新方向。

1. 中共十八大国家精神创新的新发展

十八大报告总结过去十年的实践，提出了一系列新思想、新观点、新论断,特别是开创了中国特色社会主义理论的新境界——科学发展观。科学发展观是指导中国特色社会主义道路实践的根本思想,要落实在国家建设的全过程和各方面,成为国家主流意识形态的新内容,进一步丰富了国家精神的创造成果。中国共产党作为一个马列主义的政党,意识形态就是执政党的生命,也是凝聚社会力量,寻求执政合法性,实现社会教育的依托载体。它本身是一个完整的话语体系,有着内在严密的逻辑性。十八大报告深入总结了中国特色社会主义理论的不断创新成果,强调中国特色社会主义理论,怎样实现了由过去革命的、不断斗争的话语体系,一个浪漫主义乌托邦的理想,变成今天实事求是、人民追求好生活这样一个现实实在理念,来谈党的理论创新和建设。

改革开放几十年来,随着实践创新推动,中国共产党的指导思想和意识形态创新总能够与时俱进,不断获得新的生命力。新的国家精神创新路径有什么特点呢?

这是一个一脉相承和不断创新的过程,沿着国家精神创新从绩效路径到价值追求探索之路。俄罗斯学者米格拉尼扬曾撰文《俄罗斯现代化之路为何如此曲折》,反思了从前苏联到俄罗斯一直到今天为止,与中国改革起步时间差不多,但是路径完全不同、结果也相去甚远的俄罗斯社会转型。在中国,以邓小平为代表的党内元老派开启的这轮社会全面改革,首先实现了党的意识形态理论转型创新并呈现了新活力,国家精神转化了毛泽东时代那套革命意识形态的话语体系,步入了回归常识理性或世俗理性的新时期。近些年和谐社会论、生态文明论等思想的提出,达到了对中国传统文化最好精神价值的传承,也面向世界汲取人类文明共同价值成果,让中国社会转型和理论创新具有了世界意义。

首先,我们的国家精神创新是一种渐进维新模式,而不是激进的"休克疗法",像苏联让哈佛大学教授设计一个理念,拷贝西方政治制度、经济发展模式,以为能实现社会的快速转型,但他们期盼的自由民主社会并没有实现。我们庆幸邓小平的实践理性指导了中国改革路径,在保持社会秩序稳定的前提下一步一步实现了社会转型和经济繁荣。

其次，中国国家精神的创新机制沿用了一种创造性转换路径。以一种开放的心态，通过吸收或者扬弃，在原来话语符号系统里不断进行创造转换，借鉴一些固有语汇，进行新的价值和意义解释，同时也不断在实践中汲取接受人类文明价值共同成果，注入和丰富新内容。不论是"三个代表"重要思想论、和谐社会论、生态文明论，乃至于科学发展观的提出，都是在不同阶段社会实践发展中丰富发展的。作为一个党的意识形态创新、国家精神提炼、民族信仰的形成，也与思想解放和学术自由空间密不可分，思想界的活跃和探索成为党的理论创新的重要智力支撑。这些年来，中国共产党作为一个成熟的政党，在凝聚社会共识形成指导思想的过程中，一直坚持来自实践的世俗理性和常识理性，中国特色社会主义道路才是我们的必由之路，"既不走封闭僵化的老路、也不走改旗易帜的邪路"。

再次，党的理论创新从价值取向上也经过了从乌托邦主义到世俗化、由过去的浪漫主义转换成现实主义，从纯粹理想建构转化为常识理性出发，回归美好生活和文明价值的追求。中国共产党实现了由追求经济的实效发展来寻求党的执政合法性，转向一种更为恒久的人类文明价值的追求。从"三个代表"重要思想的提出，一直到十七大以来提出的政治文明论、生态文明论、科学发展观，是整合社会终极价值的生动实践和体现。这些都是科学发展观基础上综合指导思想形成的新成果，使我们这个政党指导思想不仅是绩效评价，应该让它接受全人类文明的成果。一个政党如果单纯由常识理性作为指导，通过执政绩效来认定执政合法依据，一旦出现经济社会危机就可能带来执政危机。所以在过去意识形态的思想库里，我们开始利用一些元素推动过去浪漫的带有激进主义的理念，走向一种世俗的理性的常识建构，再走向未来对社会终极价值追求。现在国家意识形态的转型已经实现，党的指导思想在政治领域转型已经实现，未来要更加通过制度创新来集中解决国富民穷、两极分化、贪污腐败等突出社会问题，解决沿袭传统路径带来的"强政府—弱社会"的社会结构，只有民生为大，疏民气解民怨，才能让社会步入未来更高发展阶段。西方社会评价中国，普遍认为中国继续走"渐进主义"道路。到了这个阶段，国家发展指导思想、国家精神早已经有了和世界最先进、根本性理念、普世价值殊途同归的趋势，作为意识形态核心的国家精神，一种理想信念价值体系，也在变成凝聚整个社会的一种主流精神。

2. 文化强国建设的新起点

在历次党的全国代表大会中，十八大报告首次提出了建设社会主义文化强国的宏伟目标蓝图，切实提高国家文化软实力，就全面提高我国文化创造力、影响力和竞争力做出新部署。体制机制的创新、工作方式的转变，依法理政的思想在十八大报告当中特别突出，文化领域建设中也应该不断实践这些新的理念和思想，切实把文化强国建设提高到新水平。

从"软实力"理念到文化强国建设目标的提出，恰恰体现了实践推动理论创新的实现。十七大提出了文化作为国家软实力，应对解决经济繁荣发展中不均衡崛起的问题。经济强文化弱、政府强社会弱的不均衡发展，带来了一系列结构性矛盾，所以提出文化软实力作为综合国力重要组成部分的思想，支撑国家全面建设。但文化软实力提出只是侧重在文化功能的某些方面，放在社会全面发展过程当中给予更恰当的位置，同时寻求社会全面发展，但还局限在文化自身的发展。十八大报告则上升到国家更高战略层面，要建设社会主义文化强国，文化建设既是小康社会"五位一体"的一个重要组成部分，更是国家的一个宏观战略，文化强国建设目标实现，国家才能全面崛起和复兴。这十年看文化发展理念上有很多创新，我们充分借鉴了国外社会发展经验，公共文化服务理念、公共文化服务体系建设、文化权利保障等，一步步把文化建设引向深入。文化软实力除了文化吸引力、文化的自身魅力、影响力，还有一个硬指标，就是国际上文化产品所占比重。根据2010年联合国相关组织的统计结果，各国文化产品占国际市场比重来看，美国占到43%，日本10%，中国只有4%，韩国占5%，韩国是现在全世界第五大文化产品出口国，跟综合国力相比，我们文化领域的地位分量还远远不够。现在我国文化产品输出状况，可以用三个"结构性失衡"来概括：一是文化内容产品太少，更多的是物质性产品。二是传统文化产品和新兴文化产品比重失衡。"走出去"的文化产品，更多的是演艺、杂技、功夫、花灯等传统性文化产品，新兴文化服务和产品，比如游戏软件、动漫等还太少。三是运作文化生产的机制与国际市场规律之间失衡不匹配。如何推广中国文化服务和产品、如何在国际市场销售中国文化、如何根据国际市场需要运作文化、根据国际惯例传播文化，这都是不匹配的。这些不匹配体现出文化软实力弱小，文化软实力在国际上竞争力小。现在中国文化生活现代化指数全球排在第57位，文化竞争力指数全世界排在第24位。有文化资源没有有竞争力的文化产品，没有国际竞争力的文化生产。作为一个后发展国家，我们已经自觉地参与国际竞争，充分利用国际社会规则、国际社会发展基础条件，尽快提高文化生产和竞争能力。

从解放文化生产力发展文化，到今天明确把文化产业培育成为支柱性产业，文化产业分量更重了。党的十七届四中全会提出解放文化生产力，进一步推动文化发展繁荣，十八大报告再讲解放文化生产力，同时要把文化产业培育成国民经济支柱性产业，从文化经济角度把它的地位进一步提高。围绕十二五时期经济结构转型调整的主线，文化产业能够发挥多大作用？文化提升整个经济品质，增加产品文化含量和附加值，进一步拉长整个经济产业链。文化产业是经济转型、结构调整的支撑力量，文化价值就是产品品质。文化产品生产特别是创意设计，乃至于创意品设计引领消费时尚风潮，就是创意设计实现带动整个文化经济发展的实现过程。

文化繁荣具体实现，既要用创新的理念推动制度创新，文化发展观念、思路的创新，完善国家文化政策体系，也要更加尊重个人和人民文化创造主体地位。政府在文化发展当中到底应该扮演什么角色？我们长期延续建国以来全能政府管理体制，主流文化之外的文化并不很发达，文化内容多由文化管理部门直接提供，老百姓想看什么，都是政府生产提供。十八大报告明确指出建设社会主义文化强国关键是增强全民族文化创造活力。文化创造更多的是自然而然生成的过程，只有对个人文化创造尊重，更加尊重文化创造的特点，才能够推动文化发展。文化是一个积淀的过程，不能靠搞工程的方式来建设文化。我们现在有很多文化工程，对文化自身的理解很狭隘。文化建设和发展不能靠强力行政力量来推动，文化繁荣发展首先是对个人创造力、群众创造力的尊重。

文化管理要从政府引导向社会治理转变。首先要尊重文化自身发展规律，尊重经济发展规律。文化公益事业、公共事业、公共服务要更加尊重群众的自我管理、自我创造、自我完善、自我教育，以这种方式来实现民主管理。但是文化经济发展当中政府要不要扶植？扶持弱小产业引导发展，这是政府职责所在。这个引导要逐渐走向社会治理，政府、个人、各种社会组织之间形成共赢。如何发挥民间力量自组织作用，强势政府和弱势社会之间，如何更多地调动民间力量来繁荣发展文化，这是一个大问题，包含个人、企业、组织。其实中国社会是存在过这样一个群体，从事延续文化的自我发展传承的群体，主要是民间力量，今天应该培育更多的组织和个人来做这个工作。根据各国公共服务改革的趋势必须适度社会化，不能政府包揽，社会化是一个方向。形成政府、企业、社会组织、个人共治局面。其次要构建有利于文化发展的新机制。十八大报告特别强调制度建设和新机制创立和管理方式变革，新机制建立离不开文化催化。从全世界来看公共服务改革的趋势，就是要靠适度市场化来推进。特别是在公共文化服务实现过程当中很多方面值得去思考。要创新文化内容管理体制，更加依法管理文化。文化发展思路要创新，崇尚多元是进行文化发展思路创新一个很重要的方面，倡导自律、多元理念。在文化领域，强调国家精神不能忽略文化多样性问题，国家精神建立过程当中内容逐渐演化变迁，是一个伟大的创造，但具体文化发展要更加崇尚多元。一个更加多元的转型社会，文化领域更应该强调深化改革，更加自由开放地改变思路，进行体制机制创新来推动文化发展繁荣。

（三）文化创造力是实现中国梦的引擎

"中国梦"的核心是民族复兴之梦，实现中华民族伟大复兴的中国梦，需要文化的强大精神力量的引领凝聚，把文化创造活力变成推动实现中国梦的引擎。实现这一宏伟目标需要诸多条件的保障，需要政府、社会和个人形成文化创造和制度创新的互动合力，形成从观念到制度建设全面创新的局面。

1.增强全民族文化创造活力，要把文化主权在民理念贯彻到文化建设全过程和各方面

十八大报告明确提出了建设社会主义文化强国的宏伟蓝图，并提出关键

是增强全民族文化创造活力，让一切文化创造源泉充分涌流，开创全民族文化创造活力持续迸发。文化是一种需要发展中不断积淀的价值，普通人日常的生活就是一种文化的呈现。而任何制度创新都源于文化思想和理念的更新引领，新时期以来中国共产党不断推动文化理论创新和文化政策创新，成为推动社会发展繁荣最重要的推动力量。因此，文化建设首先需要的就是保障所有人在宪法规定下的言论自由、出版自由和表达自由，在不违背法律的前提下实现文化创造的自由。把文化创造的权利完全交给民众，同样包含着更加自觉地尊重普通民众文化创造权利、文化选择权利。在多样化的文化大合唱中，倡导主旋律和培育国家精神永远都是执政党的使命和责任，两者互动共生而不偏废才是正途，要更加尊重包容文化选择的多元价值取向。基于文化竞争的国家竞争优势、国家软实力，恰恰是在主权在民理念基础上民间文化创造活力精神的实质体现，没有民间文化创造的活力迸发，就不可能形成有竞争优势的国家文化软实力。当前，数字技术条件下普通公众所创造传播的信息已经超过了正式机构所发布的信息数量，民间自发舆情社会影响力越来越大，文化新业态的萌生更是给了"草根"机会，微电影、微视频、微信、微小说、微阅读等，不一而足。要解放和发展文化生产力，就要为人民提供广阔的文化舞台，在尊重法律和基本道德诉求价值的框架下引导民众规范自己的言行，鼓励不同社会文化实践主体，为实现美好社会理想而张开想象的翅膀，激活创意，削尖思想，接续历史文化生命，创造属于这个时代的文化精神和产品。普通民众俗常生活，健康生活方式所在的公共文化空间所体现出的价值，正是我们要着力营造积极文化生活方式的文化创造所在。

2. 增强全民族文化创造活力，要营造更加宽松自由的文化氛围和环境

自由宽松的文化生态环境是激发文化创造活力，推动文化发展的必要条件。文化创造不能靠运动式突击或工程式管理，内容作品具有个性，文化工作和硬件设施建设有标准，但文化的创造则不是程式化统一模式，更多是在个性化中实现对时代、民族的塑造坚守。鲁迅说的"血管里流出来的是血，喷泉里流出来的是水"，就是对文化创造主体性的最生动的解读。在构建国家文化软实力过程中，文化竞争力和实现方式的体现之一就是文化产品和服

务的输出，而改变目前我国文化产品出口的"纽扣现象"，最切要的就是呼唤文化内容、品牌、个性等的吸引力和渗透力，更多实现从物质产品到文化价值观的输出传播。因此，彻底解放文化生产力需要政府和管理部门解除一切不恰当的束缚和限制，营造一个开放、包容、宽松的文化创造环境，自信的心态接受批评，开放的氛围容纳域外文化，宽松的标准肯定失败，公平的环境倡导竞争，给予文化竞争和发展更自由公平的环境，更加自由的讨论和批评，形成文化自由生发的土壤。只有"发扬学术民主，艺术民主"，不同的主张观点理性辩驳、公开争论，才能够为人民提供更广大的舞台，自由伸展的文化创造空间，群众健康积极的文化个性才会得以张扬，从基础上夯实文化创造活力的土壤。

3. 增强全民族文化创造活力，要实现文化管理从政府主导、引导走向文化共治

文化是全社会凝聚共识，引领风尚，教育人民，服务社会，推动发展的精神力量，文化既是对政治经济社会在精神层面的反映，又对社会发展产生推动作用。改革开放以来，中国共产党对文化价值地位、功能作用的认识不断深化，判断更加客观、全面、自觉，文化自觉体现了对构建社会发展的远见卓识，理论创新集中体现在全球化背景下全面认识了文化的价值和属性，总是与时俱进地寻求社会发展的文化动力。但另一方面，长期以来我们习惯了国家文化发展是以一种政府办文化的模式向社会提供，政府直接管理文化事业单位，从事文化生产和服务的文化组织行政化色彩浓厚，活力不足。但文化载体和创造主体在社会民间，文化创造这样的社会性工作必须回归社会，在改革开放中不断扩大的"第二空间"要成为文化创造最重要的阵地。公共服务、公益性事业的国际管理趋势就是适度社会化，政府"看得见的手"要从非意识形态领域放手，避免意识形态管理和文化管理的过度紧张感，在意识形态安全和产业发展间获得平衡，不能重文化安全管理而轻产业推进与社会文化创造空间。

增强全民族文化创造活力，就是要让所有文化创造主体自由迸发他们的创造活力，文化创造源泉多层次、立体化涌现，动员全社会各种所有制文化

机构共同参与文化建设。文化生产丰富形态，必然呼唤政府文化管理要吸纳企业、个体、机构的广泛参与，变过去单一主体为多元主体，既要发挥政府引导作用，更要发挥多元主体的积极性和实体功能，这也是体现文化主权在民的实际举措，共同推动文化发展繁荣，就需要政府管理创新的支撑和推动。人民是历史实践的主体，也是文化的真正创造者。首先，执政党组织和政党群体要不断引领社会前进的方向，不断创造代表先进文化的精神文化价值，成为我们社会文化大合唱中亮丽的核心风景，引领精神时尚和价值选择的文化理想。其次，我们要更加尊重个体创造者的个性和积极性，允许无数的个体不断探索、尝试、试错，多样化、多层次中体现文化创造的丰富性。再次，各种社会机构和组织、群众团体也是我们文化创造中的重要主体，他们的日常生活方式往往就是我们文化中潜藏在海天下蓝色的冰山。毕竟，群众的日常生活方式就是文化最生动鲜活的载体，关注日常生活里的精神价值，让健康积极的生活方式成为我们社会文化生活主流，回应满足百姓的精神生活，才是文化创造发展繁荣的最重要根基。

4.增强全民族文化创造活力，要推动文化管理模式、方式更加制度化、法制化

文化管理规范文化运行方式，世界不同文化管理模式的国家所依托的管理机制不同，但不外乎在政府主导、市场主导之间选择，甚或在二者之间寻求某种程度的平衡，实现政府、市场、企业或其他文化单位组织之间的管理、效益和价值统一。管理方式也从过去单一靠行政手段转变到依靠法律、行政、经济相结合的手段等进行综合治理。具体的管理方式则可以区分为行政手段、财政手段、法律手段、技术手段、行业自律等。李克强同志在全国综合配套改革试点工作座谈会上曾指出，"推进改革要善于运用法治思维和法治方式"。强化制度创新，实施政府管理模式和方式创新，也是十八大提倡的深化各领域政府管理改革的重要精神。因此，改革政府文化管理模式、方式，就成为激发文化创造活力的内在要求。针对公益性文化事业和经营性文化产业，不同性质类型的文化单位，要分别依照不同的改革路径和管理方式进行调整。目前，中国文化管理存在过分依赖行政手段，运用经济、法律等其他手段还

不够，文化立法缺失和缺位，人治代替法治的现象仍然十分严重。特别是文化管理中最棘手的文化内容管理，很多领域无法可依过于粗放。比如，著名导演谢飞关于电影审查制度的议论，实际上冲突实质就是文化内容管理法制化不足的集中体现。在文化经营管理领域，不尊重文化企业经营自主权，管理中行政干预较多，破坏了产业的市场竞争规律，致使文化产业发展缺乏活力，产业弱小，竞争力差，经营项目结构单一。完整的产业格局未能形成，民营资本在文化产业投资中还有很多限制，社会资本、外资资本在产业发展中的结构构成不合理。凡此种种，不一而足。因此，要深化改革激发文化创造活力，需要综合运用各种手段，特别是各类经济杠杆来管理文化，强化宏观文化管理，避免干涉具体文化经营行为。

5. **增强全民族文化创造活力，要进一步完善促进文化发展的政策体系**

新时期以来文化发展涌现出了前所未有的活力，其中一个重要的支撑条件就是基于理论创新与制度创新的政府政策推动，文化产业发展不仅获得了合法性地位，成为推动我国文化发展繁荣的重要一翼，双轮驱动齐头并进，国家文化经济政策体系也不断完善。但这还是站在管理者角度，供给政策建构的合理性层面，而实际上在市场经济环境下文化创造的自主实现，无法离开市场的积极作用，即使是普适性全覆盖的公共文化服务，除了加大政府文化投入规模和力度，发挥公共财政引导功能，也需要政策创新吸引社会力量参与，制度性保障社会力量参与文化建设和服务。如何调动社会多元主体参与？制约性的障碍就体现在社会组织管理政策的制约、捐赠制度政策的制约，也与税收优惠等经济因素牵连，因此谋划文化发展就要破解这些政策和制度上的症结，才可能使社会力量参与文化建设，创造中也同时分享文化成果。未来一个时期，文化政策要在宏观性、扶持性、规范性的大量政策基础上，根据不同性质文化类型特点，更有针对性地细化门类，综合性解决制约文化发展的政策障碍，形成整体性可操作落实的政策体系，推动文化的发展繁荣。

总之，只有从根本上增强全民族文化创造活力，才可能实现文化的全面发展繁荣，国家文化软实力根本性增强，人民文化生活才能够极大丰富，才可能全面提升经济发展的质量和品质，解决国家发展中不对称崛起问题，使伟大的中国梦成为有吸引力影响力的文化理想。

（四）文化"中间地带"呼唤深化配套制度创新

文化体制改革已经进入发展实施的攻坚阶段，各种配套改革政策措施的需求日渐凸显，也成为顺利推进文化体制改革的制约性因素，技术性问题的解决影响整体改革效果的推进。特别是针对一些跨领域、多重性质的文化"中间地带"，单一的政策路径设计难以奏效，推进中难以取得预期的改革效果，因此正确处理好文化"中间地带"问题，是深化文化体制改革的一个重要内容，更是正确处理文化建设与经济关系的一个关键环节，也是如何处理好政府积极作为与尊重产业规律的矛盾，协调好政府、市场和文化单位三者的动态关系的关键节点。

1. 制度设计空缺产生文化"中间地带"

文化建设是一项复杂的系统工程，文化体制改革具有系统性和协调性问题，因政策与实际情况出现脱节，导致政策的针对性差而出现改革的空白地带，创造良好的市场环境和政策环境是迫切需要解决的一个重大问题。同时，文化体制改革远较单纯的经济领域改革复杂，文化生产和服务存在特殊的价值引领和文化导向问题，存在着权力、利益和价值的矛盾关系，关系到国家的文化安全和意识形态的导向。文化"中间地带"存在的原因非常复杂，必须加以区别对待。

第一，文化单位改革转型中有很多领域既有经济属性，也有公共服务属性，很难单纯以产业属性或公益属性来区分，因而成为文化体制改革中的"中间地带"。如何对待这部分文化"中间地带"的改革问题，就成为影响我们改革效果和改革成败的一个重要因素。在当前国家执行各行业"十二五"规划期间，总结"十一五"文化建设的成就，更加充分认识文化体制改革的复杂系统性，总结存在的问题，找到症结，会更加有利于推进改革。比如在出版行业，除了几家出版社保留事业性质之外，绝大多数出版单位都要求转制为企业。截止到2010年底，中央各部门各单位177家出版社，约占我国出版社总数三分之一，已全面完成转企任务。除1家出版社停办退出，其余

176家都已换了"企业身份证"。实际上按照现在的分类标准,有的一家出版社本身就可能兼跨两种属性。比如民族出版社,依据我们分类标准的规定,民族语言文字类的出版物就是公益性的,汉语文字读物就是非公益性的,就该回归产业走市场;人民出版社是公益类出版社,可其很多出版业务却是面向市场的产业化行为,显然又与公益性定位和身份归属相冲突。民族出版社的定位和职能划分中,包含了公益性和产业性,"一社二性"无疑给它的运营和壮大带来了束缚手脚的政策障碍。同样的问题也存在于人民出版社,因为作为公益性事业单位,它该如何定位和解决好副牌东方出版社的产业发展问题?与此相类似,在出版社转企改制的推进中,盲文出版社是被划分为公益性文化事业单位,不必转企改制,但它的具体运营管理是否也可以允许引入社会资本,增强提供服务的能力?

因此,经营性产业和公益性事业并不是黑白矛盾截然分离的,而是一种互补和可转化的功能类型区分而已,文化的价值属性内在地规定了不同形态文化的公益性特性。制度设计中要有统一的实施政策细则,不能在文化单位转企改制中背靠扶持性优惠政策,享受事业单位的补贴和财政扶持,又去市场上进行不公平的竞争,无意之中相关的政策给市场带来了不公平竞争的市场环境困境。因为这个兼跨不同特性的事业单位(产业单位)将考验国家对公益性单位或项目的财政支持方式问题。

第二,从文化体制改革政策的实施效果来看,由于没有根本性、系统性制度设计,有的改革制度设计存在着缺失,特别是文化单位类型划分标准偏于粗疏。在建立社会主义市场经济体制中,文化单位的管理和运作必须适应市场经济的环境,经营机制和管理方式要进行适应性调试。在这一轮文化体制改革中,市场化是文化管理变革的方向。因此,明确划分文化领域不同行业文化单位的属性,明确了公益性文化服务和经营性文化产业的分属问题,把具有产业属性的文化单位复归市场,借助于市场性机制搞活提供公共文化服务的公益性文化事业单位,成为改革的方向和路径设计的宗旨。但在实际操作过程中,这个标准也还存在很多问题。特别是涉及意识形态与社会舆论管理的文化政治职能、文化社会职能、文化经济职能相互交织,单纯以文化产业属性作为推向市场转企改制的标准,对于部分文化行业的特别领域或"中间地带"就存在着政策适用性难奏效的问题。电视台、报纸杂志都是内容产业,因为内容侧重点不同(电视台主要是频道的差异)就区分了公益性和产业化的区别,采取不同方向的改革路径,这实际上是一种静态化的观点,人为割裂了同一文化单位的不同侧面,不太符合全媒体传播环境下媒介融合的整体发展趋势。在媒体领域的这种人为切分,在网络传播中就消弭了界限。特别是"三网融合"从技术层面打破广电、电信、互联网分业经营的格局,必将重组文化产业链。数字内容实现了信息跨媒共享、资源跨行配置、文化跨域交流,现在的管理制度设计思路难以破解现实的困惑和适应产业未来发展的趋势。

第三,实施性路径和程序型设计规定不宜太明确,否则很容易限制地方的改革和探索。一方面,程序性或技术性规定,在文化体制改革政策落实中是改革推进的一些关键环节,如果没有程序化、没有标准化,很多管理制度和政策就会流于空泛难以落地实施,推进改革就必须要把实施的举措具体化,同时一定要有一种系统性的设计,完善配套的改革措施。因为文化行业和门类的复杂性,同样的改革却因为隶属关系、计划经济时期带来的行业系统的差异而呈现出了复杂性。比如同样是文艺院团改革,文化系统所属还是隶属于其他的行业部门,在改革的条件、具体实施政策等方面就涂上了部门"行业"的色彩。另一方面,针对具体的改革实施路径和改革实现方式等问题,又必须尊重地方政府根据各地的具体情况创造性解决实际问题,为地方的创造性预留空间,避免国家政策没有考虑各地发展的实际,一刀切地推行同一个政策,忽视了各地发展的实际和实际问题的复杂性,难以取得预期的改革成效。

2. 文化"中间地带"症结破解需要政策创新

由于经济发展水平制约等原因,文化建设的资金缺口往往成为文化发展的瓶颈。但制度设计的创新,往往能够突破运营资金短缺的瓶颈,促进文化服务的实现,解决了政府资金供给不足和文化服务供给短缺的"双重失衡"。针对不同文化"中间地带"类型,要创新不同的文化政策,寻求文化管理机

一、文化改革　文化政策　文化领导权

制的有益探索。

第一，产业形态明显但公益性更加突出的文化类型。针对公益性强和意识形态弱的公共性服务文化内容，政府的角色是对这类文化单位既要松绑更要扶助，支持的同时探索多种形式参与，鼓励社会资本进入，甚至参股、控股，以保障公共文化服务的供给。不论是公益性文化事业单位，还是经营性产业单位，单纯依赖公益性和产业性的行政命令式硬性划分强行转企改制，往往导致文化机构承担功能的错位，而多种社会主体的参与会防止形成新的垄断。演艺行业作为经营性文化产业类型，主要依托市场的机制来运作，因此市场化成为国有院团改革的路径设计。但演出产品具有传承文化、构建社会价值的文化功能，公益性特征突出。特别是各种非物质文化形态的演艺品种，更是民族文化的精神寄托和心灵家园，成为维系民族记忆的生动载体。作为一种艺术表演形态，演艺产业反映了一个国家和民族文化的特质，其本身具有传递文化精神和艺术美感的作用，对社会和公众具有美育的责任。演艺产业同时也是完善城市服务功能的重要内容和载体，具有提高城市品质、树立城市形象、增强国家（地区）软实力的重要作用。

2009年9月成立的贵阳交响乐团，建立了一种新的"政府支持＋民企赞助＋董事会运营"的模式，体制和经营模式上体现出了创新和示范的意义。贵阳交响乐团以民营资本为主，管理上也更接近西方发达国家交响乐乐团的管理体制。作为中国首家民办公助交响乐团，交响乐团的管理运营由董事会负责，星力集团每年注资1200万元，市政府每年注资200万元，并将贵阳大剧院交付乐团用于办公、排练和演出。贵阳市政府每年还将定期购买乐团的音乐会门票，用于向社会普及推广交响乐艺术。贵阳交响乐团的这种模式，既满足了我国民众对交响乐艺术的需求，又解决了因为消费水平低无法形成有效市场的培育，更为交响乐艺术院团的资金需要寻找了突破口，拓宽了政府之外的多样化的资金来源渠道，从而保障了文化服务的有效供给。星力集团对贵阳交响乐团的投资和贵阳市政府对交响乐艺术的支持，为我国交响乐团的建设提供了一种可借鉴的典型，探索社会力量介入艺术投资的社会再分配机制的形成。

第二，公益性形态凸显，但又必须做产业化运营的文化类型。新一轮新闻出版体制改革中，根据不同类型报刊加以分类区别对待，把产业化和市场化作为改革的方向。以时政类和非时政类作为划分报刊的标准，时政类则是公益性，非时政类则是产业性，并且以此作为是否可以采用产业化运作归类的界定标准。这个标准人为割裂了同一文化单位负载功能的不同侧面，有必要进一步完善细分报纸期刊的类型。比如，如何对待公益性更为突出的学术期刊的产业化经营问题？我们国家源于以往区域性和层级制的行政管理体制，形成了不同层次的期刊，如今把全国的期刊放在同一个市场平台前平等竞争，如何处理好不同的刊物所享有的体制内或行业内的优势与市场竞争之间的关系与平衡，将是新一轮报刊改革的着力点。根据国家新闻出版广电总局的统计资料，2012年全国共出版期刊9867种，各类期刊的所占数量分别为：（1）综合类370种；（2）哲学、社会科学类2559种；（3）自然科学、技术类4953种；（4）文化、教育类1350种；（5）文学、艺术类635种；（6）少儿读物类142种；（7）画刊类60种。在近1万种期刊中，真正走向市场的大众化期刊比重很小，绝大多数都是文化学术类的期刊。而学术类期刊，不论是人文社会科学还是自然科学技术类，都肩负着传播文化、倡明学术的使命，不同的期刊经营状况千差万别。因此，若依据现在的标准把大多数学术类期刊推向市场，那么很多就会堕入靠卖版面借以求生存的危途，无法保证学术期刊的水平和质量，不仅传播学术文化的目标无法实现，也阻遏了政府提供公共文化信息服务的责任目标的实现。在英法等欧盟国家，新闻出版产业是作为特殊产业来对待的，新闻期刊业在税收方面享受优惠政策，税率低为5%，英国还对牛津大学出版社和剑桥大学出版社等学术类出版机构不仅免税还有财政补贴，支持鼓励文化传播。

第三，发展产业首先要摆正政府的角色位置，合乎文化产业规律的自我约束和有限作为才能真正促进产业良性发展，正确处理好政府、市场（包含各种中介机构）和文化单位三者间的关系。政府自身在完善配套改革基础上，要规范行为并强化产业意识，避免因为"非产业化行为"干预破坏市场环境，产生产业发展的"市场挤出效应"问题。比如推进演艺产业回归市场的过程中，

一、文化改革　文化政策　文化领导权

"公益性演出"如何界定，需要更加明确，避免公益性演出对演艺市场的挤出效应。演艺产业发展过程中，政府的作为必须适当和有限度，否则，政府的不当作为可能会直接影响演艺产业发展的市场环境，挤兑了产业空间，客观上造成了对演出市场的破坏和不公平竞争。政府部门往往不能正确把握公益性演出与经营性演出活动之间的边界，一些由政府部门主办的演出活动，特别是一些国家级或国际级大型活动，大都采取非市场化的运作手段，大量赠票和对演出经营场所长时间的占用，以及不计成本的投入，既造成了严重的"市场挤出效应"，也严重损害了演出市场公平竞争的经营环境，使得演出企业难以开展正常的经营活动。

因此，要维护演艺产业的健康发展，政府管理部门一定要尊重产业发展规律，界定清楚商业性演出与公益性演出的边界，减少政府组织的汇报性、献礼性的演出活动。坚决杜绝赠票，即便是公益性演出也要通过市场化的机制，采取低票价窗口售票的方式。对于节庆性的广场演出，政府要加强规划和引导，由民间组织或行业协会承办，文化馆站和专业艺术院团帮助辅导，以提升演出质量。这既有利于真正热爱艺术观众群体的培养，也不会破坏和影响其他商业性演出的票房，积极培育演艺产业的健康有序发展。

第四，在文化体制改革路径设计和实施操作中，统一规定和具体实践都要留有足够空间，尊重基层和地方的首创精神。特别要允许鼓励地方政府采取灵活的方式举措经营不同的文化单位，不论是事业单位转企改制还是转换经营体制机制，不宜做硬性的规定，允许各地根据实际情况进行探索。比如在演艺产业市场化改革方向目标不变的前提下，不论是围绕演出院线建设的演艺产业链建设，还是不同层级不同类型的艺术院团的改制或转换机制问题，在改革整体推进的前提下一定要允许不同地区根据各地区实际创造性地创办文化组织运作形式，不宜一刀切。实践中已经涌现了一些创造性探索：东莞市与北京保利剧院管理有限公司合作，成立了东莞市保利玉兰大剧院管理有限公司，全面负责东莞玉兰大剧院及其附属设施的经营管理。把保利剧院管理有限公司的演出资源、管理经验、品牌效应，完美嫁接到玉兰大剧院身上，使得剧院跻身"中国十大剧院"之列，也为当地群众提供了丰富的文化服务内容。

同时，区别对待、分类指导作为深化国有院团改革的基本方法，就要允许地方政府的尝试和自主性选择，从而明确探求各类国有文艺演出院团的改革途径。比如茂腔剧团是山东高密市的一个国有文艺院团，作为一个地方剧种，茂腔获得了国家首批非物质文化遗产称号，茂腔剧团也成为了这个鲁中历史文化名城的特色名片和形象代表。由于地方经济很发达，当地政府每年拿出几百万补贴剧团，剧团每年的固定演出节目也成为活跃小城生活、繁荣小城文化的重要内容，地方并没有改革院团的动力，也并不想把这个剧团转企改制，而是更希望把这种具有浓郁地域特色的文化在政府的扶持下得以传承和发扬。这类情况在经济欠发达地区的以非物质文化遗产为代表的文艺院团应该是具有普遍性的，但市场化程度低、经费短缺往往是他们生存的根本问题，因此院团的改制与否既不是改革的唯一目标也不是第一位的问题。

总之，文化体制改革呈现出了非常复杂的状况，文化单位类型差别很大，因此制度和措施设计要配套系统，更加明确政府管理主体、文化单位主体和其他市场化服务主体的身份，寻求不同主体间的动态平衡，处理好文化改革繁荣文化传播价值的根本目标，从而调理好政府权力、市场利益和文化繁荣的关系。

（五）探索文化发展的合力机制

文化发展是一个系统工程，成效受制于制度设计、文化政策和政府管理实践等不同层面。当前，文化管理部门要在深化行政管理体制改革中，更好地转变政府职能，调动社会各方力量，促进文化源泉充分涌流，需要在理念、制度、政策、管理等方面大胆创新探索，寻求探索文化发展的合力机制。

1. 以理念创新推动制度创新

文化是"制度之母"，文化认识的深化往往会带来新制度的创新。因此，文化管理要进一步解放思想，持续推动整体性文化创新，不断调整完善文化管理理念和文化政策，创新体制机制，推动文化建设向纵深发展。

文化单位门类的划分标准要更加细化科学。这一轮文化体制改革中，根据文化服务业提供产品的方式，把文化单位分为公益性文化事业和经营性文化产业，也因此推动了文化单位分类管理和改革。但发展过程中这种"两分法"面临的一个突出问题是，公益性文化事业与经营性文化产业边界不清。在市场经济条件下，公益性文化事业与经营性文化产业、公共文化产品与满足市场需求的文化产品，部分很难截然区别开来，两者往往是一枚硬币的两面。

同样，经营性文化产业也承担了某种公共功能，许多产品和服务具有很强的公共性，政府要引导文化企业重视公共价值，实现社会效益和经济效益共赢，文化产品才能实现效益最大化。以新闻出版业为例，报刊业"分类改革"按时政类和非时政类划分，非时政类报刊要转企改制全部推向市场，自谋生路。实际上，非时政类报刊中许多报刊也承担着公共文化服务职能，如学术性刊物、《中国气象报》、《中国文物报》等行业信息服务类报纸，这类报刊要走向市场将很难生存。同样作为传统文化遗产，将地方戏曲中的京剧和昆剧等类别划为公益性，而把一些如黄梅戏、花鼓戏等地方戏曲定为非公益性，要求走向市场，这也许是不公平的，可能会造成许多地方戏曲的没落和消亡。对文化单位门类过于简单的划分，直接影响了文化管理方式，制约了文化发展。

完善市场主体地位是文化体制改革中的重要任务之一，同时把做大做强国有文化企业作为一个重要目标，以适应国际文化竞争和国家综合国力的需要，取得了很大成绩。不能一味强调做大做强国有文化企业。

并不是所有国有文化企业都能够做大做强。以媒体行业为例，根据2012年2月14日的交易行情，阿里巴巴的市值是2773.59亿元人民币，百度的市值达到了3093.3亿元人民币，而我国广电产业在2011年全年收入是2371.32亿元人民币，社会性新媒体企业实力远超国有文化企业，一个阿里巴巴、百度的市值就超过了全国广电产业收入总和。因此，深化改革中要从着眼于做大做强国有文化企业转变为发展公有制文化产业。因为合并同类型文化单位，虽然提高了国有文化企业的资产总量，但很难做大做强。由于文化产业门类众多，产业形态也有很大差别，做大做强必须分类指导。诸如传统新闻出版、广播影视、旅游娱乐等综合性传统文化类型企业通常适合规模化大生产，而艺术设计类、工艺美术类企业大都是中小企业，多以个体为主。即使在出版行业里，我国有580家出版社，美国有3万—4万家大大小小的出版社，一味要求合并和做大做强并不现实。因此，要对国有文化企业进行分类指导，根据不同行业、不同类型、不同发展趋向提出不同发展目标。

要实质性推动文化产业实现跨行业发展。中国社会科学院发布的《中国文化产业发展报告（2012—2013）》指出，近年来伴随改革出台的种种优惠政策在文化产业的高速发展中扮演了重要角色，政策效应已经接近尾声，我国文化产业在经历了10年"热运行"后，已经到了实质性的"拐点"。文化产业要从"分业发展"走向融合发展，文化产业内各个行业主管部门主导的发展，将越来越为跨行业的融合发展取代，甚至为文化经济普遍融合发展所取代。随着"事转企"改革的完成，国有文化企业与主管部门逐步脱钩，成为独立的市场主体，必将在文化市场推动大规模的混业经营和跨界发展，今后一段时间将是文化产业实现融合发展的高峰期。

在新一轮文化体制改革中，国家新闻出版广电总局的成立对跨行业门类的综合性文化企业集团的出现就是一个极大利好。此次机构合并标志着文化领域的行业分割问题将显著弱化，图书、报纸、有线电视网、影视等文化子行业实现统一监管后，各子行业间的相互渗透将显著增加，文化公司业务有望实现多元化，综合性的文化集团或将出现。

要更科学地把握文化经济发展规律。"文化经济"是人文精神和知识、技术有机结合于人类的精神创造和需求，以文化内容为主导的知识经济形态。"文化经济"的新经济形态不是经济与文化的机械混合体，而是经济与文化一体化过程，文化产业发展有自身的特殊规律。首先，文化产业发展不同于一般产业形态，文化是一种积淀，是一种价值内容，文化产业的关键在于创意、创新和创造。文化产业发展中首先要遵循文化自身发展规律，文化产品的生产、文化服务的提供，都要注重文化价值引领的内在规定。不能把文化产业发展等同于传统工业，以传统思维惯性指导文化产业发展，圈地跃进搞面子工程，更不能重有形建设忽略无形内容创造。文化产品生产最重要的是形式创新、内容独到，没有创新文化产业发展就不可能产生竞争力，原创内容差就会制约文化产业发展水平。

同时，文化产业毕竟是经济类型，必须遵循市场经济价值规律，发挥市场配置资源的积极作用。减少政府干预文化企业发展，要依托产权规律充分尊重各类市场主体自身选择。要厘定市场机制和政府管理边界，完善政府行政管理改革，依法管理文化市场。

2. 以政策创新寻求政策合力

文化发展是社会系统工程，跨行业、跨部门以及分业管理的特性要求创新文化政策体系建设，减少文化分业管理带来的制约和行业壁垒，开掘制度"红利"，寻求文化政策规范管理合力。

要确立大文化部门理念，形成完整的文化发展政策体系，弥补政策合力不足、综合效应无法充分显现的问题。中国文化管理长期实行分业管理模式，行政机构交叉重叠，条块分割，存在多头管理、交叉管理弊端，各自为政，职责不清，造成政出多门等问题。文化部门的合并，必将开启管理体制和管理绩效的巨大改善。

文化发展是社会系统工程，文化事业与文化产业之间内部关系的协调、文化部门与发改、财政、国土、金融、规划等部门的协调、文化部门内部的行业沟通都迫切要求自觉地落实大文化发展理念。另外，不同文化管理部门围绕着同一相关文化内容分别制定政策，从部门管理角度出台规范意见，实际上同样的资源内容却可以在不同载体平台上实现跨域交流，而管理还是局限在不同行业，没有考虑数字传播平台上内容融合提出的管理思路变革要求。

文化产业政策合力不足出现管理混乱。文化产业园区管理的乱象就很有代表性，除文化部、原广电总局和新闻出版总署命名外，工信部、中国设计行业协会等也加入进来，给文化园区有序管理带来了冲突，不利于统一认定评估和有序管理。文化政策规范管理没有形成统一合力，需要深化文化管理体制改革，规范管理秩序和行政效率。

要完善文化系统自身的相关政策，挖掘制度红利。目前的政策安排和体制下，作为担负文化管理主要部门的文化机关，也可以主动有所作为，借助于完善职责范围内的文化政策和管理方式探索，推动文化建设获得更大发展和成效。从演艺业发展来看，演出行业发展是文化繁荣的一个重要表征，涉及设施运营、内容生产、文化消费、市场环境等多方面建设。比如，北京市虽然出台了促进舞台内容生产的奖励办法和激励措施，但过高的票价却成为了第一制约因素阻滞了公众走进剧场，政策并未对演艺业繁荣发挥引导作用。究其实，要辨证施治，综合施治，打通政策全过程的关键环节，从内容生产、设施运营管理、生产流通环境完善、培育消费等全链条再造修正，才可能真正促进演艺行业健康发展。文化部门在转变观念的同时，挖潜改造，才能提高政策成效。

文化组织在西方国家公共文化产品和服务提供中扮演着重要角色，而我国目前这一组织群体在公共文化服务中所占的比重还很小。因此，要降低文化组织登记门槛，鼓励企业和个人资助、捐赠公共文化事业发展。我国社会组织长期以来实行的是登记管理机关与业务主管单位双重负责的管理体制，在强化社会组织准入条件的同时，导致登记"门槛"过高，政社不分，社会组织行政色彩严重、监督力量薄弱、监管乏力的问题。文化发展中，更是很难体现这类社会组织的作用。

目前我国一些地方也出现了社会赞助公共文化事业的新风尚，通过公益文化项目推介会获得社会资助，亟需国家在制度建设和实践层面不断探索创新，完善政府职能，不断完善政府购买服务和社会组织培育的制度建设，从而更好地为社会提供公共文化服务。

3. 以管理创新推动文化创新

文化领域是最依赖创新的行业，文化发展需要政府不断转变职能，给文化创造活动足够的社会空间，否则就会抑制乃至阻碍文化创新。

政策和制度建设创新，从理念上来看要首先实现由供给主导变成"需求导向"，改变长期以来政府主导文化管理的惯性思维方式。鼓励多元主体参与文化建设，形成文化管理"共治"新格局。提供公共文化产品和服务主要是政府的职责，但在市场经济条件下，政府不是公益性文化事业的唯一代表，

一、文化改革 文化政策 文化领导权

不是公共文化产品和服务的唯一提供者。据不完全统计，在全国登记注册的3415个博物馆中，民间博物馆有456个，加上未注册的私人博物馆及收藏室，总数可达千家。在有的城市，国有博物馆与民间博物馆已经可以平分秋色。但除观复博物馆等极少数私立博物馆步入由基金会理事会统一管理，实现了由私人收藏性质向公共文化服务机构的转变外，其他民间博物馆大多还由于缺乏上级主管单位强有力的政策支持、制度规范以及资金扶持，亟需破解再发展难题。

政府和公共财政在公共文化服务体系建设中发挥主导作用并不否认市场的资源配置基础作用，相反，微观经济主体在市场平台的充分竞争能够提高公共文化服务的整体水平。英国大英博物馆是典型的公益性文化机构，但博物馆同时也开展一些经营性活动，并设有基金发展部专门负责筹集资金。而目前我国博物馆的公益一类事业单位定位，则并不能够给这类机构搞活内部机制提出外部要求。

完善文化内容管理方式。各个国家对文化内容的管理都有着不同的背景和国情，体制、历史传统也各不相同，但都在推进适应当今的数字传播平台要求。在数字化、网络化、智能化条件下的文化内容管理方面，基本上还是立法先行，这也已经成为一个共通的规律。数字平台搭建好之后，各种不同内容可以在同一个平台上传播，这改变了生产、传播、消费的模式，在这种背景下，立法管理在全世界都是通行的方式。

以电影业为例，韩国除了出台《文化产业促进法》为"文化、娱乐、内容"产业全面松绑外，针对电影还专门出台了《电影产业振兴综合计划》等法律保障政策。更重要的是，韩国从1984年开始着手废除电影审查制度，1999年宣布彻底废除影像制品审查制度，实行分级制，最终促使韩国文化产业腾飞，韩国电影、电视剧在中国引起一股长达10年的"韩流"。美国电影业也同样经历了从"审查"到"分级"管理的一个渐变过程。因此，我国的电影业真正的"放开"，应是资本与内容的双重解放。如此，中国电影业的两条臂膀才能被真正松开，迎来属于国产电影的腾飞期。

提供文化服务应更好地适应新技术手段和文化消费模式变化发展趋势。

随着文化及其符号的日益更新和数字信息技术的发展,网站、手机、视频等新媒体样式被大众所接受并广泛应用,以"微博"、"微信"为代表的微内容时代来临,居民的消费需求出现"井喷式"增长,消费结构也随之转型升级。微内容时代,文化产品要更好地利用新技术手段,特别是新媒体,以适应文化消费模式的转变,满足人们多层次、多样化的文化需求。文化产品的供给要实现从单一匮乏到多元丰富,从趋同性向异质性转变,把传统文化建设同数字化智能文化建设结合起来。目前,受众制作的内容已经渗入到各种媒体,特别是网络与手机等新媒体,传统媒体应主动利用这些积极制作微内容的用户,注重平台功能的开发与升级,与用户协同参与新闻报道、传播文化信息,为文化传播提供更多、更丰富的服务功能。公共文化服务内容的供给和方式,必须适应这个新的文化传播和消费环境,适应文化需求者的接受方式,如此才可能取得实效。

附录1:深化文化体制改革　推动文化发展
——中国社会科学网记者方鸿琴专访

文化产业振兴需遵循两种规律

记　者: 高教授,您好!非常感谢您接受中国社会科学网的采访。2012年2月28号,文化部正式向社会发布了《文化部"十二五"时期文化产业倍增计划》,提出了"十二五"时期文化部门管理的文化产业增加值至少翻一番的目标,努力推动文化产业成为国民经济支柱性产业。高教授在文化产业方面有很多独到的见解,您觉得文化产业发展应该遵循怎样的规律?

高宏存: 文化产业的发展在我们国家已经确立为战略性的新兴产业,2009年国家出台了《文化产业振兴规划》,中共十七届六中全会再次明确地提出要推动文化产业发展,成为国民经济的支柱性产业。在这样一个背景下,文化部将管辖范围内的十多个文化产业类型作了梳理,明确提出在"十二五"时期要实现文化部所管辖文化产业整体实力的进一步增加,从经济总量上要翻一番。这个目标是非常切合实际的。

就文化产业自身发展的规律来讲，我认为文化产业发展一定要遵循两个规律，即文化自身发展的规律和市场经济的规律。第一，文化自身发展的规律是文化产业特殊的产业类型所决定的，文化产业中我们所提供的文化产品和服务是具有文化价值引导性的特殊产品。基于这样一种认识，我们说文化产业发展要遵循文化发展的规律，它需要历史积淀、独特创意、价值引领等等，这都是由文化自身的一些规定性决定的。第二，在遵循文化自身发展规律的前提下，文化产业作为文化经济，作为一种经济类型，也要遵循市场经济发展的规律，遵循价值规律、市场竞争的规律等等。这些因素对文化市场主体以及政府管理部门都提出了一些新要求。所以在十二五倍增计划的制定过程中，我们首先提出一定要遵循文化自身的发展规律和市场经济的规律。这个观点呼应了过去我们倡导文化产业发展、文化产品生产必须要体现社会效益和经济效益的协调统一，社会效益优先的这样一个规律的要求，应该说这个提法更符合实际，且更加明确，并进一步解释了过去提法的内涵。

改变文化管理模式 促进文化体制改革

记　者：文化产业要实现高质量的发展，对政府的文化管理和体制改革提出了怎样的要求？

高宏存：为了适应文化大发展大繁荣新的时代要求，同时要转变政府职能，推动文化体制改革，其中一个很重要的内容就是要改变对文化管理的方式和方法。当然，这既要体现在理念上，也要体现在方法措施上。新一轮的文化体制改革，最重要的特点就是首先我们面对的是市场经济条件下的繁荣发展文化，我们的文化产业振兴也是宽泛意义上国家文化事业的一项内容，这就对我们提出了一个新的要求。

第一个方面，我们要遵循市场经济的规律，建立不同的市场主体，根据既有的政策设计，我们把过去国有的文化单位按照功能划分为两大类，以产业性和公益性为标准，分为公益性的文化事业和经营性的文化产业。对于可经营性的文化产业类型，就要推向市场，建立独立、完善、规范的市场主体，使之成为可以在市场中独立竞争的市场主体，这项工作到目前为止还没有完全完成。比如截止到2012年新闻出版总署管辖范围内的非时政类报刊要推向市场，广播电视领域与传媒领域紧密关联的单位在最近一段时间内还没有完全实现像过去说的那样制播完全分离，即内容生产和经营部分剥离，转企改制。这个改革还在进行中，因为传媒产业的特殊性而步履缓慢，改革举措和增强竞争力和实力的改革目标之间还有距离。

第二个方面，我们要解决改制中出现的矛盾及问题。最近几年的文化体制改革中，最大的成就就是新闻出版领域的发行单位、出版单位及其他相关的经营部门都实现了向市场主体的转制。传媒方面则还有一些正在推进之中。另外就是国有文艺院团的转体改制问题，截止到2011年底，全国基本上完成了这项工作。在这个过程中出现了一些突出的矛盾，也带来了一些问题，但这个工作到目前来讲开展得还是比较有效的。因此，为了适应新的管理体制，我们要解决好改制过程中出现的矛盾和问题。

第三个方面，我们要进一步深入改革文化管理模式和管理方式，最重要的一点就是要推动文化管理的法制化。我们的文化管理长期以来处于行政化状态，即采用行政手段，直接命令式的管理方式，现在看来这样的方式远远不够，在未来应该更多地推动法制化管理。比如对网络游戏、动漫产品、电影等领域的文化内容管理，就要探索更加有效的方式，推动依法管理的力度和实践。最近，《电影产业促进法》正在征求意见，其中关于文化内容的管理，比如有一些禁止性的规定，在推动文化产业法制化管理道路上迈出了重要的一步。最近我也注意到，2012年以来国家也针对网络平台、多媒体形式如微电影的出现，提出了一些规范意见。我们的管理方式在推动法制化的过程中，要注意由原来对平台的管理，转向对内容的管理，所以我刚才讲要强化对文化内容的管理。目前我们有的几部法律，比如《文化保护法》、《非物质文化遗产保护法》、《公共图书馆法》，以及正在征求意见稿的《电影产业促进法》、《文化产业促进法》等等，严格意义上我们文化管理的法律非常少。

记　者：高教授，最近您刚从国外讲学回来，能否给我们介绍一下国外文化内容管理的相关情况？

高宏存：各个国家对文化内容的管理等都有着不同的背景和国情，体制、历史传统各不相同，但是有一点是共通的，即无论是发达国家还是发展中国家都在推进，以适应当今数字传播平台。在数字化、网络化、智能化条件下的文化内容管理方面，基本上还是立法先行，这也已经成为一个共通的规律。数字平台搭建好之后，各种不同内容可以在同一个平台上传播，这改变了生产、传播、消费的模式，在这种背景下，立法管理在全世界都是通行的方式。在我们国家主要是因为长期以来文化内容管理，特别是新闻传播方面，没有法律可循，现在在推进法制化的方面也遇到了一些障碍。我在这里要强调的就是要强化立法，尽管也有一些条例、办法、意见，但严格意义上这是行政法规或部门规章，是法规，不是法律。所以我们说依法管理的层级一定要提升。

另外一点，我认为也是非常急切的，就是要形成一个真正统一、开放、有序竞争的市场。这在文化管理体制改革以及转变政府职能的过程中均需进一步完善。这就要求我们在文化产业、文化建设发展中打破区域分割，首先打破文化系统内部的内循环状况，同时打破在一定区域范围内区域循环的状况，成为一个全国统一的开放性的文化市场，这个目标到目前来说还没有形成。我们曾经有过很好的尝试，但是因为种种原因停止了。

遵循市场规律 实现文化产业跨界式发展

记　　者： 您曾提出要实现文化产业的"跨界式"发展，能否具体解释一下？

高宏存： 关于文化产业跨界发展，是我几年前应《人民日报》之约，谈当时文化产业发展趋势的观点。当时我是想文化内容价值对传统产业的提升，打破传统行政区划的界限，遵循市场规律推进文化产业发展。这就包括推进文化市场主体建立的时候，国有文化事业单位改革的时候，不能单纯依靠行政力量，强行撮合进行资产划拨组建集团，希望通过市场的方式，通过跨界的力量，进行市场自然而然的兼并重组。特别是当时我到海南区调研，了解到江苏凤凰集团和海南的新华发行集团成立了当时我国第一个跨省资本合作的案例，给了我很大启发。从政府职能转变的角度来看，我就提出了跨界当中的一个含义，就是要突破传统行政区划的界限，打破边界发展。如果总结为一句话，我个人认为，在推进文化产业发展的过程当中，在转变政府职能的过程当中，我们一定要捆住政府手脚，在完善政策体系的前提下，明确政府与市场的边界，既尊重了文化发展规律，又尊重了市场发展规律，以免出现市场竞争不平等、不平衡的问题，这也是非常重要的。

调动社会力量 正视地区差异 促进国有文化单位转企改制

记　者： 目前，关于文化事业单位转企改制是个热门话题，能否谈谈您的看法？

高宏存： 应该说国有文化单位转企改制是我们新一轮文化体制改革当中的首要任务，我们在推动文化繁荣发展方面确立了两分法，即把国有文化单位进行了经营性和公益性的划分。国有文化单位的改革是事业单位改革的重要组成部分，根据国家政策的规划，到2018年完成这一轮文化单位改革，目前基本上按照既定思路在推进，需要逐步完善。从目前状况看，我个人有这样几点思考：

第一，国有文化单位的改革，一定要遵循市场规律。

国有文化单位改革的目标是要提升国家文化竞争力，使国家软实力从根本上得到提升，就要做大做强。但是，其中又存在一个问题，进行文化单位改革也是要服务于做大做强，提高我们国家文化竞争力的目标，政策方面也常常有所倾斜，一味地要把过去纷繁的资源整合在一起，进行转制。形式上我们是转变成了企业，但实质上还是主要依靠行政力量进行推动。我觉得在未来的发展当中，在提升国有文化单位竞争力的前提下，也可以说必须面向市场，遵循市场规律来提高竞争力，而不是依靠行政力量做大了，但却没有竞争力。以出版业为例，我国550多家出版社中除保留了少数几家之外，全部转企改制，这个进程2011年就完成了。我们国家出版业每年总产值大概在600亿左右，已经几年连续低于数字出版的产值，是网络游戏产业产值的一倍多一些；二是总体产值远远低于贝塔斯曼一家公司的产值，大概只是其总产值的三分之一左右。我们转企改制的过程中，当然需要培育发展壮大国有文化企业，但是现在这种模式也确实值得反思，培育壮大什么样类型的国有文化企业？

事实上，我们现在推进国有文化事业单位改制的过程中，还是封闭式的静态方式，没有考虑到我们的产业模式已经发生变化了，包括很多国有集团，

一、文化改革　文化政策　文化领导权

实际上是传统产业，是夕阳产业。我们国内去年整个广播电视的总体产值还不如腾讯一家公司的市值，比新浪也低一点。这种情况下我们就要思考一个问题，真正提高我们国家的文化竞争力，想要做大做强国有文化产业，是不是真的要依靠现有的模式，这是我的一点思考。

第二，国有文化事业单位转企改制的形式应该更灵活，更多地调动社会的力量。

新媒体产业之所以发展得这么快，一个很重要的因素就是得益于国家放松了对新兴媒体的政策管制。尽管早期我们没有把它作为一种媒体平台去发展，首先是一种信息产业。放松管制、允许社会力量进入，恰恰是我们推动新媒体产业飞速发展的条件。国外的情况也是这样，美国20世纪80年代之后放松管制，也推动了传媒产业的整合和集团化发展。

在这个过程中，我的建议就是要进一步开放民营资本、社会资本。2005年7月，国务院通过了一个关于支持非公资本进入文化产业的鼓励意见，但是我觉得现在开放得还是不够，实际上一些纯竞争领域、意识形态安全不强烈或者不明显的领域，我们完全可以更大程度地向民资开放。最近我也注意到，新闻出版总署2012年2月份出台了一份文件《新闻出版总署关于加快出版传媒集团改革发展的指导意见》，其中有一条应该说放宽了对民营资本的开放程度，就是鼓励国有出版传媒集团与电子商务企业合作，吸引它们，进一步推动传媒集团的资本化，这对我们传统的国有文化单位转企改制是很有启发的。在新兴媒体领域，我们鼓励、扶持重要的新闻媒体网站上市融资，人民网就是一个例子，新华网也在排队，实际上我们这几年对于一些成长性强的民营企业的扶持，包括到创业板去融资，都是非常好的方式、方法。另外，我们也要把国有企业改革当中的成功经验借鉴过来，我们一直强调文化安全，我觉得这个没有错，只是不能泛化，包括前面提到的对内容的管理。实际上，我觉得对平台的管理完全可以放开，因为无论是国营的还是民营的，还是社会化的公司，只要掌控了内容，平台是什么性质意义不大。恰恰我们在这方面的管理还是有局限的，这是由长期文化管理分业管理造成的结果，这种方式不适应今天数字化、网络化的文化生产传播环境。

第三，国有文化单位转企改制，特别是文艺院团改革，留下了一些问题。

我个人的意见是在分类指导的前提下,也不见得非得把时间表定得那么明确,应该允许地方实践、创造、探索。我在全国做调研的时候,了解到不同地区之间的差异性的一些典型事例。举个例子,京剧列入了扶持范围,但是贵州的黔剧就不列入保护扶持范围。而在我看来,在贵州,黔剧恰恰应该保护起来,并且京剧的保护或许也可以有其他方式,这些地方因素我们考虑得并不是太周到。当然我们文件中也讲了,要推进一些地方特色的戏曲等艺术形式作为一种非物质文化遗产,可以以其他形式保护起来。但如果从自身政策规定的角度讲,我觉得可操作性还是有一定局限性的。所以我觉得时间表最好不要一刀切,每个地方都有每个地方的实际情况,不能用统一的模式去做。在调研过程中,也有很多这方面的意见。

记　者: 好的,非常感谢高教授!

（来源:中国社会科学网,2012-8-14）

附录2:贯彻十七届六中全会精神 推动文化大发展大繁荣 省部级领导干部怎么看?怎么干?

【编者按】

党的十七届六中全会专题研究文化改革发展问题并作出《决定》,这是新世纪新阶段我们党不断推进各领域改革作出的又一重大决策部署,是不断推进理论创新和实践创新的又一重要成果,标志着我们党在文化建设理论和实践上高度的自觉和更加的自信。会议一结束,中组部、中宣部和国家行政学院就在北京共同举办了为期一周的省部级领导干部"文化体制改革和文化建设"专题研讨班。这是一个高层次、高规格的文化专题研讨班。分管宣传文化思想战线的中央领导同志和相关部委主要负责同志亲自为学员作辅导报告或亲临授课,来自各省、市、自治区和中央国家机关的省部级领导干部学员就怎样全面认识六中全会在我国文化改革发展史上的重大里程碑意义,怎样分析看待贯彻落实六中全会精神、推动解决文化发展繁荣面临的重点和难点问题,怎样探索深化文化体制改革、凝聚各方智慧力量,以高度的文化自觉和文化自信贯彻落实全会的战略部署，在新的起点上开创文化改革发展新局面，充分研讨，集思广益、献计献策。这里我们将研讨班上的精彩观点、研讨成果加以归纳，集中展示省部级领导干部对新形势下全力推动社会主义文化大发展大繁荣的热诚和思考。

· 怎样全面认识六中全会《决定》是我国文化改革发展史上新的里程碑

研讨班安排了主题报告1次，专题报告2次，辅导报告4次。分别由中央领导同志和文化相关部门主要负责同志主讲。李长春同志的报告深刻阐述了党的十七届六中全会的重大意义，全面阐释了全会精神，对切实抓好全会精神的贯彻落实提出明确要求。刘云山同志的专题报告围绕全会《决定》的主题和主线，着重阐述了坚持中国特色社会主义文化发展道路和建设社会主义文化强国这一重大历史命题，强调要以强烈的进取精神和务实的工作作风推进文化改革发展，并对办好研讨班提出了明确要求。刘延东同志出席了研讨班结业式并作重要总结讲话，阐述了加快推进文化改革发展的重大意义，提出要把握规律、增强自觉、提升推进文化发展科学化水平，并对各级党委政府贯彻落实六中全会《决定》提出了具体要求。

1.《决定》绘制了文化强国的战略蓝图。在中共党史上第一次提出建设社会主义文化强国的战略目标。文化强国目标的提出丰富了中国特色社会主义事业的总体布局，事关全球化国际竞争环境中国家发展全局和未来。

《决定》从时代要求和战略全局出发，以高度的文化自觉和文化自信，第一次提出了"建设社会主义文化强国"的奋斗目标。这一战略目标的提出不仅体现了我党对国内外形势的准确把握，更体现了对文化承载使命的深刻把握。"文化强国"理念是此次全会最大的亮点，彰显了我党站在世界文明的潮头来看待、谋求把握未来文化发展趋势，更再次彰显了我党一贯善于根据人民意愿和事业发展需要，提出具有感召力的目标，并团结带领广大人民为之奋斗的政治优势。

"文化强国"战略蓝图的描绘体现了我党对以下问题的深入思考。源远流长、博大精深的中华文化如何在全球化语境中发扬光大？我国文化"软实力"如何在国际竞争中不断增强？作为中国特色社会主义事业总体布局的重要组成部分,文化建设如何成为经济社会发展的硬支撑?《决定》绘制的文化强国的战略蓝图与我国深厚的文化底蕴和丰富的文化资源相匹配、与中国特色社会主义事业总体布局相适应、与建设富强民主文明和谐的社会主义现代化国家的目标相衔接,具有巨大的感召力和推动力。这个战略蓝图的背后凝聚着中国共产党对文化本质性力量的深刻洞察,对文化发展规律的科学把握,对历史使命的责任担当,也体现了领导文化建设的高度自觉。

2.《决定》确立了文化发展的行动纲领。全会《决定》是一个深刻的历史文献,是新时期党的历史宣言和行动纲领。全会提出新观点、新论断、新举措,是继1942年《毛泽东在延安文艺座谈会上的讲话》发表后,我们党围绕领导文化所创造的一部里程碑式的历史性文献,体现了党文化领导权的自觉。

《决定》不仅绘制了文化强国的战略蓝图,也具体提出了2020年文化改革发展的阶段性奋斗目标。就阶段性目标来看,我党对当下的文化改革发展进行了以下历史定位:一方面,文化领域正在发生着广泛而深刻的变革,文化建设取得了巨大成就;另一方面,我国文化发展与经济社会发展和人民日益增长的精神文化需求还不完全适应,一些突出矛盾和深层次问题依然存在。因此,无论是建设社会主义核心价值体系,还是丰富人民需要的文化产品,无论是建立公共文化服务体系,还是构建文化产业大格局,无论是推动中华文化走出去,还是壮大文化繁荣发展的人才队伍,2020年文化改革发展的阶段性奋斗目标,体现了全面建设小康社会目标的新要求,具有很强的前瞻性、战略性、针对性和可操作性。

《决定》是我们党围绕如何领导文化建设所做出的一部具有里程碑意义的历史性文件,是当前和今后一个时期推进我国文化改革发展的行动纲领,必将为建设社会主义文化强国打下坚实基础。

3.《决定》部署了文化建设的实现路径。全会专题研究文化改革发展问题并作出决定,就文化改革发展、建设中国特色社会主义文化道路建设作出了战略部署,为推动文化体制改革指明发展方向、提供行动指南。这标志着中国共产党在文化建设理论和实践上更加成熟、更加自信。

《决定》围绕建设社会主义文化强国和实现到2020年文化改革发展奋

斗目标，围绕各地区各部门各方面普遍关注的重点问题，从6个方面做出了工作部署、提出重大举措。

加强和改进党对文化工作的领导，是推进文化改革的根本保证，也是加强党的执政能力建设和先进性建设的内在要求。《决定》提出，必须从战略和全局出发，把握文化发展规律，健全领导体制机制，改进工作方式方法，增强领导文化建设本领。《决定》针对如何加强和改进党对文化工作的领导以及文化建设所面对的突出重点问题进行了正确部署，明确了文化建设的实现路径，必将能够引领全国各族人民实现文化建设上的既定目标。

4.《决定》开创了文化繁荣的新局面。全会提出很多肯定文化改革探索的新经验，及时总结来自群众的文化创新经验和新成果。文化与经济、政治、社会相互交融的程度正在加深。文化自觉的程度、文化建设的水平，深刻影响着其他建设的内涵和进程。以党的十七届六中全会为标志，我国的文化改革发展事业已经进入了一个新阶段。《决定》为我们推动文化繁荣发展带来了难得的历史机遇，必将开创我国文化繁荣的新局面。

理论上的每一次创新，都会带来实践上质的飞跃。改革开放以来，我们党提出了一系列指导文化建设的理论观点和方针政策，在实践中不断深化对文化发展规律的认识，走出了一条中国特色社会主义文化发展道路。六中全会深刻总结和论述了这条道路的方向、目标、思路，表明中国特色社会主义事业进入新的境界。

当前文化发展面临的主要工作

研讨班就落实六中全会精神，推动文化改革发展进行了充分的研讨。学员们一致认为破解当前中国文化体制改革和文化建设重点难点问题，重在处理好文化建设中的多对相互依存的矛盾关系。主要是处理好"五大关系"。

1.处理好核心价值体系建设之"魂"与文化表现承载之"体"的辩证关系。任何文化都包括"魂"和"体"两个部分，"魂"就是文化所蕴含的精神价值，"体"就是承载文化精神价值的物质基础和传播形态。前者决定着文化的性质和方向，后者是文化实现教育功能、以文化人的途径，决定着文化精神价值的传播力和影响力。

"魂"与"体"是相辅相成、相得益彰的有机统一体。当代中国文化之"魂"即社会主义核心价值体系。它对当代中国文化的历史命运和发展前途，始终起着具有决定意义的灵魂作用。当代中国文化之"体"主要包括国民教育体系、公共文化服务体系、文化产业体系以及各种形式的文化产品和服务等。这些"体"承担着弘扬社会主义核心价值体系这个"魂"的重要功能。二者辩证统一，"魂"强则"体"健，"体"健而"魂"愈强。正确认识和把握当代中国文化"魂"与"体"的辩证关系，更好实现二者的有机统一，是推动社会主义文化大发展大繁荣的前提。

当代中国，文化之"魂"还不够彰显，文化引导能力还不够强。还没有从信仰上升到自觉的行动，整个社会文化氛围的营造和活动的开展还不够立体，核心价值观的传播技巧和方法也不够完善。就这一问题，研讨班上很多学员认为：全党的认识特别是各级领导班子、党员领导干部的认识还不到位。重经济发展，轻思想文化建设，一手硬，一手软。社会主义核心价值体系的理论研究不深入，不到位，不具体，不生动，不容易让老百姓理解、记住。马克思主义和特色理论的学习、宣传、教育、普及弱化，制度保障欠缺。核心价值体系的宣传、教育、普及的目标不够明确。没有根据人群层次、人群类别制定分层次、分类别目标，缺乏针对性和可操作性。河南省委常委、宣传部长、副省长孔玉芳说："社会主义核心价值观应该融入到国民教育、精神文明建设、党的建设的全过程。同时，还要融入到精神文化产品中，如哲学社会科学、新闻舆论、网络文化等。"只有"魂"与"体"有机统一，文化才能神形兼备。正如新闻出版总署副署长蒋建国所说："要切实解决好'魂'与'体'的关系问题，做到'魂'要附'体'、'魂''体'统一，防止'魂'不附'体'、'魂''体'分离。"

2.处理好指导思想一元化与文化发展多元化的辩证关系。文化的多元化发展已经成为时代的客观趋势。吉林省人大常委会副主任车秀兰说："如今社会主义文化日趋多样、多变，如何以一元化思想来满足人民群众的多样、多变的文化需求，用中国化的马克思主义基本思想来引领多样、多变的思想是我们面临的重大挑战。"

指导思想一元化与文化发展多元化并不矛盾。坚持马克思主义在意识形态领域的指导地位，不搞指导思想多元化，这是我国意识形态建设领域的原则性问题。而多样化的文化思想则是多种社会存在的反映，并不一定直接反映社会经济基础的根本性质。所以坚持发展马克思主义为指导的"主旋律"文化与文化多样化发展并不矛盾。相反，无主导的多样性，形不成秩序，会杂乱无章，一盘散沙。

另外就政治与文化的关系问题，正如中国日报社副总编辑康兵所说："不是所有的文化都有政治。"也就是说不是所有的文化都具有意识形态属性，不是所有的文化都必须坚持马克思主义为指导。对于娱乐文化、消费文化等形态，就要更多体现出快乐趣味的本质，但也必须力避格调不高、庸俗浮躁的问题。

如何处理一元化与多元的关系？康兵进一步指出："红线要明确，其余应宽容。对思想意识形态强的领域，要继续加强管理；对不涉及意识形态的文化产品和服务，要积极引入市场机制；对于'中间地带'则重在引导和培育。"只有这样才能形成有主有次，充满生机与活力的社会主义文化发展格局。

3. 处理好公益性文化事业与经营性文化产业的辩证关系。文化事业和文化产业作为中国特色社会主义文化建设的重要组成部分，二者相互区别又辩证统一。正如中央纪委驻国土资源部纪检组组长王寿祥所说："我们的税收政策要区分好公益性和经营性的关系，但有的也不好区分，有些公益性也有经营性，经营性也有公益性。"如何把握好二者关系？

在社会主义市场经济条件下，文化事业和文化产业构成了文化发展的两个"轮子"，通过深化文化体制改革，双轮驱动、两翼齐飞，是不断增强我国文化软实力和文化竞争力的途径。中国大剧院院长陈平认为："事业和产业之间相互关联，你中有我，我中有你。处理好事业与产业的关系，就要把握好二者相互促进，互为补充，在机制上区分好。"他还指出："公益事业中怎么把民间的资金盘活，调动民间社会力量做公益文化。公益性事业中如何利用经营性手段，是我们下一步体制机制改革方面要认真研究的问题。"

4. 处理好政府引导发展与市场培育成长的辩证关系。政府引导与市场培育都是促进文化事业和文化产业发展的手段，二者针对的对象不同，功能各异。但二者又是相互联系、辩证统一的。所以我们既要反对那种将二者混在一起政事不分、政企不分、管办不分的保守倾向；也要反对那种将二者截然对立，各自孤立发展的极端思维。

目前在我国，一方面，在一些领域，文化认识依然不到位，未能细分不同文化的边界，因而不能运用不同手段和功能，设计不同的路径，调动不同的参与主体，发挥各自长处，共谋文化发展的积极性。另一方面，在某些领域，思维又过于僵化，不能将政府引导与市场机制有效地结合起来。海南省委常委、宣传部长、副省长谭力说："公益性文化事业的发展、文化产业的发展，都离不开体制机制问题，公益性文化事业也有公益为主市场为辅的问题，文化产业以市场为主，但离不开政府的引导，政策的培育和推动，一刀切是错误的。"

因此灵活运用两种手段，在一些市场机制解决不好甚至失灵的领域，引入政府引导，通过制定不同的导向性政策，加强市场的监管和要素市场配套，破除体制性和区域性障碍，是逐步形成一个政府引导与市场培育协力发展，统一、开放、竞争、有序的现代文化市场体系的有力保证。有学员也认为："政府、市场两股力量要互动。在推进公益文化与经营性文化的发展过程中，市场因素与政府因素不可或缺。具体地说，就是公益文化就要由政府来主导，但离不开市场的推动。经营性的文化要由市场来主导，但离不开政府的规划、监督和指导。政府在这里的作用不能缺位，在这两股力量的互动过程中，要遵循两个规律，即文化规律和市场规律。"

5. 处理好文化发展与经济、政治、社会发展的辩证关系。中国特色社会主义道路，就是在中国共产党领导下，立足基本国情，以经济建设为中心，建设社会主义市场经济、民主政治、先进文化、社会主义和谐社会，建设富强民主文明和谐的"四位一体"的社会主义现代化国家。

经济建设、政治建设、文化建设和社会建设，是一个有机整体，是相辅相成、密不可分的。它们相互联系，相互促进，互为条件，缺一不可，不能偏废。

文化建设是上层建筑的一部分，经济发展，制度改革，社会变迁，在最高层次上都要受文化思想的制衡。当今时代，文化与经济、政治、社会相互交融的程度正在加深，文化不仅为其他三个方面建设的顺利推进起到润滑作用。而且已经成为推动经济发展、政治进步、社会和谐的重要力量，因此一个民族和国家文化自觉的程度、文化建设的水平，越来越成为民族凝聚力和创造力的重要源泉，越来越成为综合国力竞争的重要因素。

文化建设与其他建设是个辩证统一的有机整体，深刻影响着其他建设的内涵和进程。文化对凝聚人心、形成合力、推动经济发展有非常具体、现实和持久的价值。不能把文化局限在自己的领域，要处理好渗透、连结等关系。只有这样，才能发挥文化的"本质力量"作用，为经济、政治、社会的发展提供强劲和持续的动力。

· 怎样探索深化文化体制改革，以改革创新为动力促进文化大发展大繁荣的现实途径

1. 以高度的文化自觉引领社会主义核心价值体系贯穿文化建设始终。努力实现引领作用要加强，特定人群是重点，方式方法创新是关键。

中国特色社会主义的核心价值体系是建设文化强国的兴国之"魂"，要加强灵魂核心的引领作用。核心价值体系要融入国民教育、精神文明建设和党的建设的全过程，贯穿改革开放和社会主义现代化建设的各领域，体现到文化产品创造生产传播各方面，以促进和影响全体社会成员真知、真信、真做，成为带动和塑造全社会良好道德风尚和个人品格的精神和生命。我们要更加认识文化建设灵魂的育人化人，"润物细无声"的滋养心灵的熏染作用，创新机制和方法，重在融入细化上做功夫。

新闻出版总署副署长、党组副书记蒋建国说："价值观问题，关系到一个人、一个民族、一个国家的崇尚与向往、信念与理想、前途与方向问题。正确的价值观，对一个人来说是坚不可摧的意志力，对一个民族来说是牢不可破的凝聚力，对一个国家来说是不可匹敌的竞争力，对一种文化来说是不可抗拒的影响力。建设社会主义文化强国的核心问题，就必须坚持马克思主义文化观，在全国人民心中牢固确立社会主义核心价值体系。"只有筑起人民心中的长城，我们民族伟大复兴的理想才能够实现，国运才会永昌。

要建设好社会主义核心价值体系，必须深入研究，形成更加有力的领导机制和制度性保障措施。怎么样让全民知道核心价值，怎么样让大家相信核心价值，这就要进一步明确社会主义核心价值体系的内涵、层次，理顺社会主义核心价值体系与核心价值观的关系，做到观念更加清晰丰富，行动拥有更加明确的指针。

社会主义核心价值教育应从娃娃抓起，要把社会主义核心价值思想融入到精神文化产品之中。要解决我们党的意识形态和经营性文化机构、文化产业之间的社会主义核心价值观与市场效益之间的冲突。当前很多文化产品内容贫乏、格调不高，娱乐化、暴力内容充斥，扭曲的价值观和贫乏思想制约着感染教育人的作用发挥，要强化各种文化产品的精神负载和社会主义主流价值观的内涵和灵魂，在潜移默化中影响人、教育人、感染人，提升核心价值观的引领导向作用。

要主动创造传播方式方法，把社会主义核心价值观深刻思想和具体形式结合起来，取得实实在在的效果。特别是来自信息时代互联网发展的挑战，网络发展改变了信息的传播与获取方式，改变了人们学习和工作的方式，改变了人们交往和思维的方式，改变了一个政党和国家的治理方式。中国社会科学院副院长武寅说："核心价值体系的宣传、教育、普及方式呆板，不生动、不时尚，套路化、程式化、说教化。这都制约了核心价值观让全体社会成员真懂真信的效果。"因此，我们要化难为易，关键是要按照六中全会《决定》要求，在融入、贯穿、体现上下功夫。

蒋建国副署长说，要做到融入、贯穿、体现，就要抓小、抓细、抓实，切实解决好"魂"与"体"的关系问题。抓小，就是从小处切入；抓细，就是从细节着手；抓实，就是从实事做起。以此教育和影响全体社会成员"勿以善小而不为，勿以恶小而为之。"

社会主义核心价值体系建设落到实处，化作自觉的行动，更需要针对不同人群、提出不同要求、实施分类引导。特别是对重点人群加强教育，树立典型，成为引领社会的楷模。中央对外联络部副部长于洪君说："要特别抓好三个重点人群，即领导干部、公众人物和青少年。其中，领导干部由于地位突出，尤其要抓好。党员领导干部首先要相信社会主义核心价值观，党政部门要率先践行社会主义核心价值观。"

2. 以高度的文化自信拓宽社会主义文化发展繁荣的有效路径和政策支

撑。要建立不同文化类型的政策机制保障体系，特别是明确公益事业与文化产业的边界，建立不同性质单位类型的运营机制和政策体系。

文化改革的深入发展和文化繁荣，保持正确的价值导向，关键是党的正确领导和高效的领导机制。目前我们的文化领导体制机制还不是很顺畅。山西省委常委、宣传部长胡苏平认为，"当前我们推动文化繁荣发展的环境需求，文化竞争力的战略地位和价值功用，领导干部的认识不是主要问题，从推动实际工作的角度讲需要理顺领导机制。比如文化产业是一个综合性兼跨多个管理部门的新兴产业，除了要协调党委政府之间的关系，即使在政府部门内由于领导分工不同，真正推动整个产业的繁荣就必须进一步形成一个范围更大的统筹协调不同部门的领导机制，形成领导合力，不能人为分割完整的文化产业体系"。不仅推动文化产业发展需要完善领导机制，文化事业发展也是如此，不同职能部门之间需要更好地配合，形成文化建设的领导合力。

进一步推动文化繁荣发展，亟需完善不同类型的政策体系，政策要具有更加具体的实操性。公益性文化事业发展不仅需要投入刚性增长，也需要实现城乡均等化发展，而且公益性单位运营机制也需要配套政策的推动和创新。在谈到破解政府公益性文化事业投入不足这个难题时，重庆市副市长谭栖伟认为，"中央政府要做好顶层设计，应结合东中西部经济社会发展实际情况，制定科学合理的投入机制、补偿机制和社会投资引导机制。尤其要发挥各部门发展公益文化事业的合力。地方政府要细化政策措施，政府投入向基层地区和基础工作倾斜，为本地城乡社区量身定制公益文化事业的'规定动作'和'自选动作'。其中，'规定动作'重质量，'自选动作'重特色"。同时，还要注重对现有政策的优化，明确不同的指标体系和考核目标。在制定政策时，应当充分考虑文化产品的意识形态属性、公共产品属性及一般商品属性。安徽省政协副主席赵韩在谈到公益性文化事业建设的政策时说，要"建立刚性、合理的干部考核政策体系，将公益文化事业发展纳入其中，探索引入第三方和被服务对象参与考核评价，并配以严格的问责机制；建立长远、可行的发展规划政策体系，积极引导社会资本投入公益文化事业；建立科学、精细的财政预算政策体系，以被服务对象为中心，明确公益文化服务项目和全国、地方标准，建立起长效的财政投入机制"。这些都为文化产品的评价、干部文化工作实绩的考核提出了新要求，为实际工作中"为谁抓、谁来抓、怎么抓"的文化体制机制问题解决，提供保障。

同样，要完善文化产业扶持政策体系。文化产业作为一个战略性、先导性产业，要真正实现十七届六中全会提出的把文化产业发展成为战略性新兴产业，也依然需要扶持培育，特别是完善文化经济政策，加大财政、税收、土地、金融等方面的支持力度。当前对于发展文化产业的政策支持还不到位，如对新兴文化产业的政策还未能完全摆脱对传统产业的支持模式的影响。发展文化产业，应当立足于市场之路、创新之路和科学发展之路。彻底解决我们还在用计划手段配置资源、按照行政区划、行政职级搞文化建设的问题。江西省副省长孙刚说，"在资金政策方面，建议国家建立专项资金，省里也相应设立专项资金，通过文化产品交易所等资本市场鼓励、引导民间资本进入文化产业，为有文化的人和有钱的人提供合作平台。在税收政策方面，对文化产业给予税收减免、返还等优惠。在土地政策方面，应保证必要的文化产业园区用地，也要防止盲目求大造成资源浪费。降低非公经济进入文化产业的门槛，可通过政府购买产品或服务的方式鼓励非公经济进入文化产业；在人才政策方面，鼓励人才流动"。研讨班上的很多学员都认为，加强对文化产业的政策支持应把握好三个方面的问题，一是用好现有政策，可充分利用现有的高新产业支持政策来扶持文化产业发展；二是各项支持政策应相互协调，及时制定配套政策，使政策细化、可操作；三是要注意与城镇化发展政策和服务业发展政策相协调。

建立统一高效的文化管理机制，不断深化文化改革，还要注重文化改革与其他领域改革的协调统一。改革体制和创新机制已经成为建设社会主义文化强国的动力源泉，成为解放文化生产力、壮大文化软实力的制度设计路径。文化体制改革不仅是文化领域自身内部的工作，还有很多跨领域问题，比如文化产业与市场经济体制对接问题；公益性文化单位改革与事业单位管理体制改革问题；文化人才机制与干部人事制度改革问题。因此，要加强改革的协调配合，配套完善。人力资源和社会保障部副部长王晓初说："文化体制改革过程中，涉及到国有文化单位转企改制、文艺院团的改企，或者公益性文化事业单位改革人事分配和运营机制，都存在一个政策上的完善配套问题，这就需要把文化事业单位改革与事业单位改革配套政策设计相衔接的问题，顶层设计要更加系统完善。"宁夏回族自治区政府副主席屈冬玉认为，文化单位改革要多试点，以减少改革的成本和风险，可以借鉴科技体制改革的成功经验。比如围绕公共文化投入比例分担这样的具体问题，新疆维吾尔自治区政府副主席铁力瓦尔迪·阿不都热西提提出："可借鉴'新医改'经验，先梳理基本公共文化服务项目，再核定经费，最后明确中央与东中西部各地区分担比例。"

3. 以高度的文化自强动员社会各方面积极参与文化建设推动全社会文化共建共享。文化发展繁荣，真正能够成为全体国民的福利，就要调动各方的力量和主动性，使社会力量成为文化发展的主体，形成一种良好的共建共享的文化环境。

要形成文化建设全社会都来参与的局面，首先在政府部门内部要形成顺畅高效的领导合力。在分管文化工作的党委政府机构中，文化、科技、教育、体育、旅游等部门通常由不同领导分管，部门间缺乏协调，文化领域存在严重的行业、部门和地域分割，没有形成一种整体性的合力，制约了文化生产、传播和功能实现的统合效果。因此，要在更高的层面上实现文化的统一协调，步调一致，实现文化发展的统一制度安排。文化部党组成员、国家文物局局长单齐翔谈到，"文化应该被归入民生领域，加大文化领域的投入，除了政府投入，还要有组织部门的干部考核，纪检监察部门的责任追究，编制部门的重视，科技部门的支持"。

文化建设中坚持"双百"、"二为"方向，但必须保证参与主体的独立性，发挥社会力量文化创造的主动性，并保障他们的主体地位。公益性文化事业的投资主体是政府，但公共文化产品的供给主体可以多元化，要采取政府采购、项目补贴、定向资助、以奖代补、委托经营等政策措施，鼓励和引导各类单位和个人参与文化建设。在文化产业发展中要把优惠政策和激励政策相结合，形成政策合力。如何引导非公主体进入文化产业，充分调动民间力量积极性、培育合格的市场主体，依然存在很多障碍。要进一步降低非公经济进入文化产业的门槛，可通过政府购买产品或服务的方式鼓励非公经济进入文化产业。湖南省政协副主席魏文彬则说，文化发展繁荣的关键在产业发展，要实现文化强国建设目标关键是发展文化产业，更加开放地对待社会力量参与文化产业，解决好文化资源占有的行政性切割，形成不同所有制的平等竞争环境，为社会力量创造条件参与文化发展和建设。

　　文化建设要实现由"软"变"硬"，还要大力促进文化产业与科技、旅游、文博的融合，展开互动，推进文化科技创新、实现文化与科技的融合。从而共同实现文化与其他领域的融合发展，整个文化的投入、进度、标准、目标、考核都有了具体的指标，文化建设也就成为了硬任务、真发展。

　　（来源：《光明日报·"光明调查"专版》，2011年11月28日）

公共文化服务 文化权利 文化治理

【内容提要】公共文化服务体系建设，是文化管理领域重大政策理论和发展实践创新，是文化强国建设的保障基础，着眼于保障公民基本文化权利，实现文化民权，改善文化民生，扎实推动民族文化创造活力。公共文化服务体系的建立实际上是从文化理念、资源配置、人员管理、组织结构到管理制度设计等一系列问题的变革，包含事业单位组织形式，都要实现从传统文化事业体系到公共文化服务体系的体制转换，公共文化服务是一个社会化开放体系，其决策、实施、评估乃至于文化内容、服务提供和管理组织都要吸纳多元社会主体，以"文化治理"实现文化"公共性"价值。

公共文化服务体系建设，是党的十六大以来我国文化管理领域的重大政策理论和发展实践创新，站在国家战略发展的新高度，从全球化时代国家新的综合性竞争力建设高度，提出了国家文化软实力建设，确立了建设社会主义文化强国的战略新目标，成为全面建成小康社会、实现国家均衡发展和对称崛起的新内容。公共文化服务体系建设着眼于保障公民基本文化权利，实现文化民权，改善文化民生，扎实推动民族文化创造活力和动力，这项现如今依然在进行中的文化国策取得了巨大成就，但也因文化环境变化和日新月异的新技术变革而带来了不少亟需调整和适应的新内容。

（一）发展公益性文化事业保障公民文化权利

长期以来，国家文化发展是以一种政府办文化的模式向社会提供，政府直接管理文化事业单位，从事文化生产和服务的文化组织行政化色彩浓厚，活力不足。随着社会主义市场经济体制的建立，关于文化属性、文化在整个社会发展中的地位和作用的认识更加全面科学。特别是2001年"文化产业"获得国家决策层认可，第一次写进了党的文件。文化领域开始实行"二分法"，即公益性文化事业和经营性文化产业，从此文化产业获得了合法的身份。不同性质类型的文化单位，就分别依照不同的改革路径和管理方式进行调整，文化生产力获得了前所未有的解放。

随着物质生活的富足，人们精神文化消费需求越来越多，而且成为了经济发展的新亮点。推动文化发展繁荣，就要为人民提供更好更多的精神食粮；只有大力发展公益性文化事业，才能够更好地保障人民基本文化权益。覆盖全社会的公共文化服务体系是十七大报告中提出的社会建设目标之一，解决好文化领域存在的问题和矛盾，要始终把实现人民文化权利、满足人民文化需求作为最高目标，从根本上保证推动文化繁荣发展的"人民至上"要求。推动公共文化服务体系建设，还要解放社会文化建设的热情和投入，调动多方力量改进文化管理工作。

第一，更好地保障人民基本文化权益，要实现公共文化服务均等化。"文化强国"建设目标的实现，其条件是提高全体国民的文化素质，保障群众创造力的实现。十七届六中全会提出了要"加强文化基础设施建设，完善公共文化服务网络，让群众广泛享有免费或优惠的基本公共文化服务"。党的十七大以来公共文化服务体系建设成就巨大，截至2010年底，全国共有县级公共图书馆2512个、县级文化馆2890个、乡镇（街道）文化站40118个，基本实现了"乡乡有综合文化站"的建设目标；村文化室283752个，社区文化活动中心99521个，覆盖城乡的公共文化服务网络正在形成。但公共文化服务建设也存在着结构性矛盾，特别是文化投入增长和群众文化需求种类多样的矛盾，城乡均等、发达地区与落后地区均等和身份均等问题突出。城市里各种地标性文化设施拔地而起，农村文化建设欠账严重，文化设施资源城乡差距依然巨大。同时，针对一些特殊阶层和弱势群体的文化权益保障和文化服务需求难以得到满足，有的甚至变成了真空。推动文化建设，要保障所有社会成员的文化权益，文化服务要成为整个社会的一种自觉行动。广大农村和基层社区的文化保障是公共文化服务体系建设的重点，能够真正推动文化成为全体公民的福利。

第二，加大政府文化投入规模和力度，发挥公共财政引导功能，制度性保障社会力量参与文化建设。为实现基本文化服务全覆盖，国家投入巨资开展了"文化资源信息共享工程"、"广播电视村村通工程"、"1231工程"、"农家书屋工程"等，极大地实现了基本公共文化服务的公益性和均等性。目前，全国已有20多个省区市把文化强省或强市作为未来发展目标，新的文化发展理念逐步树立起来，保障群众基本文化权益，纳入了"十二五"时期经济社会发展整体规划。根据文化部公布的统计结果，"十一五"时期，全国文化事业费累计超过1200亿元，年均增长率为19.3%；国家对城市和农村地区文化建设的投入5年间增幅分别达到110.6%和226.1%；人均文化事业费从2005年的10.23元增加到2010年的24.11元，增幅为135.7%。另一方面文化投入基数较小，虽则近年来增加幅度很大，但整体而言文化经费投入占财政总支出的比例仍然偏低，文化经费投入一直在0.4%的低位徘徊，而且增量多投入了文化设施建设，因此人们文化消费内容的丰富性不明显，远不能满足群众精神文化消费的需求增长。

当然，保障公共文化服务的真正实现还有很多问题待破解，要更好地实现服务提供的方式和组织形式，更有效地听取来自基层文化权益实现者的需求，更迫切地完善引导激发全社会力量参与公益文化服务的制度保障等。

此外，文化不仅具有意识形态属性，也存在经济属性和商品属性。但长期以来，我们过于强调文化的意识形态属性，忽略了文化也是商品，具有产业属性的事实。在市场经济条件下，发展繁荣文化必须在遵循文化自身发展规律的同时，适应并遵守市场经济的规律，即使发展公益性文化事业，也要充分利用市场机制和手段,提高文化事业单位的活力。

第三,新经济条件下要更加注重网络文化阵地建设。随着数字技术的出现,文化生产、消费和传播的形态发生了很大变化,要适应现代信息技术发展趋势,推动管理思维与方式变革,创新文化服务供给机制。在公共文化服务领域,国家已经开展了文化共享工程、数字图书馆推广工程和公共电子阅览室建设计划三大数字文化惠民工程,构建新媒体服务业态的公共数字文化服务体系,而且在文化产业领域更要引导扶持使用新技术,推动新兴业态文化的发展繁荣。

同时,网络传播的跨国界、跨时空、边界消弭、传播便捷迅速的特点,加大了网络传播中的国家政治和文化冲突,信息基础设施的落后进一步加大了"南北"信息鸿沟,弱化了发展中国家对发达国家信息舆论宣传防御的能力。当前互联网流通的信息中,80%以上的网络信息和95%以上的服务信息由美国提供;而中国在整个互联网的信息输入和输出流量中,仅仅占0.1%和0.05%,这种状况对社会主义主流价值形成了冲击。特别是网络等社会性媒体的影响越来越大,新媒体带来传媒变局,也改变了舆论生态环境。在拥有6亿多网民的今天,如何更好地传播主流价值,满足人民多层次、多样化的文化消费需求,是我国推动文化建设必须回答的时代课题。

(二)全体公民应享有更高文化福利

党的十七届六中全会进一步确立了文化立国的战略思想,把建设社会主义文化强国作为未来的目标。当下世界正处在大变革大调整的历史时期,建设文化强国,不仅体现了我们党的高度文化自觉,也体现了其高度文化自信。推动文化建设大发展大繁荣,就是要让文化成为全体公民的福利,实现小康社会建设"五位一体"的宏伟目标,全面提高国家软实力和国际竞争力,在更高层次上实现社会和人的全面发展。

1. 更加自觉实现文化引领发展的动力

文化是民族的血脉、精神的家园,也是民族生生不息的内在精神基因。一个民族和国家的丰厚文化底蕴,往往成为制约社会发展方向,引领、决定民族和国家发展方向的恒久动力。热爱文化的犹太人无论漂泊何处，身边总有一本《旧约》相伴。虽然失去了往日的家园和土地，散落世界各地几千年，犹太民族仍然守护住了内心的坚定信仰，最终实现了建国发展的梦想。中外皆然。没有自己的文化和信仰的民族，是没有前途和发展后劲的。改革开放30多年来，我国经济实力大大增强，但文化软实力与经济硬实力尚不匹配，传统的经济发展方式也难以为继，迫切需要增强与提升文化国力。在文化建设实践中，我们党对文化价值地位的认识也更加客观、全面、自觉，不断探索文化建设发展的新蓝图。文化认识的自觉体现了对构建社会发展的远见卓识，体现了与时俱进地寻求社会发展的文化动力。

文化既在精神层面上反映政治经济社会的发展，又能够推动社会的发展。人的价值的全面实现是社会发展的最终目的，文化强国目标更是中华民族伟大复兴的题中应有之义，也强化了文化参与国际竞争重要性的自我意识，理清了经济与文化发展并重的崭新思路。十七届六中全会指出："建设社会主义文化强国，就是要着力推动社会主义先进文化更加深入人心，推动社会主义精神文明和物质文明全面发展，不断开创全民族文化创造活力持续迸发、社会文化生活更加丰富多彩、人民基本文化权益得到更好保障、人民思想道德素质和科学文化素质全面提高的新局面，建设中华民族共有精神家园，为人类文明进步作出更大贡献。"这些年很多新的文化发展理念和惠民文化政策的出台，都体现了党的文化自觉，十七届六中全会的成果就是最集中的思想和行动纲领。

新时期我国社会发展的伟大成就是从对外开放起步的，而引领启动这艘航船起航的就是思想解放的文化潮流。几十年后的今天，社会利益格局不断重新调整，社会矛盾凸显多发，人们的价值观更加多元，文化消费需求的多层次多样化趋向明显，因此社会发展比以往更加需要一种为全体中国人所认同的精神价值，凝为深层的文化信仰，作为一种时代的精神力量引领社会的进步。构建中国文化核心价值，既要从民族文化传统中传承优秀鲜活的精神内核，更要加大文化领域的开放力度，特别是在文化的生产、传播、消费方式更加全球化、多元化，流动性更强的条件下，更需要解放思想，大力引进国外的优秀文化，借鉴普世文明成果，促动制度文明的创新，完善我们的文化政策体系和管理制度体系，从而建设属于当今中国并具有历史价值和现代价值的文化精神，淬炼出全民族的精神文化认同。文化建设成效的标志之一，就是培养出一批属于这个时代的思想家，一大批不同文化领域顶尖级创新人才，思想文化的创新才能够引领整个社会的发展和前进，建立起大家普遍敬守的精神信仰，成为一个民族前进发展的恒久动力。

2. 更好地实现公共文化服务均等平衡

覆盖全社会的公共文化服务体系是十七大报告中提出的社会建设目标之一，要解决好存在的问题和矛盾，要始终把实现人民的文化权利、满足人民的文化需求作为最高目标，从根本上保证推动文化繁荣发展的"人民至上"要求。

首先，更好地保障人民基本文化权益，要进一步推动实现公共文化服务均等化。公共文化服务建设存在着结构性矛盾，特别是文化投入增长和群众文化需求种类多样的矛盾、城乡均等、发达地区与落后地区均等和身份均等等问题。随着文化建设的热潮，城市里各种地标性文化设施拔地而起，农村文化建设欠账严重，文化设施资源城乡差距依然巨大。同时，针对一些特殊阶层和弱势群体的文化权益保障和文化服务需求难以得到满足，有的甚至变成了真空。推动文化建设，要保障所有社会成员的文化权益，文化服务要成为整个社会的一种自觉行动。

其次，要不断加大政府文化投入规模和力度，把文化投入纳入经济社会发展总体规划目标，由"软约束"变为"硬指标"，制度性保障社会力量文化建设的热情。全国已有20多个省区市把文化强省或强市作为未来发展目标，新的文化发展理念逐步树立起来，保障群众基本文化权益，纳入了"十二五"时期经济社会发展的整体规划。

当然，保障公共文化服务的真正实现还有很多问题待破解，还要更好地实现服务提供的方式和组织形式，更有效地听取来自基层文化权益实现者的需求，更迫切地完善引导激发全社会力量参与公益文化服务的制度保障等等。

3. 在管理变革中推动文化发展繁荣

文化的发展繁荣不仅保障文化民生的实现，而且可以化作国家文化形象。在法国，人口只有 6500 多万，而每年接待的外国游客超过 8000 万，收入超过 350 亿欧元，占 GDP 比重超过 6%，取得这一切的动因就来源于法国文化的魅力。要让文化成为我国的名片，增强国家文化竞争力、吸引力，就必须改变不适应时代要求的文化观念和管理体制机制，从根本上保障文化的发展。目前在文化领域运转的体制机制还存在着不利于文化发展的弊病，十七届六中全会明确表示要"加快构建有利于文化发展的体制和机制"，特别是数字环境下各种新的文化业态，生产传播和消费都呈现出了新的模式，需要我们更新文化管理的思维方式，探索文化管理制度创新，以改革创新为动力，依法管理文化，从而推动文化繁荣。

首先，文化建设和考核评估都要有硬指标。十七届六中全会第一次明确提出，要"把文化改革发展成效纳入考核评价体系"，文化建设将成为政府和官员政绩考核体系中的"硬指标"，以往文化建设"说起来重要干起来不重要"的现象必将得到彻底改观，成为文化发展和繁荣的重要推动力。同时文化在经济发展中的作用将得到更加客观公允的评估，从而保障文化经济功能和文化价值的合理实现，即使在文化产业发展中也不会唯 GDP 论，唯增长主义的一个标准，而是寻求社会效益和经济效益相统一，遵循文化自身规律科学地推动文化的发展繁荣。

其次，进一步理顺文化发展和文化管理体制机制改革间的关系。改革开放以来，思想文化的解放直接推动了市场经济体制的建立和各项社会管理制度的创新，但文化自身的思想解放却滞后了。文化开放是制度创新的重要参照和推动力，文化自身发展规律的遵循和公平文化发展竞争环境的营造，都是文化管理创新的基础。十七届六中全会提出了"要构建现代文化产业体系，形成公有制为主体、多种所有制共同发展的文化产业格局"的新目标，文化产业发展将更加重视市场和企业作用的发挥，深化文化体制改革也要借鉴从计划经济成功转型的经验，移植既有有效的体制机制，不局限在传统国有文化单位体制内的繁荣，而建立更加灵活的机制和公平竞争的市场环境，调动不同市场主体主动积极地参与文化建设。尊重民间社会文化创造的活力,从扶持和鼓励的角度加大扶持各形态文化,比如演艺产业发展中民间小剧场的建设,就是典范。

网络数字技术环境下,公共文化服务领域要顺应潮流,不断创新管理思维与管理方式,完善公共文化服务供给机制,为民众提供更加丰富、适应需求的文化内容和服务,提高文化服务绩效,推动文化发展繁荣。

(三)公共文化服务发展的阶段性"症结"

作为接受了国际影响和理念制度创新的新探索,公共文化服务体系建设是政府的一项重要工作,在探索中不断得以推进。文化改革发展中,明确了公共文化服务体系建设作为政府的职责,向公民提供公共文化产品与服务由公共部门提供,包括公共文化服务设施、资源和服务内容,以及人才、资金、技术和政策保障机制等内容。但在发展取得实效的过程中,也存在着很多亟需重新评估和变革的问题,特别是与文化产品和服务接受者和消费者相适应的内容创造、传播渠道、接收载体、提供方式等方面,需要做出新的研判和调整变革。整体而言,呈现出了多种"不适应"综合征。

1. 政策供给与发展阶段性需求不适应

公共文化服务体系的建立实际上是从文化理念、资源配置、人员管理、组织结构到制度设计等一系列问题的变革,包含我们已经实行了几十年的事业单位组织形式,都要实现从传统文化事业体系到公共文化服务体系的体制转换,公共文化服务获得也可以是一个社会化开放体系。

第一,文化服务要从保基本向满足更多元、多样群体文化需求转变。新阶段文化体制改革之初,在引入公共文化服务这一新的文化管理理念,构建政府公共文化服务体系之时,确立了公益性、基本性、均等性、便利性原则,均等是核心、公益是保障、基本是公益的尺度、便利是均等的前提,由此保障人民群众看电视、听广播、读书看报、进行公共文化鉴赏、参与公共文化活动等五个方面的文化生活。初期解决了文化生活有没有的问题,更多是从设施网络建设、基本内容供给、服务网络建设等方面,特别是分别通过"广播电视村村通、户户通工程"、"2131工程"、"文化资源信息共享工程"、文化设施场所免费开放等国家级文化工程来实现公共文化服务广覆盖的目标。但现阶段有了基础以后就需要进一步提升深化公共文化服务的水平和绩效,扩大服务内容。重点应该转向更加分散、分层、多元的社会群体,细化服务群体;由无差别粗线条服务转向分群体、分层化、针对性提供服务内容,否则会降低政府公共文化服务的成效。特别是社会中存在的特殊群体、弱势群体,他们的公共文化服务"真空地带"如何实现无缝式对接,就成为公共文化服务实效的重要影响因素。比如针对流动性很大的城市农民工群体,如何实现获得公共文化服务?2013年5月27日发布的《国家统计局2012年全国农民工监测调查报告》显示,2012年全国农民工总量达到26261万人,比上年增加983万人,增长3.9%。其中,外出农民工16336万人,增加473万人,增长3.0%。住户中外出农民工12961万人,比上年增加377万人,增长3.0%;举家外出农民工3375万人,增加96万人,增长2.9%。无差别实现在地文化服务需要制度完善,而同时另外一个突出制约因素,则是他们最便捷和可靠的文化服务终端设备是否可以提供相关文化内容和服务。如今,根据CNNIC第32次互联网发展报告,手机已成为农村网民的主流上网设备,使用率高达78.9%,远高于对台式电脑和笔记本电脑的使用率,手机在满足农民群体基本上网需求的同时,推动了中国互联网的进一步普及。"现在,青年农民对文化的需求比我还'先进'。"文化部全国公共文化发展中心主任李宏在国家行政学院2013年4月举办的厅局级公务员"公共文化服务体系建设和文化产业发展"专题研讨班上,这样描述了文化生活需求的新动态。[1]因此,现在需要思考深化延伸政府公共文化服务的内容消费更加有效通达,让最需要基本公共文化服务的社会群体及时便宜获得相关内容,如此有限资金投入才能够发挥作用。

第二,政策制定要从短缺供给导向向民众需求导向转变。公共文化服

---

[1] 韩冰:《推进农村文化"网底攻坚"》,《瞭望》2013年第19期。

务体系建设作为一种制度创新,是一个尊重和认同公民文化权益实现的自主过程,完全不同于以往自上而下的文化事业单位动员体系。为社会提供文化服务,我们已经习惯了长期以来文化管理的政府主导惯性思维方式。以供给模式主导社会文化生活和服务,带来文化服务内容和公众需求脱节,无效供给增加。因此,真正实现公共文化服务,要进一步调适政策和制度建设,要由供给主导变成"需求导向",建立需求调查反馈机制,更精准地满足公众文化需求,更自觉地借助于新技术手段,特别是网络和各种智能数字终端,发挥移动多媒体靶向性精准化传播的优势,利用大数据获得需求。2013年1月文化部公布的《"十二五"公共文化服务体系建设纲要》,就对这个问题提出了专门要求,要求探索建立群众文化需求反馈机制,充分尊重群众的参与权和表达权,探索建立群众文化需求的动态反馈机制,重点加强对基层和少数民族地区群众文化需求的了解,有针对性地提供公共文化产品和服务。因此,政府机构要积极变革文化服务的思路和方式,要更加关注居民文化需求导向,提供满足民众需求的文化服务,实现文化发展动力结构变革方式从"推动"到"拉动"的转变,孕育和激发社会文化活力。

同时,要更加尊重群众自主权,数字传播时代实际上公民的传播权利早已经化作了传播权力,如何更好地利用好自主文化生产,也该是政府公共文化服务体系建设中的重要增长空间。因而,政府要更加尊重社区居民和农村居民的原有文化生态的保护和传承,而不是简单地把主流文化强行移植到社区和农村。政府要加强引导和扶持,特别是当地特色文化资源和民间文化资源的挖掘和利用,对群众喜爱的民间文化活动和民间文化队伍给予帮助支持,从而实现社区和农村文化的"再造"复生,把文化资源的保护利用与富含文化品格的新型城镇化建设结合起来,延续文化生态平衡。

2. 服务和内容提供方式单一分散与接受方式多样化融合不适应

我国文化管理体制一个最突出的特点就是实行分业管理,长期以来文化部门(特指文化部管理的艺术文化)、新闻出版、广播电影电视、互联网文化都分别由不同的部门进行管理,由此带来了文化内容管理的人为切割,管理和规制思路与文化融合发展的产业实践相脱节,造成了政策制定中沿袭陈旧保守的思维惯性，政策效果与管理初衷相背离，因此2013年启动的新一轮文化体制改革很大地推动和解放了文化发展的活力，但改革进程依然需要强力推动。2013年6月8日，中共中央政治局常委、中央书记处书记刘云山在北京市调研时强调，改革出动力、出活力，改革只有进行时、没有完成时，要以新的举措积极稳妥推进文化改革发展，为实现中国梦提供强大文化力量。目前，政府公共文化服务产品供给实现方式和公众的接受方式之间需要新的"结合点"，面临着提高服务绩效的新考验。

（1）传统服务提供方式与消费接受方式不匹配

自从提出建立政府公共文化服务体系建设以后，相关部门都在各自职责范围之内开展工作，从不同行业领域推动了公共文化服务内容的提供，创设了一系列"文化工程"。客观讲，成效不一，不一而足。政府服务多部门联动机制肯定优于单打独斗，而且一个部门所能够提供的服务内容会比较单薄，设施功能单一，可获得方式也受空间、时间、载体等不同因素制约，难以满足公众多层面文化需求，特别是在数字化传播时代，文化生产传播和消费的模式出现了前所未有的变革，过去工作思路的弱点和局限性就体现得更为明显。

文化服务空间和平台亟需整合和融通，把以往不同部门的隔离分散型服务推向融合统一，实现公共文化服务的综合平台跨部门整合。比如针对农村公共文化服务建设，不同文化部门从文化资源信息共享、农家书屋、村村通（户户通）工程，国家其他部门也有相关的信息服务平台，比如全国党员干部现代远程教育网（中组部农村党员干部现代远程教育室）、商务部新农村商网等，全国总工会等单位还开展了农民工文化建设、文化志愿者工作等一系列重大项目，这些工作有效推动了公共文化服务体系快速发展。但有一个缺陷就是不同部门各行其是，大量服务信息和文化内容存在割裂重叠问题，服务空间和设施安排也需要共享。公共文化服务建设在一个新阶段进行综合性整合，需要跨部门、跨行业、跨平台提供综合性文化服务，彻底改变以往平面化、机械式、工业化的思路来看待网络时代的文化服务供给和接受方式变迁，供给与接受彼此之间要两相匹配。

因此，跨越式、创新性发展是公共文化服务领域的理念变革思路，特别是跨域型新兴业务服务层出不穷，网络整合了以往分属于不同行业部门管理的服务内容和信息，新媒体文化新业态内容日渐成熟，文化生成和传播消费环境已经完成了历史性变革的今天，更是不能无视。即使局限在传统广电领域，公共文化服务也面临着由一般广播电视服务向提供广播电视、电子政务、应急广播、文化信息资源共享、远程教育等多样化的公共服务发展，服务实现载体早已超出了传统广播电视，广电服务如何实现传统广电、IPTV、网络电视、移动多媒体广播电视、移动音视频服务等全覆盖、可实现，不是同一内容在不同载体的简单移植，而是整体性变革。

传统介质的存量用户数量和消费习惯在变迁，用户量急剧减少习惯颠覆性转变。以阅读为例，2013年4月18日中国出版科学研究院发布了"第十次全国国民阅读调查"报告，我国国民每天接触传统纸质媒介时长有所增加。新兴媒介中，手机阅读的接触时长呈增长趋势，上网时长和电子阅读器接触时长均有所下降。与2011年相比，传统纸质媒介中，图书、期刊的接触时长均有不同程度的增长，报纸的接触时长有所下降；传统电波媒介中，电视的接触时长略有增长，广播的接触时长连续三年呈小幅下降；新兴媒介中，只有手机阅读的接触时长呈增长趋势，上网时长和电子阅读器接触时长均有所下降。2012年我国18—70周岁国民的网络在线阅读、手机阅读的接触率均有所上升，但电子阅读器阅读、光盘读取等数字化阅读方式接触率，均有不同程度的下降。电子书阅读率有所提升，电子报和电子期刊的阅读率略有下降。整体而言，传统的文化消费（读书看报、看电视均应该列入传统文化服务消费内容）形式在日渐没落，各种新形态的文化消费形式正在形成，大有取而代之之势，文化消费载体在发生转移。印度工程师孟莎美在《令人忧虑：不阅读的中国人》一文中就非常生动地描述了她在从德国法兰克福飞往上海的飞机上所看到的这一幕："人们都在打电话（大声谈话），不打电话就低头发短信、刷微博或打游戏。"[1] 在网络侵蚀阅读已是一个全球化现象

---

[1] [印度] 孟莎美（Sharmistha Mohapatra）：《令人忧虑：不阅读的中国人》，《瞭望东方周刊》2013年第20期。

的现实条件下，我们到底是花大力气建设书屋，推动传统纸质出版物的普及效果好，还是适应这种数字阅读发展的现实以满足适应民众的阅读需求效果更好？我们要加快文化信息资源共享工程、数字图书馆工程的实施，乡（镇）和村（社区）加快公共电子阅览室建设，发展公益性上网场所，使数字文化阵地成为推进公共文化服务均等化的重要平台。特别是更加关注移动性平台建设和应用，公共数字文化建设的内容和平台可实现性服务就更加让人期待。

（2）现实层面文化需求消费群体的流动分散与文化服务便利性可获得性的矛盾

在我国快速城市化进程中，不同人群快速流动带来的直接结果，就是中国社会实现了由熟人社会向陌生人社会的变迁，而政府公共文化服务供给也面临一个巨大的挑战，就是如何有效服务于流动群体，特别是城市农民工群体、"夹心层"、"城市蚁族"等特殊人群，让他们能够时时获得政府提供的各种公共文化服务，切实保障每一个社会公民的文化权益。即使在城市和社区公共文化服务实现了无身份差别地服务于本地居民和外来群体的文化需求，流动人群接受在地文化服务依然存在很多问题。

3. 服务终端和形式与更多新技术新应用新载体不适应

政府公共文化服务应适应新技术手段和文化消费模式变化发展趋势。随着文化及其符号的更新和数字信息技术的发展，网站、手机、视频等新媒体样式被大众所接受并广泛应用，以"微博"、"微信"为代表的微内容时代来临，居民信息消费需求出现"井喷式"增长，消费结构也随之转型升级。微内容时代，文化产品要更好地利用新技术手段，特别是新媒体，以适应文化消费模式的转变，满足人们多层次、多样化的文化需求。文化产品的供给要实现从单一匮乏到多元丰富，从趋同性向异质性转变，把传统文化建设同数字化智能文化建设结合起来。

（1）公共文化服务内容要适应网络时代的信息消费新变化新需求

数字技术、网络技术和通信技术的融合为文化产业发展和产品形态丰富创造了新的机遇。技术应用和传播平台的诞生催生了新的文化业态，如动漫、网络游戏、手机电视、多媒体广播电视、网络广播影视，以及有声读物、电子书、手机报和网络出版物等新兴文化内容的不同业态。

技术进步有力地促进了文化产业升级。高新技术的使用不仅引发了文化产业技术上的革命，加快了产业发展进程，文化与科技融合发展还进一步推动新兴文化业态发展，更为各种便携终端设备提供了内容服务，在壮大新兴产业的同时，科技手段进步带来了文化服务消费者思想观念的革新，进一步培育了一些新型的文化消费内容，包含培养人们新型消费习惯和文化趋向。

目前，"三网融合"从技术层面打破广电、电信、互联网分业经营的格局，为文化产业的内容创造提供了新的机会和发展空间，新的文化业态不断出现。数字内容产业的系统开发，将实现信息跨媒共享、资源跨行配置、文化跨域交流，极大地刺激文化产业的发展，也不断拓展新的文化信息消费和文化服务领地。

根据CNNIC第32次中国互联网发展统计报告显示，截至2013年6月底，我国网民规模达5.91亿，半年共计新增网民2656万人。互联网普及率为44.1%，较2012年底提升了2.0个百分点。我国手机网民规模达4.64亿，较2012年底增加约4379万人，网民中使用手机上网人群占比由74.5%提升至78.5%，较2012年下半年增速有所提升。根据工信部发布的数据，截至2013年5月份，我国手机上网用户数达到7.83亿户。手机应用的创新使手机上网成为互联网发展的新动力，一方面，为受网络、终端等限制而无法接入的人群和地区提供了使用互联网的可能性；另一方面，基于移动互联网的创新热潮为传统互联网类业务提供了新的商业模式和发展空间，如打车应用、电商实时物流、微博商业化等均被视为互联网应用的创新典范。

表 2-1 2012.12—2013.6 中国网民对各类网络应用的使用率

应用	2013 年 6 月		2012 年 12 月		
	网民规模（万）	使用率	网民规模(万)	使用率	半年增长率
即时通信	49706	84.2%	46775	82.9%	6.3%
搜索引擎	47038	79.6%	45110	80.0%	4.3%
网络新闻	46092	78.0%	39232	73.0%	17.5%
网络音乐	45614	77.2%	43586	77.3%	4.7%
博客/个人空间	40138	68.0%	37299	66.1%	7.6%
网络视频	38861	65.8%	37183	65.9%	4.5%
网络游戏	34533	58.5%	33569	59.5%	2.9%
微博	33077	56.0%	30861	54.7%	7.2%
社交网站	28800	48.8%	27505	48.8%	4.7%
网络购物	27091	45.9%	24202	42.9%	11.9%
网络文学	24837	42.1%	23344	41.4%	6.4%
电子邮件	24665	41.8%	25080	44.5%	-1.7%
网上支付	24438	41.4%	22065	39.1%	10.8%
网上银行	24084	40.8%	22148	39.3%	8.7%
论坛/bbs	14098	23.9%	14925	26.5%	-5.5%
旅行预订	13256	22.4%	11167	19.8%	18.7%
团购	10091	17.1%	8327	14.8%	21.2%
网络炒股	3256	5.5%	3423	6.1%	-4.9%

（来源：《第 32 次中国互联网络发展状况统计报告》）

网民的文化消费和需求也是非常多样，上网成为人们接受文化服务或进行文化消费的最重要的表现形式，数字性文化消费成为了主流的形式。再以阅读生活为例，数字化时代阅读方式和传播介质的变迁，必然给纸媒带来根本性影响，载体转移就成为必然。如今各类数字化阅读方式的接触率呈较快增长势头，数字化阅读方式的接触率也增长幅度最大，数字化阅读方式接触者中八成以上为 18—40 周岁人群。2011 年我国 18—70 周岁国民的网络在线阅读、手机阅读、电子阅读器阅读、光盘读取等数字化阅读方式接触率，均有不同程度的上升，其中网络在线阅读的接触率增长幅度最大，增幅达 65.2%。

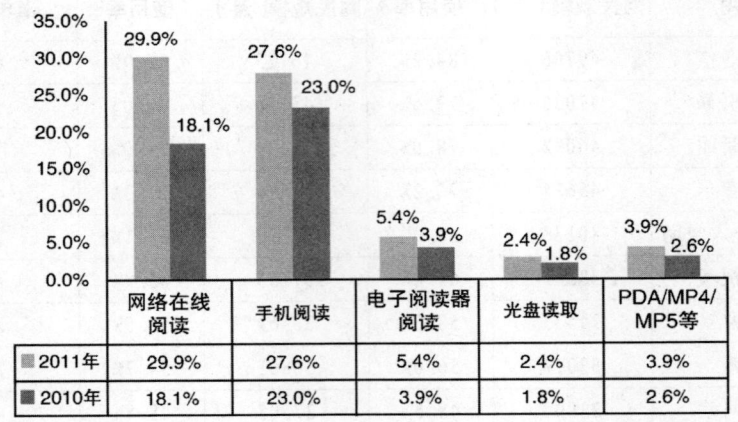

图 2-1　2011 年我国 18—70 周岁国民不同数字化阅读方式的接触率
（来源："第九次全国国民阅读调查"报告）

其中，利用手机阅读的群体和网络在线阅读的群体接近，而在手机阅读中，20 分钟到 1 小时之间的人群比重占到了近 42%。

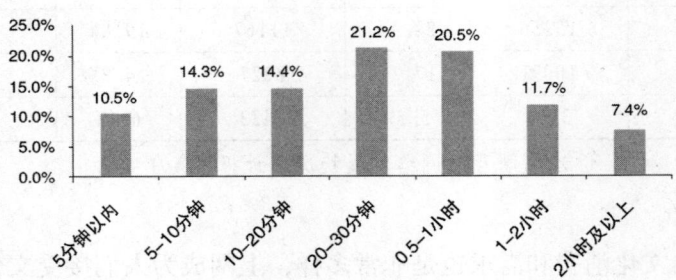

图 2-2　手机阅读人群每天的手机阅读时长
（来源："第九次全国国民阅读调查"报告）

手机阅读增长迅速，是网络阅读的新形态且主流化趋势凸显。手机阅读是指利用手机、手持阅读终端等为阅读内容承载终端的一种移动阅读行为，用户一般通过 WAP、客户端、WWW 及彩信等途径获取新闻早晚报、手机小说、手机杂志、手机动漫等阅读内容。来自腾讯科技 2013 年 9 月 18 日的消息，美国民调机构皮尤研究中心的一个调查结果显示，近三分之二（63%）的美国智能手机用户经常用手机上网。中国国内的情况和国外情况如出一辙。手机报业务作为手机增值业务的主要收入来源之一，曾独领风骚，但如今手机阅读进入了新的快速发展阶段，已经突破了手机报作为手机阅读主要形式的时期。9月16日，全球领先的移动互联网第三方数据挖掘和整合营销机构艾媒咨询（iiMedia Research）发布了《2013上半年中国手机新闻客户端调研报告》，数据显示，2013上半年中国手机新闻客户端用户规模达到2.85亿人，较2012年年底增加23.9%，预计到2014下半年中国手机新闻客户端用户规模将超过4亿，达到4.28亿。而易观国际Enfodesk产业数据库在2011年发布的《中国手机阅读市场用户调研报告2010》显示，手机阅读用户使用过的内容获取途径主要为在线阅读，占比为63%。

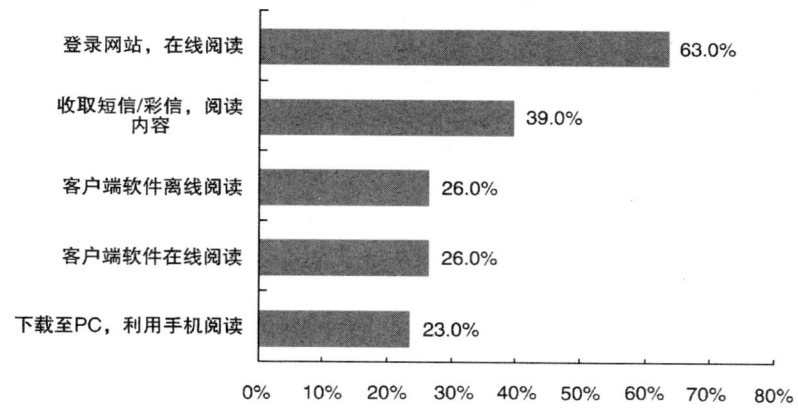

图2-3 手机阅读用户使用过的内容获取途径
（数据来源：易观国际Enfodesk）

显然，就手机在线阅读人群数量的绝对值和主流阅读方式选择的移动化趋势来看，移动互联网已经成为大众阅读的主要载体之一。

传统的文化消费如今已经在互联网平台或移动平台上获得了融合性发展，乃至于有学者提出"融媒体"的概念，但我们并没有实现万能的融合终端，还是在沿袭传统思路来规划政府公共文化服务体系建设，难以持续发展也无法适应公众需求。目前,"受众"制作的文化内容已经渗入到了各种网络平台,特别是网络与手机等新媒体,传统媒体应主动利用这些积极制作微内容的用户,注重平台功能的开发与升级,与用户协同参与新闻报道、传播文化信息,为文化传播提供更多、更丰富的服务功能。公共文化服务供给方式,必须适应这个新的文化传播和消费环境,适应文化需求者的接受方式,如此才可能实现"生产—消费"有效对接,既满足了公众的文化消费需求,也推动了产业的可持续发展。

(2)文化新载体不断更新发展延伸拓展公共文化服务空间

2013年7月13日,@网络新闻联播发表了这么一条微博:"【别了,报刊!】《个人电脑世界》将停止发行印刷版;《好运Money+》将在8月停刊;《万象》杂志续4个月不曾出刊;《飞奇幻世界》6月后停刊;《商务周刊》停刊;《新闻周刊》停止刊发印刷版本……许多曾风靡一时的报刊正远离我们而去。你有多长时间没买过报刊了?"单就新闻传播载体变迁来看,不仅纸质媒体走向了末路,成为媒介融合发展环境下的"重灾区",电子媒体也走在不断被边缘化的路上,如今网络已经成为主流媒体和媒体主流,是社会公众主要的信息来源渠道,网络新闻用户逐年攀升,使用率已经接近八成。

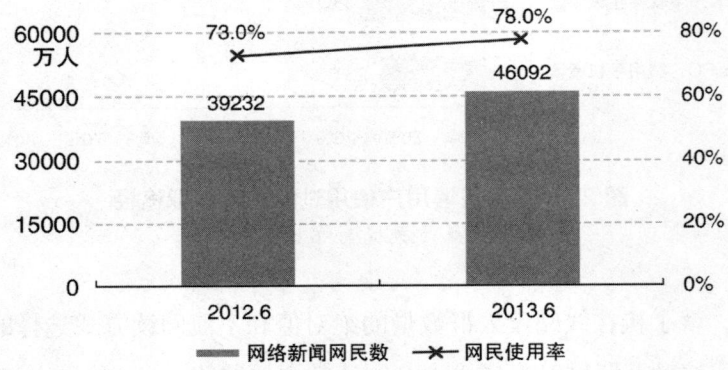

图 2-4 2012年6月—2013年6月网络新闻网民数及使用率
(来源:2013年6月CNNIC中国互联网络发展状况统计调查)

就连一向严肃的第一官媒《人民日报》,也开办了备受粉丝追捧的官方微博，而且不断随着技术手段的创新推动传播形态创新，抢占舆论高地主动传播自己的声音。2013年7月1日在《人民日报》创刊65周年之际，为进一步拓展新闻宣传平台，在开办网络版、法人微博、移动客户端、电子阅报栏后，从7月1日起分步推进传播形态创新。《人民日报》传播形态创新，即利用二维码、图像识别等技术，将部分稿件由单一的文字形态转化为文字、视频、音频等多媒体形态；读者利用手机扫描版面上附印的相关标识，就可直接看到声形并茂的内容。这也是《人民日报》与新媒体融合、向全媒体业态发展的最新举措。

不仅传播领域介质出现变革，数字化引领了"第四次"传播革命，文化内容生产、传播和消费也出现了一种跨行业、跨渠道、跨领域的融合，新的应用不断涌现，新的载体终端平台不断出现。随着移动文化信息服务传播的发展，为各种便携显示终端提供的数字娱乐产品更趋丰富，传播分众化、精准化特征得以塑型。因此比较而言，网络传播成为了一种标准化的新传播模式，移动多媒体广播电视、音视频网络服务、数字多媒体广播、手机电视等新的载体不断出现。针对政府公共文化服务，主流文化传播面临着一个新的挑战：如何把政府公共文化服务延伸拓宽到这些新的载体领域，让文化信息服务实现更加便捷的可获得性，实现主流文化传播无缝式链接？同时，不断出现的新传播载体给政府公共文化服务提供了新的传播空间，更有可能实现文化服务高效率地满足于公众需求，实现文化服务的绩效最大化。这是新的课题，需要管理部门去研究和探索实现路径。

（四）多元参与主体与文化治理新格局

文化发展中强势政府"看得见的手"很容易越界，抑制市场创新活动和民间活力，阻碍文化创新。十八届三中全会要求，要让市场在资源配置中发挥决定性作用，同时更好发挥政府作用。对于实现公共文化服务来讲，更多体现为对社会力量的接纳和吸引，服务方式提供和管理模式的改革。

1. 参与主体要实现政府"独奏"向社会多声部"合唱"转变

多元公共文化体制的发展受限于不同社会条件，既有体制往往不能完全适应新的发展和文化需求，公共文化的政策目标、内容及实施体制必须与时俱进。我国公共文化服务体系制度建设中强调政府主导，公共财政在公共产品供给和服务提供过程中要发挥主导作用，短期内解决了公共文化服务短缺和不足的问题，但在实施过程中主导往往变成了"包办"，很大程度上抑制了公共文化服务提供的绩效和活力。若从欧洲一些国家公共文化服务发展的过程看，公共品和市场并不对立，特别是二战后西欧公共文化建设中，政府在文化领域的主导角色逐渐退减，公共文化体制逐渐形成，市场组织、民间组织参与文化事务的角色和能力不断提高，公共文化在财务支持与运作上，更多依赖"非营利经济体制"来实现。这里有很多经验值得我们汲取，特别是当下深化文化体制改革过程中，如何更好地挖掘制度红利，释放社会活力，努力探索寻求政府购买服务的途径和方法，也是保证文化服务"公共性"的一个崭新课题。

2. 重新"发现"市场力量，"共建"文化治理的新格局

政府和公共财政在公共文化服务体系建设中发挥主导作用并不否认市场对资源配置的作用，相反，微观经济主体在市场平台的充分竞争能够提高公共文化服务的整体水平和服务绩效。民间组织在法律规范条件下获得自由组合的权利，可以更有效地满足文化需求，提供合适的文化服务。近二十年来，西欧政府开始鼓励市场参与，提高民间组织对文化事务的参与权，以"官商民合作"方式推动文化事业发展。同时，私人、商业资本开始参与文化服务市场，文化服务走向了平民化。民间和商业机构参与到更多文化服务领域中来，如社区中心、图书馆等基本公共文化设施的经营管理、推广教育；数字媒体艺术、社区艺术等新兴文化活动及服务、文化创意活动的资金提供、建造维护、经营管理、推广等；历史建筑及古迹的维护、经营管理和推广，以及活化城市建筑等，公共文化服务内容不断扩展，整个社会各方"合力"机制成为了文化发展的真正动力和保障。

实际上，只有鼓励多元主体参与文化建设，才能够形成文化"共建"的新治理格局，才能够不断刺激和更新僵化保守陈旧的管理体制。提供公共文化产品和服务主要是政府的职责，但在市场经济条件下，国家继续包揽公共

文化服务既是不可能的。政府也不是公益性文化事业的唯一代表，不是公共文化产品和服务的唯一提供者。实际上，社会力量支持公益性文化事业单位也占很大比重，民间在兴办公益性文化事业方面有着极高的热情。要改变公共文化服务主体单一局面，创新运作机制的灵活性和社会参与度。政府角色不能身兼制定文化政策、经营和管理文化项目及设施等过量职能，财务方面国家难以持续承担巨额的文化开支，政府管理体制也出现了过分僵化、官僚架构过度扩张的问题，更重要的是公共文化观念变革，人们重新发现了市场的力量，文化领域既提供公共品，同时又具经济效益，新的文化需求、形式不断涌现，而政府力量有限，不如腾出更多空间，让民间力量参与文化事务，构建起一个多元主体参与的新的文化治理新体制，从而在社会参与中释放挖掘了社会文化创造的活力源泉。

3. 积极培育各类公共文化服务主体

当前最紧迫也是我国文化管理中迫切需要的，就是培育参与文化服务和管理的社会主体。"鼓励社会力量、社会资本参与公共文化服务体系建设，培育文化非营利组织。"[1] 文化组织在西方国家公共文化产品和服务的提供中扮演着重要角色，而中国目前这一组织群体在公共文化服务中所占的比重还很小。据统计，目前我国文化类非政府组织仅3000多个。2013年全国两会确定的四类组织直接申请登记，为更好发挥社会力量管理社会事务、社会主体参与文化服务创造了一个先决条件。7月31日国务院常务会议研究了推进政府向社会力量购买公共服务的问题，将适合市场化方式提供的公共服务事项，交由具备条件、信誉良好的社会组织、机构和企业等承担，政府通过委托、承包、采购等方式购买公共服务。无疑，随着新的参与主体加入，更完善的社会监督机制，必将使群众享受到更加丰富优质高效的公共文化服务。

下一步还应进一步放宽公益文化事业准入条件，鼓励企业和个人对公共

---

[1]《中共中央关于全面深化改革若干重大问题的决定》，人民出版社2013年版，第41页。

文化的资助和捐赠。鼓励和积极支持社会资本和外资参与国办公益文化事业建设，进一步消除民资和外资进入文化领域的体制性障碍，完善和落实好国家和地方关于文化事业的资金投入、税收减免、捐赠和赞助等各项文化经济政策，鼓励通过捐赠等方式设立公益文化建设专项资金和文化发展基金。比如在法国，法律规定企业用于赞助的费用可以不纳税，许多大企业都把赞助文化活动作为企业的一项战略，一种社会责任履行的形式和载体，可以在公关和减税两方面获益。创办于1970年的法兰西基金会是专门帮助企业实施赞助行动的机构，据该基金会调查，法国有五分之二的企业参与文化赞助活动。我国一些地方也出现了社会赞助公共文化事业的新风尚，通过公益文化项目推介会获得社会资助，需要在制度建设和实践层面不断探索创新。

新媒体　话语权　网络管理

【内容提要】互联网带来了"第四次传播革命",新兴媒体迅速改变了传统媒体生态格局,单一媒体传播变成了多媒体全媒体传播。新技术应用不断催生新媒体形态,扩大着新媒体家族谱系,特别是各种社交媒体爆炸式增长,新传播革命从网络到移动终端变革趋势正在加深,使媒体话语权不断发生转移,传统主流媒体边缘化加重,媒体融合走向传播融合也给传统媒体管理带来了前所未有的挑战,管理实践滞后于媒介融合步伐,媒体规制改革亟需调整适应新发展趋势。

自从网络成为一个"社会性媒体",它的社会化舆论平台的影响力越来越大,不仅网络围观成为一种文化现象,网上舆论也成为了社会舆论生成的重要源头,现实社会生活影响力能量空前,网络成为了社会舆论监督的重要载体。网络作为新兴的媒体形态,改变了传统的媒体生态环境,由过去的单一媒体传播变成了今天的多媒体全媒体传播。因此,如何把握好新兴媒体的传播特点和比较传播优势,更好地利用网络媒体促进政府信息公开,借助于层出不穷的各种新媒体形态手段,掌握网络舆论生成的规律,提高各级领导干部在全媒体传播环境下的媒体沟通和主动引导舆论的能力,就成为网络社会领导干部的执政能力和领导能力的重要体现,也是领导干部必备的重要新闻素养。

（一）新媒体引领媒体生态变局

新媒体是相对于传统媒体而言的，是传媒行业采用新技术所产生变革的结果，是一个相对变化着的概念。新媒体独特的传播模式带来了政府媒体管理模式变革的必要和难度，随着技术推动下的各种新兴媒体的出现和日渐扩大的影响力，传统媒体的边缘化趋势加强，传统的媒体格局和舆论环境已经发生了彻底变化。

1. "新媒体"、数字媒体与网络媒体

自从网络出现后，"新媒体"这一概念，甚至与此关联密切的"数字媒体"、"网络媒体"等，博客、微博出现后还有"自媒体"等不同概念纷纷出现。按照一般的理解，新媒体似乎有很多形态，除了网络新媒体之外，还有移动新媒体、户外新媒体、数字广播电视、手机媒体等。那么到底什么是"新媒体"呢？

美国《连线》杂志对新媒体的定义是"所有人对所有人的传播"。国内东方宽频总经理郭炜华认为："新媒体与传统媒体最大的区别，在于传播状态的改变：由一点对多点变为多点对多点。"以上两者都是从传播的模式上界定了"新媒体"的传播特性。正是新媒体传播模式的这一独特特点，带来了管理模式变革的必要和难度。"新媒体"实际上是一个宽泛的概念，在媒体家族谱系当中，新媒体之"新"首先是指随着技术手段的进步而推动传播技术的变革，产生了新的传播载体。相对于传统媒体而言，时间产生序列靠后的媒体即为新媒体，比如相对于报刊杂志、广播电视，网络就是新媒体。其次，新媒体的"新"在时间上不是以我们国家的媒体演进为参照系，比方说楼宇电视和车载移动电视在我们国家是新生事物，有人称为"新媒体"，实际最早在新加坡 1990 年代就有车载移动电视等传播形式了，"新"实际上有个国际标准，不能单纯以出现在我国的新事物为标准。再次，新媒体概念宽泛，是一种媒体的集合，不是一种具体的媒介形式。简单说，只要是利用数字技术和网络技术，通过有线或无线网络和卫星等传播渠道，以电脑、手机及其他数字接收设备为终端进行信息传播的新媒体形态，都是新媒体。新媒体应该准确地表述为"数字化互动式新媒体"，数字化和互动性是新媒体最根本的特征，只有具备这两个特征的媒体才可以称为"新媒体"，否则只能是传统媒体的数字化改造升级而已，比如数字电视、楼宇电视等，不能算作是新媒体。

至于"数字媒体"概念，有的人认为"新媒体"应该准确地用"数字媒体"来表达才准确，实际上传统媒体借助于数字技术完成数字转换，只是改变了信息加工传输的方式，传播过程变成了非线性，比如数字广播等，还应该说是传统的广播媒体。而基于数字技术和网络发展的数字媒体，其终端多为有网络接入条件的设备，比如 PC、手机、IPTV 等。

而"网络媒体"则是打破了传播者与受众的界限、融合了通信和媒体特征的一种新兴媒体。网络能提供的服务有很多，除了信息服务还有很多应用性、工具性的服务体系。1998 年 5 月，联合国秘书长安南在联合国新闻委员会上提出，在加强传统的文字和声像传播手段的同时，应利用最先进的第四媒体——互联网（Internet）。自此，"第四媒体"的概念正式得到使用，"第四媒体"也成了网络媒体的代称。总之，网络媒体是指继报纸期刊（纸质媒体）、广播、电视电影等传统媒体之后，利用数字技术和网络技术，通过有线或无线网络和卫星等传播渠道，以电脑、手机及其他数字接收设备为终端进行信息传播的新媒体形态。作为传播技术进步的产物，网络媒体以其巨大的信息负载能力、数字化技术、超时空传播等卓越优势成为媒介发展史上新的里程碑。

从当下网络新媒体的发展来看，基于计算机终端的新媒体形态已渐趋成熟，基于手机终端的新媒体形态正在快速发展，基于电视终端的新媒体形态也借助"三网融合"的东风奋起直追。

新媒体门类众多，我们可以分为如下图所示的三种类型，不同类型还可以有不同的形式：

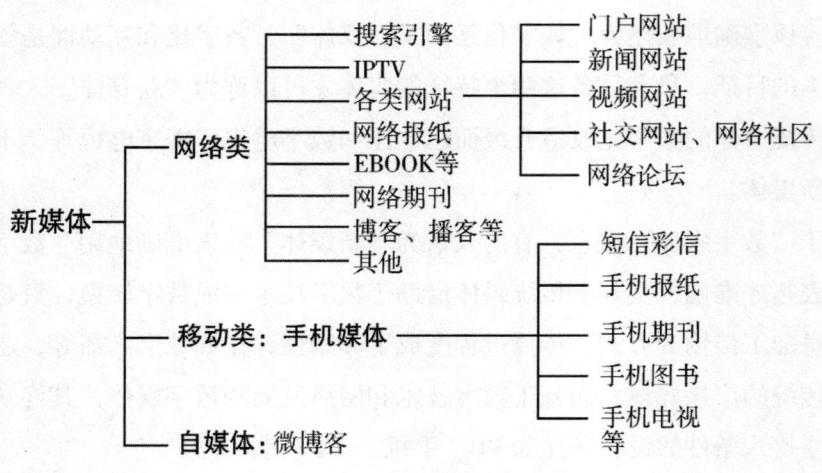

图 3-1 新媒体外延图

2. 网络新媒体从边缘走向主流

在各种新媒体形态中，网络媒体或者依托于互联网而存在的新媒体是新媒体的主体和典型代表，但网络媒体的成熟却经历了一个过程，实现了从边缘到主流的角色转化。

2007 年以来互联网发展的一个重要特征就是其媒体性作用进一步增强，网络新媒体步入了主流媒体的行列，网络舆论的社会影响力越来越大。据 CNNIC 调查数据显示，截至 2010 年 12 月，网络新闻使用率为 77.2%，用户规模达 3.53 亿人，用户人数年增长 4535 万人，年增长率 14.7%。互联网已经发展成为网民获取新闻资讯的主要媒介之一。手机上网、微博客等新兴网络媒体的快速发展，使网络新闻的来源更加丰富；网民获取新闻资讯的渠道更加多样，社交网络在新闻资讯传播中发挥重要作用。随着新闻传播渠道的更加多元和高度融合，网络新闻内容的生产和消费行为快速扩展，未来网络新闻市场将更加繁荣。网络媒体作为一种新媒体形式的成熟形态，较传统媒体的信息渠道优越性尽显无疑。

由于网络传播形态丰富，在很短的时间内借助于比较传播优势就从边缘走向了主流，成为媒介集团的最主要生力军。2003 年 12 月，中国社科院社会发展研究中心发布了《中国十二城市互联网使用状况及影响调查报告》和《中国五小城市互联网使用状况及影响调查报告》。调查数据显示，绝大多数人把互联网看作是信息与资料来源、娱乐场所或聚会聊天的场所。相对而言，网民最信任的是国内电视新闻，其次是国内广播和报纸新闻，而信任程度最低的是网络新闻。对于网络媒体而言，网民最信任的是内地传统媒体办的网站，而不是门户网站。无论是在从业人员还是受众眼中，网络新闻的质量都是处于边缘地位，是很难和传统媒体相提并论的。

　　但六年后这种状况已经发生了很大变化，网络媒体已成长为新闻传播的强势媒体，实现了从"草根"向"主流"的角色嬗变，且优势渐显。2009年7月31日，由北京师范大学张洪忠博士和《现代广告》课题组共同发起承担的"中国媒介公信力系列大调查"之一的北京媒介公信力调查报告出炉，从不同媒介渠道的绝对公信力和相对公信力角度考察，网络媒体都已经是成熟的主流媒体。

　　网络媒体从边缘走向主流，除了自身发展成熟和社会责任担当、社会认可度和网络新闻利用度高之外，也逐步得到主流社会的认可，特别是网络媒体得到党和国家的认可，独立媒体人地位逐步巩固，比如中国新闻奖从2006年开始把网络新闻作品纳入评奖范围，许多优秀的网络新闻作品获得中国新闻奖。这些因素，都是网络媒体步入主流的标志。

（二）传统主流媒体向网络表达学什么

　　当技术不断创新成为数字媒体的重要竞争优势时，短时间内包含网络在内的社会性媒体的效应被不断放大。网络媒体不仅改变了我国长期稳固的媒体市场格局和区域布局，而且凶猛地蚕食争夺着媒体领地，社会性网络媒体作为媒体主流和主流媒体，舆论影响力有目共睹，成为媒体格局变迁的一个最大变量。同时，传统媒体在一段时间以来边缘化危机加大，与新兴社会性媒体话语体系的分裂成为一个自我放逐的宿命。如何改变舆论场的分裂，更好地发挥传统主流媒体的公信力优势，传统媒体需要向新兴数字媒体学习借鉴新的"表达范式"。

1. 传统媒体要学习新兴数字媒体的"新闻思维"

网络"第四媒体"出现后，各种数字媒体不断涌现，一时间博客、播客、维客、微博客、微视频乃至于各种 SNS 的出现，更进一步凸显了数字媒体传播的即时性、自主性、开放性、互动性特征。"人人都有麦克风"，传统的新闻生产方式被打破了，新闻发布不再是"传统媒体"机构独占的权力，一个真正众声喧哗的新闻格局诞生了。可是，传统媒体还延续着传统的新闻观念、新闻思维、新闻生产方式，在 Web2.0 或 Web3.0 的传播生态环境里，传统媒体的自我分割只能是画地为牢、作茧自缚，因此迎合潮流的融合趋势中，传统媒体似乎赶上了新兴技术推动的这场"第四次传播革命"。但一些媒体是借"形"而未赋神，因此多是形神分离，即使有了数字媒体形式，整个新闻生产的模式和思路还是沿袭老路，因此，若就媒体传播的效果来评估考核，根本就无法和完全商业化数字媒体所具有的能量和效应比肩，和普通公众的关系也还是一种疏离状态。即使已经多年发展的依托传统主流媒体派生的重点新闻网站，与今天那些自媒体出现前并没有原发新闻的商业网站相比，根本就不是一个重量级，每天的流量大小就是最有力的明证，影响力就是媒体考试分数。这种状况也给新闻舆论的管理部门提出了更高的要求，必须改变全媒体传播格局下的媒体管理模式和方式，以往有效的线性管理路径已经部分失效。传统主流媒体沿袭的舆论营造模式，往往还是在传统管理引导模式下的思路，今天已经有很大部分失效。更令人难以置信的是，有些情况下传统主流媒体主观上努力实现的正传播目标却因为这种营造积极舆论的思维定势收获了负传播效应，传播动机和效果完全背离，传统主流媒体在"7·23 动车追尾"事故中的表现就是典型例证。因此，传统媒体和新兴数字媒体比拼的关键就是新闻思维和新闻传播模式的较量，唯有传统媒体多从新兴媒体的优势特点出发，与公众深度交融，多从普通公众处获得灵感，寻求思维的平行，才能够生产出贴近公众生活的好新闻。

2. 传统媒体要学习新兴数字媒体的"话语方式"

2007 年以来，网络等各种新兴数字媒体成为舆论生态变局的最大推动者，如今每年影响全国的最重要舆论热点事件，大部分都是网络参与生成，微博客如今也替代了博客、社区和网络论坛，成为引爆舆情的最重要信息源。在此过程中，网络因为话语表达方式的"草根性"特点，自然就和受众之间没有距离。而传统主流媒体基于长期形成的官方新闻话语表达习惯，已经形成的话语表达的繁文缛节，报道不同类型新闻的固定模式，近乎板结的话语体系，因而出现了与网络等新兴数字媒体的话语体系割裂，使得官方认可的主流媒体的新闻生产似乎变成了一种体制内自我欣赏的游戏，百姓对其不关心不相信也就成了一种现实。应急状态下，需要发挥主流媒体舆论影响力引导力的时候，传统主流媒体也很难发挥本应该与"主流"地位相适应相匹配的效应。这里也提出了一个主流媒体的依据变迁问题：性质论还是效果论？新闻传播中传统主流媒体要回归或发挥主流媒体作用，就必须打破僵化的话语模式，回归新闻价值本身，选择与百姓能够对接的话语体系，即使严肃的政治性官方话语也一样可以采用百姓喜闻乐见的表达方式。比如，新一届中央领导集体的就职讲话、座谈会就反映出了新一代中央领导集体倡导平实文风、平实作风的新气象。新华社推出的七常委的人物特稿堪称是官媒首次大规模地转变文风的集中体现。特别是2012年12月26日中宣部发出《关于贯彻党的十八大精神切实改进文风的意见》，对如何改进文风作出明确规定，提出新闻报道"要根据工作需要、新闻价值、社会效果确定内容"，"善于把文件语言和学术概念转换成易读易懂的群众语言"，"适应受众接受习惯，展示媒体自身特色"。这些规定也让我们看到了传统媒体在话语表达方式方面的变革诉求，正式一步步学习接受网络数字媒体表达方式的努力，否则要是把新闻传播变成了远离公众的码字游戏，那样的新闻发展之路就只会越走越窄。

3. 传统主流媒体要寻求与公众关注点的"议题交集"

除了新闻思维、话语表达方式，传统主流媒体要更好地传播资讯、引导舆论，就必须从新闻生产的本源上更加关注百姓关注点。传统主流媒体不仅是政党的喉舌，也同样是人民的舞台，要更加重视传统主流媒体的多元化功能和角色呈现。从根本上讲，党性和人民性是完全统一的，传统主流媒体必须时刻注意群众关心的社会热点、难点、焦点问题，既不能回避问题，更不应该在关键时候需要发声却"哑然失语"。一段时间这也成为一些传统主流媒体自我放逐的恶果,被边缘化就是必然结果。《人民日报》官方微博的出现,却给了我们新的启示,它甫一出现就受到网络空间海量网民的追捧,产生了意料之外的巨大社会反响。其影响呈几何级放大意料之中的理由是,它颠覆了人们对于传统主流媒体的刻板印象,它关注社会热点、焦点,话语表达也是清新、明快、活泼,与网络受众零距离接触,公信力和影响力很快就建立起来了。大批政务微博同时出现,正是减少这种"舆论场"人为差异、实现两种话语体系对接和良好互动的开始。传统媒体如果没有在"议题设置"上寻求与公众的交集,而是回避问题或自说自话,那恐怕难以避免被抛弃的厄运。传统主流媒体唯有坚守独立立场中的沟通和判断,发出权威的声音和思考,才是赢得立体化传播格局中的影响力和吸引力的必然价值选择和行动方向。

网络等各种数字新兴媒体,给了融合发展中传统主流媒体以更生涅槃的新机遇。正如莎士比亚的一句名言:Be or not to be is a question. 只有借力新技术的魔力,包容借鉴新媒体的优势表达,不论思维还是方法,传统主流媒体才会在更高层次上重新出发,获得更大的影响力和竞争优势。

(三)传播"移动化"趋势促动话语权转移

从1994年底中国接入国际互联网,仅仅用了十年至2003年中国就步入"网络媒体元年",互联网的媒介特性已经成熟;在接下来的第二个十年里,互联网应用层出不穷,不断丰富着媒体的新应用,媒介融合走向深入。随着论坛、社区、博客等用户自主性应用的出现,网络大众传播开始向传播融合游动,各类传统传播形态边界消失,微博客出现后媒介和社交的深度融合更为凸显。但随着各种智能化网络终端的出现,传播又出现了新一轮向移动化迁移,变动中的这个趋势将会产生更大的革命性影响。

1. 新传播革命从网络到移动终端变革的新要求

目前,中国手机用户达到11亿。以智能手机为代表的移动互联网正强势崛起,移动多媒体传播将带来新的传播方式和传媒变局深化。

首先，移动终端成为网民首选触网载体，主角身份渐显。2013年5月29日，美国风投KPCB合伙人、"互联网女皇"玛丽·米克（Mary Meeker）发表2013年互联网报告，根据观察和世界互联网发展的实际，首先认为移动互联网在数量、速度、商业前景等方面代表了发展方向。PC端互联网的增长速度也许已经过了黄金时代，但移动的到来让互联网整体规模成倍增长。这种增长已经体现在量上（让没有PC的人通过手机上网）、速度上（通过APP将移动的时间变成上网时间），但还未真正体现在金钱上（移动端变现困难），几年后资本市场会迎来移动企业的IPO浪潮。

而中国发展实际又是怎样的呢？根据CNNIC发布的第32次全国互联网发展统计报告，截至2013年6月底，中国手机网民规模达4.64亿，较2012年底增加4379万人。台式电脑上网网民比例继续下降，69.5%的网民通过台式电脑上网，手机上网网民比例保持快速增长，通过手机上网的网民占比78.5%。

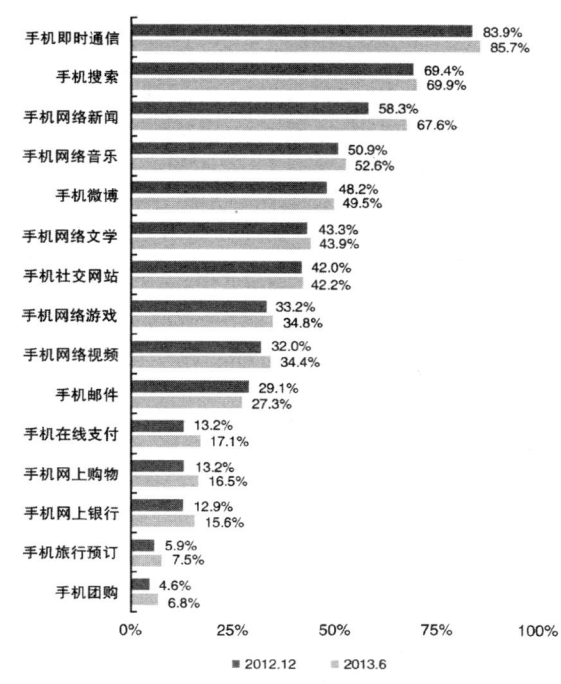

图3-2 2012.12—2013.6 中国手机网民网络应用
（来源：《第32次中国互联网络发展状况统计报告》）

作为信息传播的主流应用平台，移动传播特别是手机微博和手机视频的快速成长，站定了手机"主流应用"的现实，进一步增加了主流舆论引导的难度和挑战。截至 2013 年 6 月底，我国用手机上微博的网民数为 2.30 亿，与 2012 年底相比增加了 2710 万，增长 13.4%。手机微博在手机网民中的使用率为 49.5%，相比 2012 年底提升了 1.3 个百分点。

多方因素力促手机视频用户增加，3G 手机用户规模扩大、家庭 wifi 上网比例增加，手机硬件性能提升和手机视频客户端不断优化完善为手机视频播放创造了条件，社交网站和手机微博用户的视频分享，带动了手机视频成为网络视频新的增长点。截至 2013 年 6 月底，我国在手机上在线收看或下载视频的网民数为 1.60 亿，与 2012 年底相比增长了 2536 万。手机视频在手机网民中的使用率为 34.4%，相比 2012 年底增长了 2.4 个百分点。

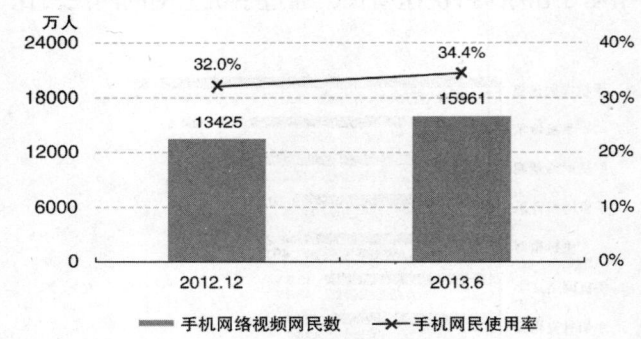

图 3-3 2012.12—2013.6 手机网络视频网民数及使用率
（来源：2013 年 6 月 CNNIC 中国互联网络发展状况统计调查）

根据《"十二五"国家战略性新兴产业发展规划》，2020 年宽带应用深度融入生产生活，移动互联网全面普及，3G 普及率达 85%，发展宽带成国家战略。移动互联网的多媒体传播终端功能将更加凸显，主流声音的有效传播任务将更加紧迫，因此，把移动多媒体广播电视作为政府公共文化服务体系建设的重要组成部分，借助于这个平台的既有传播优势和网络建设广覆盖、运营机制的完善的条件，把传统的主流声音传达出去，就成为适应新技术发展和新传播终端载体诞生后的一种战略性选择。

与此同时,手机作为多媒体终端设备和媒介融合的核心产品,它在使用者媒介信息可获得性方面,已经仅次于个人电脑和电视机,而且成长迅猛。根据中国政法大学传媒与文化产业研究中心的受众媒介融合产品需求调查结果,用户拥有各类媒体设备中,个人电脑所占比例最高 28.3%;其次是电视机 23%;智能手机和收音设备(指 MP3、收音机、车载收音机、家庭影院等可以接收广播信号的媒体设备)比例接近,各占 15.4% 和 14.6%,但上升速度快,受用户青睐。

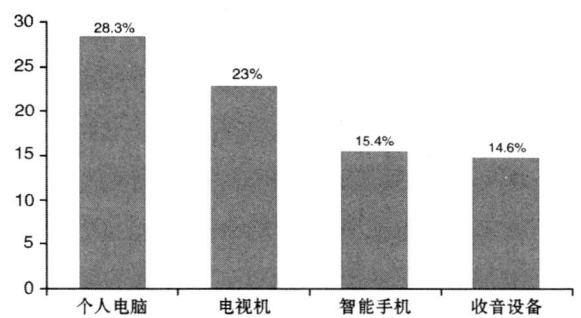

图 3-4 用户拥有的各类媒体设备占比

手机作为多媒体终端,它的媒介属性更加凸显,信息可获得性已经超过了传统报纸、广播、电视,移动媒体(手机和平板电脑)占比为 12%,电视为 7.2%,广播为 1%,报纸为 1.6%。[1]

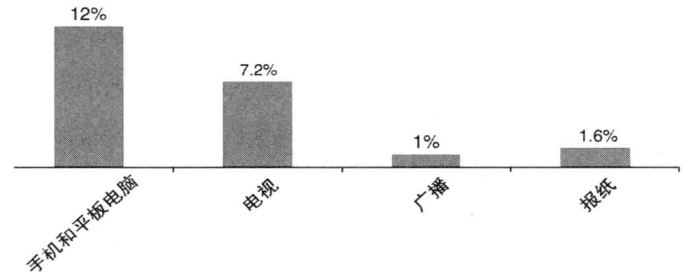

图 3-5 不同媒介信息可获得性比较

---

[1] 刘牧雨、丁亚韬主编:《中国媒体融合发展报告(2011)》,《新闻与写作》编辑部特刊 2012 年 3 月 2 日,第 40—41 页。

2012年手机成为了国内最大体量的传播终端，截至2013年6月底，我国手机网民规模达4.64亿，网民中使用手机上网的人群占比提升至78.5%，手机微博和手机视频成为了主流应用，手机的媒体属性快速成长，代表了传播发展的趋势和方向。互联网出现后改变了传统媒体格局和舆论生态，手机多媒体广播电视提供了传统主流媒体的权威文化信息服务，但传统主流媒体因为受众群体的转移而出现了边缘化倾向。比如，由于受电脑、平板电脑和智能手机的冲击，电视开机率直线下降，传统广播电视收视群体向老年人集中，受众人群年龄结构呈现"老龄化"趋势。年轻群体把网络和移动媒体作为获得新闻资讯的最重要载体来源。舆论阵地的变迁带来了话语权的转移，新的舆论领导权之争问题凸显，只有逐渐扩大主流舆论影响才能把握舆论主导权，但伴随着移动互联网的快速发展，手机媒体应用的各种形态表现出了不同的影响力，也出现了新的挑战和动态倾向。

传播移动化的实现，加之随着微信应用普及出现的传播社区化、社交化、个人化等新特征，将进一步凸显手机作为媒介终端的价值和地位，也会增加政府舆论管理和引导纾解的难度，价值和思想的多元选择将显得更加分散。

"互联网女皇"玛丽·米克（Mary Meeker）也预测未来音频信息将大幅增长。她认为，5年之内，全球数字信息创作、分享（包括文档、图片、微博消息）增长9倍，2011年达2ZT。媒体、数据上传、移动分享仍在快速发展，仍处在初期。最初是拍照数量出现爆发式增长，它仍处在增长初期。现在轮到视频大爆发。接下来将是音频，刚刚兴起。下一步就是数据。每分钟，上传到YouTube的视频达100小时。由于手机开始使用更多语音功能，导致声音信息量大增。SoundCloud每分钟上传11小时声音。移动网络传播中音视频需求的增加和更便捷、廉价的获得，就成为传播的一个重要影响因素。而作为拥有海量音视频内容的CMMB（移动多媒体广播电视）不仅将面对网络传播到移动传播的挑战，更可以说在竞争伊始就具有了竞争比较优势。

其次，移动互联网时代，传播方式由展示向推送、分享转变。移动传播越来越成为引领传播的新发展，各种商业应用都在寻求将原有文化信息服务扩展乃至于移植到移动互联网上，特别是视频内容成为了报纸、广播、电视等各种媒介的必争重镇，成为一个文化服务新的"集结点"。但目前的终端和渠道分化还是很明显，视听媒体形态主要是：一是传统电视；二是分化延伸的单向传播新载体，比如公共视听媒体、CMMB 多媒体广播电视等；三是侧重互动功能的视听新媒体，比如网络广播电视、IP 电视、互联网电视、手机电视等。但不同形态的视听媒体都着眼于实现全媒体、全覆盖，在文字、图片、视频内容融合的同时，随时随地为用户提供收看收听音视频节目的需求，实现提供者与接受者的参与互动分享。同时，由于对用户需求的专注和用户导向的重视，大数据量内容的传输也在云技术应用的背景下能够获得轻松传输推送，根据美国已经在实践运营的云计算模式（LaaS、PaaS、SaaS），针对完全个人不同的消费习惯和服务需求，都可以通过云服务模式推送到移动终端，改变了以往网络消费的形态和模式。

特别是伴随着手机微博、微信的快速增长，移动与社交深度融合，整合地理信息、通讯录等功能，成为关系型社会中网络关系、人际关系变革的中坚力量。截至 2013 年 6 月底，3.31 亿微博用户，比 2012 年底增长了 2216 万，增长 7.2%。根据 2012 年的统计结果，65.6% 的人是使用手机终端访问微博。移动化和社交化深度交织，用户之间的社交性、交互性应用强化了对信息服务内容的评论、转发、分享的频率和使用效果，相互分享成为信息传播的重要渠道，这个趋势必将对用户的信息服务消费方式产生深远影响。

2. 视听新媒体在技术、业务、载体、战略等方面融合更深入

随着时间推移，跨界融合作为一个媒介领域的持续变革过程不断深入，各种媒介呈现出多功能一体化的发展趋势，传统产业以往明晰的产业边界收缩或消失。而且这一轮的融合是全方位、立体化、全领域的，包含着技术、产品、渠道、载体和商业模式的整合，开启了媒体产业发展新的格局变革。

对于身处视听新媒体变局里的 CMMB（移动多媒体广播电视）而言，新的媒介融合格局下要格外关注渠道拓展和业务战略融合问题。渠道拓展着眼于视听应用移动化、社交化、人性化的发展趋势，突破既有内容只能覆盖部分终端产品，无法在更加多元多样的载体上特别是移动互联平台上传播的问题。新技术应用的不断推动和广电、通信、互联网实现实质性功能融合，为

丰富CMMB功能，改变传统单一传播模式的不足，带来新的传播优势和空间。

技术标准、媒介内容、传播渠道、消费终端的融合，需要传媒机构通过并购、重组、战略合作等不同方式，实现跨行业、跨领域发展，与其他领域内相关机构形成新的所有权融合，如传媒业与电子产业、电信业等领域的所有权融合，直接改造产业组织，探索进入一种混合经营的全产业链商业模式，降低彼此进入的成本和风险，适应如今融合发展的产业实际和趋势。十八届三中全会提出了发展混合所有制经济，在转企改制的传媒企业探索特殊管理股，进一步激活释放传媒企业活力，未来发展对于传媒企业来讲，大有利好因素和时机。

3. 文化需求和信息消费更加个性化和定制化

如今，传统音视频消费已经从"客厅"、"书房"飞出了固定的空间和载体，再一次跨越了往日的"空间限制"和"载体依赖"，真正变得无处不在，用户文化信息消费的障碍和限制越来越少，信息消费"移动化"更使音视频内容的传播消费模式发生变化，强化了对用户体验的关注并向用户需求的研究倾斜，注重提供细分化市场服务内容。

信息消费方式也由以往的单向、被动变为双向、索取方式，定制化消费将成为常态。用户基于个性化需求和个人偏好而出现的视频点播（VOD）、个人专业信息定制等个性化的小众服务将更加普遍，成为产品形态中多样化的产品类型，营收利润极具潜在的增长空间。同时，用户创造内容（UGC）将成为信息消费存在的"独特风景线"，在交互性传播中，用户可以借助自己的触网终端主动传播和生成自己的内容甚或是评价态度，若是在新闻报道中，则可以因自己的"在场"而起到补充专业新闻记者的"盲区"或可能的片面性"报道选择"问题。而且用户自己生产的内容，也可以成为开放式媒介平台新的赢利点和吸引用户的比较优势。

此外，满足这种更加多样的用户信息消费需求，必须具备内容产品规模化和对海量用户信息分析加工的能力。针对移动媒体可以与个人身份信息紧密联系，因此推送服务将借助挖掘技术对大数据进行海量分析，从而能够获得不同用户的消费偏好和个性化要求，就可以直接推送专为个别用户提供个性化服务的内容,做到更具精准化的靶向性"一对一"传播,赢得市场。

(四)新媒体规制要跟上媒介融合发展步伐

新媒体管理主要指网络媒体管理和依托于网络出现的各种社会性媒体管理。由于互联网络没有边界、时空的限制,网民在网络上能享受到较为充分的信息自由权,各种凸显的网络问题对政府网络新媒体管理提出了挑战,虚拟社会治理也已经成为政府管理的新课题。

1. 网络新媒体监管现状

网络是一个综合体,它既是一个通信工具和商业平台,也是一个巨大的产业群落。网络孵化了各种新的文化产品,如各种网络出版物、网络视听产品、网络游戏等创意文化产品,成为最具成长性的文化行业,是近年来传媒产业的主要增长点。据《2010:中国传媒产业发展报告》的统计,2009年中国传媒产业的总产值为4907.96亿元,比2008年增长16.3%,移动传媒与互联网成为传媒产业发展的主力和动力。网络新媒体作为网络经济的载体、经济结构转型升级的平台利器、各种新型文化产品传播消费的介质,需要政府完善扶持性产业政策,以促进网络规范和新媒体发展。

(1)网络监管机构

随着网络新媒体的发展,我国政府也加强了对网络新媒体的监管。根据2000年9月国务院颁布实施的《互联网信息服务管理办法》第十八条,信息产业主管部门和省、自治区、直辖市电信管理机构,依法对互联网信息服务实施监督管理。新闻、出版、教育、卫生、药品监督管理、工商行政管理和公安、国家安全等有关主管部门,在各自职责范围内依法对互联网信息内容实施监督管理。2010年《中共中央办公厅国务院办公厅关于加强和改进互联网管理工作的意见》提出,要按照"统分结合、相对集中、职责明确、权责一致"的原则管理互联网。2011年5月4日,国家互联网信息办公室挂牌成立,成为我国针对互联网信息内容的专门主管机构。至此,将原来相对分散在多个部门的互联网管理职责整合集中起来,针对互联网的管理,形成以国家互联网信息办公室、工信部、公安部三个部门为主的分工负责与合作机制，分别就互联网信息内容、互联网行业发展和打击网络违法犯罪等进行管理。同时，文化、广电、教育、新闻出版、工商和国家安全、保密等相关部门，根据各自职责，协同共管互联网。相应地，地方政府也在加快互联网信息内容管理机构的建设。根据各部委制定的网络管理部门规章，目前参与网络新媒体管理的行政机构可分为四类：

接入监管部门。工信部门与工商部门是我国网络新媒体的接入管理部门。工信部颁布的法规主要集中在网络接入、域名和 IP 地址管理、电子邮件、电子公告服务、整治互联网不良信息等领域。工信部执法的主要形式是审批和备案，对经营性的网站审批，对非经营性的网站备案。同时，根据《互联网电子公告服务管理规定》，还对开展电子公告服务的企业进行许可证审批。工商部门的主要职责是负责互联网上营业场所的营业执照管理，对无证经营、超越范围经营等行为进行查处。

安全管制部门。公安部门与国家安全部门是网络新媒体的安全管制部门。公安部的主要职责是：监控网上反动、淫秽等有害信息；监督互联网经营、服务单位和网上服务营业场所的安全审核、安全管理软件的安装和安全监督管理；依法惩处网上违法犯罪行为。安全部门的主要职责是对境外有害信息提出封堵网站名单并通知有关部门封堵，按照有关规定履行互联网信息安全管理职责。

内容管制部门。国家互联网信息办公室和各地方政府互联网信息办公室是互联网内容管理机构。该机构加牌在中央和地方的新闻办公室和对外宣传办公室上，是网络新媒体最直接的内容管制部门。主要职责包括：落实互联网信息传播方针政策和推动互联网信息传播法制建设，指导、协调、督促有关部门加强互联网信息内容治理，负责网络新闻业务及其他相关业务的审批和日常监管；指导有关部门做好网络游戏、网络视听、网络出版等网络文化领域业务布局规划，协调有关部门做好网络文化阵地建设的规划和实施工作；负责重点新闻网站的规划建设，组织、协调网上宣传工作，依法查处违法违规网站，指导有关部门督促电信运营企业、接进服务企业、域名注册治理和服务机构等做好域名注册、互联网地址（IP 地址）分配、网站登记备案、接进等互联网基础治理工作；在职责范围内指导各地互联网有关部分开展工作。新闻办公室主要职责在于负责审核互联网上的新闻。对外宣传办公室主要负责对网络媒体的日常管理。

配合协调部门。网络新媒体管理的配合协调部门主要指文化部门、新闻出版部门和广电部门。随着网络技术和数字技术的不断发展，传统媒体行业开始数字化升级，一定程度上拓宽了新闻出版部门、广电部门的职能范围。新闻出版部门负责互联网出版活动及版权的监督管理，并审批《新闻出版业务许可证》。广电部门负责境内网站通过互联网传播电影和广播电视节目的审批与监督管理，管制范围涉及在互联网等信息网站中开办各种视听节目，播放影视作品和音视频新闻，转播、直播广播电视节目及以视听节目形式直播、转播体育比赛、文艺演出等各类活动，管理形式主要是审批《网上传播视听节目许可证》。

除以上四类机构外，还有其他一些部门也参与监管网络，比如国家保密局在网络安全和保密方面给予监管；国家知识产权局负责保护互联网环境下的知识产权；国税总局、商务部等部门也负有推进电子商务发展的职能。

另外，还有两方面特殊情况：一是网络有关的法律和综合性法规，主要由全国人大常委会和国务院制定。全国人大及其常委会通过立法的方式，维护网络新媒体的安全运行和商业活动的开展。如《电子签名法》（2004年）、《关于维护互联网安全的决定》（2000年）等。国务院或通过国务院办公厅，围绕我国计算机网络国际联网、域名管理、互联网新闻信息服务、保护信息网络传播权等领域制定相关政策，为网络新媒体发展提供政策保障。二是网络管理和服务机构即中国互联网络信息中心（CNNIC），该中心负责管理维护我国互联网地址系统，引领我国互联网地址行业发展，权威发布我国互联网统计信息，代表我国参与国际互联网社群活动。在网络新媒体行业，CNNIC主要以倡导自律公约的形式发挥作用。目前通过了两个自律公约，即《互联网地址资源服务行业自律公约》和《博客服务自律公约》。

（2）网络管理的核心内容

网络管理中涉及的核心内容可归纳为四个方面：网络基础设施的规范、

信息服务内容的管理、传播权利的保护、不良信息的整治。

网络基础设施的规范。涉及网络基础设施管理的法律主要包括《中华人民共和国计算机信息网络国际联网管理暂行规定》、《中国互联网络域名注册暂行管理办法》、《中华人民共和国电信条例》等3部法规,分别实现了我国网络的国际联网、域名管理以及电信业务的有效开展,为网络发展提供了先决的基础设施保障。

信息服务内容的管理。网络作为一个新兴媒介,与它的媒体价值关系最为密切的首推信息服务。涉及该议题的法规较多,主要有《互联网信息服务管理办法》、《互联网电子公告服务管理规定》、《互联网站从事登载新闻业务管理暂行规定》、《非经营性互联网信息服务备案管理办法》、《互联网新闻信息服务管理规定》等5项。《互联网信息服务管理办法》是核心,其余4项都是在具体领域和问题上的细化。

传播权利的保护。信息数字化使作品复制更容易,但也存在侵犯版权等著作权的隐患。为了保护著作权人的合法权益,我国制定了《互联网著作权行政保护办法》、《信息网络传播权保护条例》。这两部法规是已有法规在网络环境下的具体延伸,实现了虚拟世界的社会关系仍然要受现实世界现行法律的规范和调整的目的。

不良信息的整治。世界各国把互联网不良信息一般分为两类:一是非法内容,即违反法律法规、必须由警察和法律授权机构来处理的信息内容。二是有害信息。包括两种:一种是那些尽管法律不禁止但应该限制在一定范围内传播的内容;另一种是从言论自由的角度可以公开传播的内容,但可能对社会秩序和其他人群构成危害和不良影响的信息。我国对不良信息多采取专项行动的方式来集中整治,今后要建立和形成网络不良信息综合整治的长效机制。

2. 网络新媒体管理存在的主要问题

网络多媒体传播环境下,政府难以通过行政命令管控信息,传统媒体的管理方式已不适合管理网络媒体。目前世界各国的网络治理,普遍采用政策法规、经济手段、行政监督、技术控制和行业自律等多管齐下,进行间接规制。我国网络管理存在许多矛盾和问题，诸如网络媒体特性凸显与媒体管理和内容管理手段缺乏的矛盾；媒体管理与产业管理的统筹之间的矛盾；网络基础管理与网络行为主体信息衔接的问题；电信企业的社会责任与经济利益之间的矛盾；法律法规不健全不具体，难以执行落实等。概括说来，主要有以下几个方面：

第一，政府网络管制权过于分散。网络治理的主体是政府、私营部门和民间社会。国外政府部门大都成立了相关的机构进行管理，如英国互联网治理机构是网络观察基金会（IWF，Internet Watch Foundation），一个半官方的行业自律组织；新加坡的互联网治理机构是传媒发展局；美国互联网管理机构则是联邦通信管理委员会。在我国，网络治理是按照信息形态和内容差异来划分责任主体，实行多部门管理，由此也出现多部门职能交叉的问题。我国众多互联网政府管理机构依法在各自的职责范围内对互联网信息服务实施监督管理，这种管制模式不仅导致相关部门之间的利益相争，管制效率低下，而且使统一的管制权被不同的管制机构分割，加大了监管成本，执法责任不明确。

第二，网络管理政策制定和实施滞后。网络新媒体管理中普遍存在政策措施明显滞后、过时现象。一方面，网络领域新媒体层出不穷，出现了许多新问题，但对症的政策规定尚未出台，管理跟不上网络技术应用发展的步伐。另一方面，原有部分政策规定已不适应发展变化了的新情况。如面对各种新媒体形态的崛起、人肉搜索的风行、微博客与微视频的兴起等，管理部门却无法为其提供系统而权威的政策法规依据，现有的只是一些不完善的部门规章和不具备强制执行性质的规范性文件。此外，缺乏鼓励性、支持性、保护性的制度（特别是较为系统全面的知识产权保护制度），致使网络盗版、网络侵权等各种侵犯知识产权的问题不断发生，因而亟需建立一种全媒体传播环境下的知识产权保护机制和规范数字化生存方式的网络文化产业制度。

第三，重内容规范管理，轻产业发展推进。目前，网络管理多侧重从信息服务和内容管理的视角制定政策，没有站在整个产业发展的高度去规划网络行业的发展。网络是一种媒体形态，但又不是单纯的媒体，而是一个应用广阔的平台。在这个平台上，可以整合媒介实现融合，可以推行电子政务、电子商务，网络可以成为网民的生活空间。因此，应本着大平台的观念建设好、用好网络，用产业的视角规划网络，才能真正把网络新产业做大做强，真正推动我国传媒产业转型升级和产业振兴，提升我国传媒业竞争力，让网络成为国家软实力的象征和载体。

第四，侧重信息整治和安全，与网络整体价值失衡。互联网是一个崇尚个人自由的领域，更多体现的是一种积极的变革力量。网络治理不能单纯依靠政府的行政管制，治理比管制更适合政府管理的思路。而目前的管理更多注重了网络安全维护和信息内容管理，对网络新媒体行业缺乏战略引导和政策支持。政府有关部门应当着眼于网络新媒体积极的一面，引导网络新媒体行业领航传媒变革，开创新的产业业态和经济增长点。

3. 网络新媒体管理机制探索

互联网已经是我国经济社会运行的重要基础设施，包含网络经济在内的信息产业已经占到国家 GDP 总量的 10% 以上，成为国家战略性支柱产业。2007 年以来，互联网发展的一个重要特征就是互联网媒体性作用进一步增强。据 CNNIC 调查数据显示，截至 2012 年 6 月，我国网络新闻的用户达 3.9 亿，使用率达到了 73%，较 2011 年底增长了 2545 万人。网络媒体作为一种新媒体形式的成熟形态，较传统媒体的信息渠道优越性尽显无疑，网络也已经成长为影响巨大的新兴主流媒体，网络舆论的社会影响力越来越大。

针对目前存在的问题，我国网络新媒体管理既要尊重网络发展规律，也要借鉴国外网络管理成功经验，积极探索我国网络管理的模式和机制。

（1）网络管理的基本思路与原则

要解决我国网络管理中现存的问题，既要尊重网络发展规律，顺应发展趋势，推动网络治理健康有序地发展，也必须借鉴国外网络管理的成功经验，积极探索互联网管理体系，形成我国网络社会管理的模式和机制。

第一，建立政府主导的网络治理格局。网络新媒体管理是整个互联网治理的重要内容，需要政府主导、企业自律和公民自觉参与，而网民则是整个互联网治理中的核心。治理和管制的最大区别就是，治理更强调双方互动和协调配合，而管制只需要企业或者个人执行行政命令，是一种单向的管理。

2003年12月，联合国在日内瓦召开了世界信息社会峰会（WSIS）第一阶段会议，组建互联网治理工作组（WGIG）。WGIG认为，"互联网治理就是各国政府、企业界和民间团体从他们各自的角度出发，对于公认的那些塑造互联网的演变及应用的原则、规范、规则、决策方式和程序所作的发展和应用"。

胡锦涛同志2007年在中央政治局集体学习时强调，网络管理要"切实把一手抓发展、一手抓管理的要求贯彻到网络技术、产业、内容、安全等各个方面"，建立一种政府主导、企业和个人相互配合的网络管理模式。互联网治理需要调动各方的力量，实现政府主导、企业自律和公民自觉参与，而网民则是整个互联网治理中的核心。"要主动适应社会主义市场经济条件下社会管理发展变化，积极推动社会管理体制机制创新，健全民主制度，建立健全党委领导、政府负责、社会协调、公众参与的社会管理格局，加强社会管理基层基础建设，提高基层群众自治组织自我管理、自我服务、自我教育、自我监督能力，加强社会组织管理和服务体系建设，提高社会管理信息化水平。"[1] 虚拟社会要避免社会管理中行政管制的单向性的管理方式，要实现政府和社会的双方互动和协调配合，实现网络有效治理。

第二，明确网络管理的基本原则。具体到我国国情，网络治理要坚持"积极利用、科学发展、依法管理、确保安全"的方针，坚持互联网发展与管理统一，行政手段与法律手段统一，产业发展与信息安全统一，参照国际惯例与适应中国国情统一，建立法律规范、行政监管、行业自律、技术保障、公众监督、社会教育相结合的互联网管理体系，从而形成我国互联网管理的体制机制。

（2）探索网络新媒体管理的制度建设

从国外的经验来看，网络治理需要统筹运用立法、行政、行业自律、网

---

[1] 胡锦涛：《扎实做好正确处理人民内部矛盾工作 为经济社会发展创造良好社会环境》（2010年9月29日），《人民日报》2010年9月30日。

民道德自律等多种手段，努力形成统分结合、相对集中、职责明确、权责一致的管理体制，提高网络新媒体管理的成效。

第一，形成相对集中统一的网络管理职责，尝试"共同管理"。目前我国网络治理仍然是由多个部门分散管理，一定程度上阻碍了网络新媒体协调有序的发展。要充分认识网络的跨平台、跨行业特性，逐步加大多部门联合发文、一致行动的力度。整合过于分散的网络管理部门，集中职能，明确主导者和协作者，同时完善地方网络管理部门的管理机制。一些地方在网络管理中存有过度干预和封堵网络等现象，弱化了公众舆论监督权、表达权、知情权和参与权，因此应把网络管控运营权力收归中央统一管理，从而保护网络新媒体社会舆论监督的积极效果。

第二，借鉴国外先进立法经验，完善网络管理的法律法规体系。网络发端于国外，国外在网络新媒体管理方面积累了很多宝贵的经验。发达国家政府通过立法奠定了互联网管理的基础，利用法律对互联网行为做出了明确的规范。有关部门对世界42个国家的相关调查表明，大约33%的国家正在制定有关互联网的法规，而70%的国家正在修改原有的法规以适应互联网的发展。如英国非常强调依靠现有的法律，如《刑法》、《猥亵物出版法》及《公共秩序法》等来延伸到互联网世界中。德国联邦议会在1997年颁布综合性的法案《信息与通信服务法》（即《多媒体法》）和《电信服务数据保护法》，用来解决经由互联网传输的违法内容，包括猥亵、色情、恶意言论、谣言、反犹太人等宣扬种族主义的言论；根据发展信息和通讯服务的需要，对《刑法》法典、《传播危害青少年文字法》、《著作权法》和《报价法》作了修改和补充。这些立法经验和相关法律条文，对我国全面进行网络立法工作，也是一个很好的借鉴。[1]

我国围绕网络管理出台了一系列法律、法规和规章，但相对于互联网产业的飞速发展，法律法规建设仍然滞后。要加快建立健全相关法律法规体系，为网络信息安全提供良好的法律环境。

---

[1] 汪峥：《新媒体的绿色治理需要绿色措施》，《社会观察》2010年第2期。

三、新媒体 话语权 网络管理

第三，加强技术研发，运用新技术手段强化技术管理。网络出现本身就是新技术推动的结果，因此借助技术手段对有害信息进行过滤与封堵就是各国互联网管理普遍采用的方法。通过技术手段实现对危害青少年的不良信息、危害国家安全的反动言论、电脑犯罪行为的攻击等进行有效地防护，特别是要探索建立覆盖手机等新兴媒体和论坛、博客、视频等互联网信息内容监测指挥系统，与其他相关部门资源共享、平台对接，更有效地实现全面监测管理。同时，新技术手段的使用，也推动政府管理本身的建设和政府服务流程的改造，要深化电子政府建设的内容，推动政府管理方式的创新。

第四，创新网络问政新模式，把办理网民留言制度化，借助网络民意的有序表达推动实现政府决策科学化和民主化。信息网络技术所塑造的网络虚拟空间，不仅仅是一个物理的技术空间，更是一个自由无边界的社会生活空间。网络空间催生了一种新型的政治现象，即网络政治中的数字化民主或网络民主。作为一个开放性的工具，网络分散式体系结构为信息的自由多接点传播创造了条件，公民的知情权、参与权、表达权、监督权得到了很大的保障可能，同时网络的互动性使人们可以自由地发表言论和见解，"公民新闻"等网络信息集中式爆发。网络空间已经形成一股强大的社会力量，各种网络群体聚集，虚拟社会已经开始反过来影响现实的真实世界。如今，网络空间已发展成为"公共领域"或"公共空间"，成为表达民间诉求，论政议政，监督约束公共权力、维护公共秩序和伸张公共道德的一个重要场所。"网民记者"引爆舆论热点，成为网络舆论焦点的推手，影响舆论的发展方向和人们对相关问题的态度和价值判断。特别是那些"新意见阶层"，往往成为各种社会热点和公共领域问题的重要发声者。网络空间激发了网民社会参与意识和社会责任意识，作为一种公共权利表达的新载体，正发挥着越来越大的社会影响力。网络信息公开和网络监督也成为政府工作的一个新平台，网络为我国网络政治生活的活跃创造了条件，也成为民众表达民意、舆论监督、反腐倡廉的一个最重要的阵地。

同时，利用网络平台汇集民智、汇聚民意，就成为政府工作的常态。"推动科学发展，必须紧紧依靠人民群众，做到谋划发展思路向人民群众问计，查找发展中的问题听人民群众的意见,改进发展措施向人民群众请教,落实发展任务靠人民群众努力,衡量发展成效由人民群众评判。"[1]像人民网"地方领导留言板"、"部委领导留言板"、"代表委员留言板"、"公安局长留言板"等就发挥了良好的示范引导作用。不同地区的政府部门也尝试借助网络,搭建议政问政平台,创新机制的成功模式,形成了一整套网民留言审核、定时值班答复、考核、投诉等制度。借助本地网络社区(BBS)实现"在地政治",沟通了民意,顺畅了政民互动,成为增强官民黏合力和提高政府治理绩效的有益尝试。

第五,调动网络行业从业者的积极性,促行业自律;倡导网民自律,从源头上保证网络良性发展。行业自律和网民道德自律,是发达国家互联网治理普遍采用的一种手段。以申请和投诉的方式,提倡社会监督和举报,净化网络环境。行业自律包括两个方面:一方面是行业内对国家法律法规和政策的遵守和贯彻;另一方面是用行业内的行规约束自己的行为。比如已出台的《中国互联网行业自律公约》、《互联网站禁止传播淫秽、色情等不良信息自律规范》;网络新媒体传播领域,北京网络媒体协会在全国率先发布了《北京网络媒体行业自律公约》,完善了行业"自我约束、互相监督、公平发展、健康发展"的自律机制,社会效果良好。

(五)媒体管理改革和发展趋势

近几十年来,因为新技术推动,媒体发展日新月异,不同形态的媒体在数字平台上也出现了边界模糊、跨界融合的趋势,我国媒体媒介管理的思路和体制机制面临变革与挑战。总体趋势可以概括为以下几点:

1. 寻求意识形态安全与媒介产业发展平衡

在市场化导向的文化管理体制改革中,现实因素诱使传媒角色实现了多方面转换,媒体由以往的单一政治宣传工具转变成集多种功能于一身的综合

---

[1] 胡锦涛:《在全党深入学习实践科学发展观活动动员大会暨省部级主要领导干部专题研讨班上的讲话》(2008年9月19日),载《十七大以来重要文献选编》(上),中央文献出版社2009年版,第579页。

性媒介，大众文化的繁荣更进一步加速了媒介的商业化发展，我国传媒已由纯粹的"意识形态媒介"过渡为"意识形态和文化产业双重属性媒介"。不仅如此，深化市场经济体制改革和加入WTO的国际竞争背景，给我国传媒业带来了巨大的外部竞争压力。为保证意识形态安全，稳定主流舆论阵地和空间，更好地传达主流声音，真实地向世界传播中国，塑造开放中国的新形象，提高国家文化软实力，增强传媒竞争力，我们需要大胆地创新体制，进行"合理性制度构建"，寻求国家文化安全和产业发展相平衡的机制，全面提高我国传媒业的传播水平和影响力。

2. 产业融合呼唤相应的规制和管理模式

目前，融合发展已成为媒介变革趋势，传统媒体和新兴媒体相互借势，数字技术、网络技术带动了电信网、互联网和有线电视网"三网融合"。尤其是"三网融合"，不仅是技术融合、行业融合，更是业务融合、终端融合和网络融合。"三网融合"将全面打破广电、电信、互联网分业经营的格局，推进文化管理体制改革，为文化产业的内容创新提供契机。移动多媒体广播电视、网络广播电视、数字广播电视、手机广播电视等新一代广播电视，电子报纸、图书等新一代出版传媒，各种跨区域的文化生产基地和产业链生成方式等，都将给我们的文化生产消费模式带来翻天覆地的变化。数字内容将实现信息跨媒共享、资源跨行配置、文化跨域交流，传统的文化产业业态将发生根本转变，逐步实现报纸、广播、电视、杂志、音像、电影、出版、网络、电信、卫星通信等媒介形式深度融合。

媒体生态变局与舆论生态多元的管理困局，必然要求打破壁垒森严的行业分割、纵向一体化媒体市场结构，寻求新的融合规制管理模式。特别是面对体制内主流媒体边缘化趋势，应当放宽新媒体管制，成立统一的媒介管理部门，改变现在的分业管理模式，弥合话语割裂形成多元舆论场对立状态。特别是在"三网融合"实践中放开广电、电信交叉进入门槛，深化产业推进步伐，从产业竞争力上提高媒介影响力，以适应媒介行业发展的要求和趋势。

3. 探索传播内容与网络平台分离的规制模式

如何更加有效地对文化内容进行管理，一直是文化管理中的重要问题。

目前，我国文化内容管理的手段比较单一，法制化建设步伐滞后于内容产业发展的步伐。由于治理传统和分业管理的实践，政府文化管理多从行业部门管理角度出发，在数字技术整合了所有传统的媒介生产、传播和消费模式后，这种管理思路导致文化内容管理人为割裂，同一个文化内容在不同传播阶段分属不同的部门管理，容易导致监管空当地带，降低监管效率。有鉴于此，在文化内容监管上，要尝试对媒介文化内容与平台载体实行分离式管理模式，只要对文化内容进行有效管理，就能够有效管理媒介。为减少内容管理的随意性，内容管理的法制化、程序化建设将是我们未来努力的方向。

4. 完善传媒国有文化资产管理体制

传统传媒在我国曾长期属于国有文化事业单位，市场化改制中资产性质依然属于国有。但新媒体领域的资产构成要复杂得多，许多拥有新闻频道的商业网站，其运营资本来源于私人或社会，甚至拥有海外资本。未来改革中要积极探索更加有利于传媒产业发展的国有文化资产管理体制，形成结构布局合理的传媒资产结构，推动传媒行业成为真正的市场主体参与市场竞争。特别是要更加注重新兴媒体发展，注重培育具有国际影响力的国有新媒体企业，既能保证国有资本主导地位和发挥传媒主阵地功能，又扩大了我国传媒的国际竞争力和影响力。

舆论场　意见领袖　政务微博

【内容提要】传播融合给舆论场带来了立体化、全方位的新空间，参与主体和载体格局的多元多样直接导致舆情生态格局日趋复杂。"一人一媒体"的自媒体时代真正来临，加剧了舆情引导和调控难度。尤其是"意见领袖"、"大V"们在舆情新闻事件中发挥着巨大影响力，其观点传播影响着公共舆论走势，掌控和引领信息流和意见流，"意见领袖"加剧了信息传播权的集中。新媒介愈来愈受到政府的重视，以微博为代表的社交性媒体拓展了政府公关的新视野，在传递政府信息、协调公众行为、回应社会关切、塑造政府形象等方面的作用日渐凸显，已经成为一个社会对话的重要平台。

传播融合给舆论场带来了立体化、全方位新空间，参与主体和载体格局的多元多样直接导致舆情生态格局日趋复杂。为适应全媒体传播格局下舆论生成的形势和特点，政府要在尊重新闻规律基础上，不断创生新的载体和形式，搭建社会沟通对话和政务服务新平台，适应融合传播的新趋势和新要求。

（一）"全景监狱"与网络舆论新趋势

数字技术改变了信息的采集、合成、传播方式，媒体融合趋势加剧，媒体传统形态日渐统一为一个更加丰富、更加有序的关系,传统媒体和新兴媒体合作张力越来越大。基于大众媒介的"全景监狱"的社会监控模式不仅没有减弱,反而随着各种新媒体的密集涌现得到了进一步强化和异化,舆论生态更加复杂。

1. 网络媒体形态与传播优势

世界范围的传统媒体上网,大概以 1990 年代中期为分界线。此前主要为少数先行者的探索阶段;随着互联网技术的成熟和迅速扩展,特别是随着 1990 年代中期万维网和浏览器的推出,网上广播(音频、视频)"流"技术的不断提高,不但报刊媒体上网热潮掀起,也刺激了广电媒体的上网热情,网络媒体获得迅速发展,融合趋势更加凸显。

(1)网络媒体多元形态

网络媒体的形态很丰富,最重要的类型主要有万维网站、电子邮件报刊、电子公告板、微博客和微视频等。网络媒体的最主要形态是万维网站,它是由网页组成的。最具有影响力的网络媒体网站,无论是媒体网站,即报纸、杂志、广播电台、电视台、通讯社所建立的网站,没有传统新闻媒体为"母体"的以发布新闻为主的网站,包括网络报刊、网络广播电视台、网络通讯社等,还是门户网站或综合性网站的新闻频道,如雅虎、新浪、搜狐等,都是采用万维网的形态。它最突出的特点就是超链接和多媒体传播,这些技术开创了媒体传播的新时代和新空间。电子邮件报刊有免费发送的,也有付费订阅的;有每天发送的,也有一周、双周及不定期发送的;文件格式有 txt、doc、pdf、html 多种;电子邮件报刊发送系统除了一般网站可以设立外,还有纯粹订阅发送电子邮件报刊的网站,使"一对一"的个性化传播服务成为可能,发展潜力巨大。至于电子公告板,广义的互联网电子公告指互联网上以电子布告牌、电子白板、电子论坛、网络新闻组、网络聊天室、留言板等交互形式为上网用户提供信息发布条件的功能。狭义的互联网电子公告则专指电子布告牌(Bulletin Board System, BBS)。

自 2009 年以来,微博客、微视频等依托于网络的新媒体更是发挥了网络爆料和舆论生成重要阵地的作用。随着微博井喷式发展,网民爆料更多地首选微博。作为一种新兴传播载体，微博正越来越受到人们的青睐，进入人们的日常生活，对舆论格局产生巨大影响。网络论坛、博客、新闻跟帖一直是三种最强大的网络舆论载体，但随着微博的发展，网民爆料首选媒体更多地转向微博，论坛、博客在事件曝光方面的功能明显弱化。尤其是微博"意见领袖"在舆情新闻事件中发挥着巨大影响力，其微博往往是舆论的源头，借助微博转发和评论，可以将某一事件迅速推至舆论高点，甚至还可以设置议题，改变公共舆论议题走向。那些意见领袖、"微博控"加剧了信息传播权的集中，造成微博信息流和意见流日益被"意见领袖"所掌控和引领。"一人一媒体"时代真正来临，自媒体进一步加剧了舆情引导和调控的难度。

（2）网络媒体的传播优势

各种网络新兴媒体，依靠数字技术推动具有了比较传播优势，作为大众传播载体功能的体现，网络媒体具有一些传统媒体所不具有的特征：

第一，信息发布门槛低。网络发布信息，没有如传统大众传播需要先进的传播技术和产业化手段等条件，媒介资源在网络时代可以为人们共享，真正实现了草根媒体人人所有，也因此带来了各种公民爆料的产生。

第二，网络传播速度快、覆盖面广。在网络空间里，私人性的话题、地域性的事件、局部的问题，可能因为网友的关注，被不断地跟帖、传帖、转帖，引起大量围观议论，这样就可能转变成为一个公共性话题、全国性事件、全局性问题，从而扩大了事件的影响范围。网络媒体信息传播速度极快，覆盖受众极其广泛，远超过传统媒体的发行量、阅读率的成长规模。一种传播媒体普及到5000万人，收音机用了38年，电视用了13年，互联网用了4年，而微博只用了14个月。

第三，传播的互动性、灵活性强。互动性是新兴数字媒体最重要的特征，而且其信息传播方式灵活性也大大增强。互动性不仅体现在传播者—受众之间双向交流的增强，也表现在整个信息形成过程的改变，接受者和发布者的界限模糊了，网友既可能成为信息线索的提供者和发布者，也可能成为信息的受众，并可能因为对传播信息的转帖评论而扩大信息的影响，放大其新闻效应，总之，网络成为了草根舆论的放大器。同时，网络传播融合了人际传播、组织传播和大众传播模式。网络传播方式可以"点—点"、"点—面"、"面—面";可以同步传播,也可以异步传播,不受事件发生时间的限制。

第四,多媒体传播。多媒体化传播在电视媒体中已经存在,但电视多媒体体验是一种线性的、被动的体验,而在网络传播中,文字、图片、视频、音频等多种形式同时存在相互交融。

第五,信息呈现非线性。网站组织方式的非线性以及超链接的存在,使得网络信息不再是在一个封闭的单元中线性地展开。数字技术改变了信息传播的加工、传播、接收方式,拓展了新型接受载体和影响空间。

第六,跨文化传播优势凸显。网络传播不受时间和空间的限制,没有边界,进一步加速了全球化和地球村的实现,跨国界传播更容易实现。因此,利用网络进行国际传播,也成为很多国家提升本国国家软实力的有效途径,网络成为传播展示国家新形象的窗口和阵地。尽管网络被称为"第四媒体",但它融合了通信与传播,还集其他形式传播于一体;它不仅仅是媒介,也是一种虚拟空间,一种生活方式,一种商业平台。

2. 社会性媒体改变了舆论生态格局

新媒体是传媒行业采用新技术的产物,网络新媒体是其中成长为主流媒体的典型代表。网络新媒体的发展让人们能够更为便捷地获取信息,具有互动性、主动性、个性化和移动性等传播使用的便利特征,但也存在绝对公信力差、不良信息泛滥等诸多问题。网络治理的各种相应政策法规的颁布实施往往落后于技术的进步,给网络媒体管理和政府管制提出了新挑战。

作为媒体的网络的出现和其日渐扩大的影响力,对传统的媒体传播格局和管制模式带来了巨大冲击,我国舆论生态格局因网络新媒体的出现发生了根本性改变,如今网络已经成为各种社会舆论生成的最重要载体。根据中国互联网络信息中心发布的《第27次中国互联网络发展状况统计报告》,截至2010年12月底,中国网民个人互联网应用指数,已从2007年的51.1增加到2010年的57.6,互联网应用水平稳步上升,且互动参与指数也从47.5提升到50.8,应用更加广泛多元,参与性更强。作为新兴媒体的网络舆论社会影响力越来越大，网络舆论影响着现实社会的发展和走向，网络媒体也在十余年的发展中从边缘走向了主流。网络和依托于网络的论坛、社区、社群网站（SNS）、微视频、微博客等，都已经成为新闻传播的重要载体。因此，提升全媒体时代的舆论引导能力，是领导干部必须具备的执政能力，提高网络舆论引导的主动性是虚拟社会管理的重要任务和内容。

（1）网络等社会性媒体的成熟改变了传统舆论生态，网络成为了"社会舆论发酵池和放大器"。网络从其产生时起，就具有强烈的草根色彩和底层特点，伴随着网络社会的形成和网络媒体的成熟，使得舆论渠道更加多样，舆论主体更加多元，加之商业利益的渗透等因素，加大了舆论调控的难度和有效性。

截至 2010 年 12 月底，我国网络新闻用户已达到 4.61 亿人，使用率达 78%。博客用户规模达 4.01 亿人，在网民中的使用率达到 68%。微博客用户数达到了 3.31 万，使用率占 56%，而且微博客成为引爆舆论的最重要平台。网络社群急剧膨胀，中国网络交友 2.88 亿，社交网站的网民使用率为 48.8%。中国的网络社群以 QQ 群和 SNS 社交网站为主要形式，据公开数据显示，目前 QQ 注册用户超过 10 亿个，开心网的注册用户数已经超过 1 亿个，人人网注册用户更是达到了近 2 亿个。在拥有如此庞大的网络用户的中国，网民们交换信息、发表意见，已成为最直接和最有力的公共舆论来源。各种媒体，不论是传统媒体还是新兴网络媒体，"带着体温的媒体"（手机媒体）还是"自媒体"（微博等），都成为舆论生成的一股力量。特别是网络等更具有社会性的媒体的成熟，使得信息渠道和传播主体更加多样，舆论更加分散多元，网络传播融合了人际传播、群体传播、组织传播和大众传播的特征，而且传播速度快捷覆盖地域广，这些都增加了政府舆论引导的难度。

自 2010 年以来，网络舆论生成还出现了一个新的趋向，越来越受到商业利益渗透的影响。一些商业性公关公司，出于商业目的而雇用了"网络水军"制造大量"舆论泡沫"，进一步恶化了网络舆论环境，人为降低了网络舆论的社会信任度和影响力。当然，这也成为当前虚拟社会管理中的一个新问题，要求监管部门必须尽快出台监督管理的办法，净化网络舆论空间，提高网络舆论的影响力和公信力。

（2）从舆论调控者的角度来看，舆论生态环境的巨变，也冲击了舆论的调控机制。传统的"把关人"缺失和"把关机制"失效，使得虚拟社会管理中的舆情监测和引导难度增大，引导效果往往难以控制。而且，网络空间里的传播对象——"受众"，不再是单纯被动的信息接受者。他们不仅可以借助网络表达政治与经济诉求，参与社会公共事务的决策与管理，而且还可以通过网络互动信息发布影响甚至左右媒体传播与舆论走向。因此，加强虚拟社会管理，努力掌握网上舆论引导主动权，"要在搞好示范引导上下功夫，牢记身教重于言教的道理，以广大党员的模范行动影响和带动群众，重视用群众中涌现出来的先进人物教育群众，使群众学有榜样、赶有目标，增强群众工作亲和力和感染力。要在运用现代科技手段上下功夫，深入研究网上舆论引导的特点和规律，主动占领网上思想舆论阵地，把群众工作做得有声有色、丰富多彩"[1]。传统传播环境条件下，舆论引导主要在宣传文化口进行，在主管单位的统一安排或规划下，媒体机构可以主动设置议程，引导舆论营造环境。但在全媒体传播环境下，过去这种由媒体人、新闻机构和相关管理部门单线发展的舆论生成格局，已经从一种受众分化明显、新闻传播专业化垄断迈向了社会化共享的阶段，形成了一个无所不在的"5A"网络传播环境，即"任何人（Anyone）"可以在"任何时间（Any time）"的"任何地点（Anywhere）"，通过文字、图片、声音、影像等"任何媒体（Any media）"传播"任何信息（Any message）"。专业机构制作的新闻只是网络传播信息海洋中的一部分，传统的舆论管控对新闻的管理在今天就变成了对信息的管理，而舆论生成的多元就使得传统的新闻舆论管理模式失效，网络传播进一步弱化了社会控制，给传统的社会管理带来了挑战。

3. 当前网络舆论动态新趋势

当前我国网上汹涌而至的各种社会舆论，内容丰富，网络正在成为公民

---

[1] 胡锦涛：《在党的十七届五中全会上的讲话》（2010年10月18日），载《论党的群众工作》，学习出版社2011年版，第85页。

发表言论、议论时事，关注公共利益、公共道德和个人权利的一个公共空间，网络作为"自组织"的社会减压器和社会气候晴雨表的功能得到了很好的发挥。关注网络媒体的社会舆情引导，就是要更好地实现它释放社会矛盾，维持社会功能和谐稳定，贴近寻常百姓的社会公共平台的功能。

（1）网络空间已经成为一个成熟的社会公共领域。网络的发展，对政府管理产生了深远影响。它推动政府职能的转变，加快服务型政府建设，而且提高了政府工作的透明度。信息网络技术所塑造的网络空间，不仅仅是一个物理的技术空间，更是一个自由无边界的社会生活空间。特别是网络空间主体间的交互性能量促使政府创新工作新机制，网络问政也因此成为公共管理的创新形式，成为了我国实行直接民主的一种新形式。

"公共空间"是德国哲学家于尔根·哈贝马斯在《公共领域的结构转换》（The Structure Transformation of the Public Sphere）一书中所提出的原创性模型，他认为，公共空间"首先意指我们的社会生活的一个领域，在这个领域中，像公共意见这样的事物能够形成"。它是"介于私人领域和公共权威之间的一个领域，是一种非官方公共领域。它是各种公共聚会场所的总称，公众在这一领域对公共权威及其政策和其他共同关心的问题做出评判"[1]。网络作为一个开放性的工具，它的分散式体系结构为信息的自由多接点传播创造了条件，公民的知情权获得了很大的保障可能。同时网络的互动性特性，使人们可以自由地发表言论和见解。如今，互联网网络空间已经成为"公共领域或公共空间"，已经成为表达民间诉求，论政议政，约束公共权力的一个重要场所。基于民间性、草根性、原生性等特点，网络体现出了广泛的非官方性色彩。在网络的运作过程中，主要依靠虚拟连接和多向互动传播，使信息交流的非线性和多媒体化色彩得到了强化。网络本身的秩序化运行则主要依赖于网络社会成员的自律和共识得到保障，而不是传统的政府的强制管理和规制。

网络空间催生了一种新型的政治现象，即网络政治中的数字化民主或网

---

[1] 转引自彭兰：《中国网络媒体的第一个十年》，清华大学出版社2005年版，第276页。

络民主。这种网络政治空间的生成有两大要素：一是外在要素，即网站与网民。二是内在要素，即"公民新闻"等网络信息的集中式爆发。如今网民上网不再是单纯为了浏览和阅读网络信息，相当比例的人已不满足"看网"身份，开始从幕后走向前台，从沉默走向疾呼，由"信息阅读者"变为"信息发布者"，由"信息消费者"变为"信息创造者"。"网民记者"甚至引爆舆论热点，成为网络舆论焦点的推手，在网络舆论传播极致化的过程中，放大传播效果，影响舆论的发展方向和人们对相关问题的态度和价值判断。"新意见阶层"往往成为各种社会热点和公共领域问题的重要发声者，比如在2009年的网络热点事件中，主要涉及的公民权利保护、公共权力监督、公共秩序维护和公共道德伸张等一系列重大社会公共问题，足见我国网民的社会参与意识和社会责任意识，"新意见阶层"就是一个社会"压力集团"，作为一种公共权利表达的新载体，发挥着而越来越大的社会影响力。人民网在2009年6月发起"网络问政"大型调查，此次调查是人民网联合国家行政学院社会和文化教研部、中国人民大学公共政策研究院共同推出的，调查结果显示，近七成网友认可网络对领导的监督作用，九成网友认为网络将成防腐新阵地，对"网络问政"推动中国民主政治建设的作用充满期待。互联网为我国网络政治生活的异常活跃创造了条件，也成为民众表达民意、舆论监督、反腐倡廉的一个最重要阵地。

（2）网络舆论生成的动态和新趋势。随着网络媒体特性的成熟，新媒体改变了整个传统媒体格局，各种网络新媒体形式日渐成为主流，传统媒体有一种被边缘化的趋势。一是网络早已经成为新闻舆论独立源头，特别是技术推动下的各种新的媒体形态层出不穷，社会舆论管控的难度越来越大。2010年是中国的微博客元年，"自媒体"微博客再次改变了网络舆论载体格局，成为了网络爆料的首选，往往成为新的舆论热点和"新闻危机"事件的源头。二是在网络舆论生成的过程中，由四股力量形成的合力威力巨大，即公民报道者与公民新闻、网络论坛社区的版主、网络媒体的编辑、传统媒体的编辑记者。三是网络与传统媒体互动，放大舆论，呈现叠加效应。现在的舆论场非常复杂，新媒体舆论场和传统舆论场，特别是主流传统媒体舆论关注点有一些差距,网络舆论关注点的草根性特点明显,甚至不同舆论场的话语体系都完全不一样。因此,网络空间的舆论场议题更加分散多变,借助主动设置议题的方式引导舆论效果更不可控。四是体制内报纸、电视台、网站积极回应网民关切。也许是传统媒体的管制比较严格,一些敏感的问题信息不太适合传播,恰好给网络媒体的发展留下了空间和机遇。近年来很多社会关注的舆论热点问题,不少都是来自网络空间的关注和追踪,"南丹矿难"事件最早就是由人民网首先披露的,因暴力拆迁导致的成都"唐福珍自焚案"等一大批舆论热点事件,都最先来自于网络新媒体,足见网络在舆论生成中的地位和重要性。在舆论对社会产生影响时,往往也见到传统媒体跟进网络热点问题,关注网络民意,发挥传统媒体的权威性强的优势,推动舆论的生成,传统媒体也由于参与讨论跟踪而挽回了部分因为"不恰当失语"和社会责任缺失带来的公信力下降的困局。五是一方面网民的分化明显,另一方面则是网民组织化程度提高,走下互联网。网络虚拟空间的聚集围观,甚至直接延伸到现实生活中,从网上议论走向网下直接参与干预生活,发挥了网络动员的巨大潜力,给创新社会管理提出了新的挑战。

(二)多管齐下治理网络不良信息

互联网技术的迅猛发展与广泛应用,推动了全球政治、经济与文化等方面的信息交流和资源共享。但互联网传播的广泛性、迅捷性和互动性等特性,也给网络不良信息滋生和蔓延提供了土壤和空间。网络有害信息传播不同程度地侵害了人们的权益,影响青少年身心健康发展,扰乱了互联网发展秩序,甚至危害民族团结、社会稳定和国家安全。如何在网络信息传播中控制不良信息的泛滥蔓延,规范净化网络空间,最大限度地降低网络带来的负面影响,一直是各国政府和社会组织的一个重要课题。因此,了解世界各国治理互联网不良信息的对策办法,对我国网络不良信息治理具有明确的借鉴价值。

1. "网络不良信息"的界定及危害

网络传播的便捷性和低门槛,给网络信息传播和使用带来极大便利,一时间各种合法的非法的、有用的无用的、真实的虚假的、善良的恶意的等各色信息内容充斥网络。其中，那些危害社会、有悖社会公序良俗、影响他人身心健康和情绪稳定的信息，都可以归为不良信息。世界各国把互联网不良信息一般分为两类：一是非法内容，即违反法律法规、必须由警察和法律授权机构来处理的信息内容；二是有害信息，包括两种内容：一种是那些尽管法律不禁止但应该限制在一定范围内传播的内容；另一种是从言论自由的角度可以公开传播的内容，但可能对社会秩序和其他人群构成危害和不良影响的信息。

从信息发挥的作用看，不良信息大致有以下几类：（1）散布有关政治谣言、恐怖主义、挑动民族对立情绪、民族仇恨和种族歧视等危害国家安全和人民尊严的信息；（2）传播淫秽、暴力、色情、猥亵信息，对未成年人身心健康造成不良影响的信息；（3）滥用市场营销手段利用网络传播过度无用信息，增加使用者和学习者的负担，浪费他人时间的信息；（4）侵犯他人权利，如隐私权、名誉权、肖像权的行为，包括散布他人隐私、恶意丑化他人形象、对他人进行网络诽谤和人身攻击等；（5）有经济上的非法利益企图，利用网络进行欺诈、赌博等现象的信息。

根据"网康互联网内容研究实验室"的监控和研究，影响我国的不良信息主要有"违反法律"、"违反道德"、"破坏信息安全"三大类：（1）"违反法律"类信息是指违背《中华人民共和国宪法》和《全国人大常委会关于维护互联网安全的决定》、《互联网信息服务管理办法》所明文严禁的信息，以及违反其他法律法规明文禁止传播的各类信息。（2）"违反道德"类信息是指违背社会主义精神文明建设要求、违背中华民族优良文化传统与习惯，以及其他违背社会公德的各类信息，包括文字、图片、音视频等。（3）"破坏信息安全"类信息，是指含有计算机病毒、"木马"、"后门"的高风险类信息，对访问者电脑及数据库安全构成威胁的信息。[1]

互联网不良信息对整个社会带来极大危害，包括危害网民身心健康（暴

---

[1] http://sec.chinabyte.com/315/8732315.shtml

力、色情等)、危害网民财产安全(网络诈骗信息等)、危害市场经济秩序(虚假股票信息等)、危害社会安定团结(政治谣言、枪械等管制品买卖等)。同时,不良信息有违于社会公共秩序和善良风俗(伴游、代孕等),严重破坏社会文明风气,践踏道德准则,也传播没落颓废的腐朽价值观,公然与和谐社会的价值观背道而驰。此外,含有计算机病毒、"木马"、"后门"的"破坏信息安全类"的不良信息会威胁网民的系统和数据安全,轻者电脑感染病毒、网络瘫痪,重者有可能被盗取私密信息或银行账号,造成财产重大损失。目前,支撑互联网发展的多种商业模式都遭到了盗号木马、木马点击器的侵袭,这使得用户对于网络购物、网络支付、网游产业的安全信心遭受严重打击,长此以往,必将影响整个互联网的健康发展。

2. 国外不良信息治理的主要策略

世界各国对网络不良信息的控制基本上都采用了"政府、企业与社会互动,法律、技术、社会、教育多种手段并用的综合管理模式",具体概括如下:

第一,立法禁止特定内容"非法有害信息"网络传播。立法是互联网监管的基础,为了加强对互联网的监管,世界各国大都加强了有关信息犯罪的立法。俄罗斯十分重视信息安全的立法工作,1999年制定颁布了《俄罗斯网络立法构想》(草案),明确俄罗斯网络立法建设的主要目标、原则及十项主要工作。在信息安全方面,《构想》认为,俄罗斯应加强个人数据的保护、特别是要加强网上数据保护的立法工作,应加强因特网服务商和用户间数据传输过程中的信息保护的立法工作,其关键是对现行法律适用于因特网环境下的相关准则加以明确,并作出具体化和更为详细的补充规定。俄罗斯在《俄罗斯联邦宪法》、《国家安全法》、《国家保密法》、《电信法》等中都对国家的信息安全做出了相应的规定,并陆续制定和公布了《俄罗斯网络立法构想》、《俄罗斯联邦信息和信息化领域立法发展构想》、《信息安全学说》、《2000—2004年大众传媒立法发展构想》等纲领性文件,起草和修订《电子文件法》、《俄罗斯联邦因特网发展和利用国家政策法》、《信息权法》、《个人信息法》、《国际信息交易法》、《〈国际信息交易法〉联邦法的补充和修改法》、《信息、信息化和信息保护法》、《〈信息、信息化和信息保护法〉联邦法的补充和修改法》、《电子合同法》、《电子商务法》、《电子数字签名法》等20余部法律。绝大多数国家都是将原有法律的相关内容或条款，从现实社会引入对虚拟网络社会的效用延伸，强化对虚拟社会信息内容传播的管理，保护传播使用和所有者权利。

第二，强化网络信息内容的政府管制。政府对网络内容进行管制是发达国家普遍采用的一种方法。政府管制，从管理方法上看，目前主要是对网络提供者的管制、对使用者的管制以及对经营者的管制。以韩国为例，韩国政府在过去十多年的时间里先后成立了互联网信息通信道德委员会、信息通信部、互联网安全委员会和网络性侵害咨询中心等管理机构，规范行业净化网络环境，是世界上最早建立互联网审查专门机构的国家之一。

1992年7月，韩国成立信息道德委员会。1995年1月，韩国国会和政府修改了《电子通信商务法》（Telecommunication Business Law，简称TBL），并根据第二款第53条规定，将信息道德委员会改组为信息通信道德委员会（Information and Communication Ethics Committee，简称ICEC），成为韩国互联网内容管理的专门机构，对互联网内容实施全面管制。目前，韩国管理互联网内容的专门机构是韩国互联网安全委员会（Korean Internet Safety Commission，简称KISCOM），由ICEC发展而来。该委员会隶属于韩国信息和通信部（Ministry of Information and Communication，简称MIC）。该委员会的目标：一是阻止有害信息在互联网和移动网络上的流通；二是促进健康的网络文化发展；三是保护信息用户权益；四是开展国际合作；五是研究、制定相关政策。KISCOM的审查范围包括BBS、聊天室，以及其他"侵害公众道德的公共领域"、"可能伤害国家主权"和"可能伤害青少年感情、价值判断能力的有害信息"。KISCOM由14名独立委员组成，下设5个专家委员会，分别负责反国家、支持朝鲜和诽谤诉讼内容；非法赌博、食品卫生和自杀内容；色情与成人内容；博客、网络聊天室、移动网络等新型网络、新兴信息传播技术；需要特别处理的内容。这些委员会中的委员均由来自相关领域的专家组成，负责公正处理并鉴别通过电信网络传播给公众的信息，以及完成事件的评估报告,针对未来可能出现的违法或有害信息形式提出相关的鉴定标准等。

第三,倡导行业自律管理网络信息内容传播。"少干预、重自律"是当前国际社会管理网络内容的一个共同思路。网络的开放性和网上行为难以完全可监督性,使得行为者的自律成为解决信息内容安全问题的关键。因此,行业自律是目前世界各国普遍提倡的一种做法。比较典型的有:(1)澳大利亚实行强调行业自律与法治相结合的模式,以求最大限度地保护消费者。(2)英国实行网络观察基金会与ISP协会协同作战,共同发表了一份名为《安全网络:分级、检举、责任》的文件,并以此作为行业自律的基础。(3)中国香港特别行政区实行特区政府与互联网行业组织HKISP共同管理的方式,共同发布《规管淫亵及不雅信息业务指引》,防止使用者在网络上散布或传输淫秽不雅信息。(4)对于如何规范网络信息,欧盟强调建立在行业自律基础上的合作;强调政府与业界的合作,鼓励业界建立道德及分级标准;强调与网络使用者的合作,使其知晓上网风险和规避有害信息的方法等。欧盟的《电视无国界指令》规定:禁止播出包含色情或极端暴力的节目,这个禁令适用于所有其他有可能伤害未成年人的节目,除非节目在通常由成人观看的时间播出,或采取了保护性的技术措施。同时,产业界也通过有效的行业自律(如行为规范、热线等方式),大力协助限制非法内容的传播,尤其关于青少年色情、种族歧视和反犹太主义方面的内容。另外,政府和消费者也有义务大力支持企业的自律行为。欧盟在网络管理方面遵循三个原则:表达自由原则、比例原则、尊重隐私原则。所谓比例原则是指公权力的行使与其所意欲实现的目的之间应该有合理的比例,即目的和手段之间必须成正比例,国家和政府的干预不能过度。

第四,采用技术手段过滤封堵不良网络信息内容。为保证互联网信息内容安全管理的有效性,应对可能的信息内容安全问题,很多国家研制了各种技术手段,安装在用户终端或ISP端,对违法的网络信息进行过滤,以实现国家对网络信息内容安全管理的职能。比如,美国对网络色情等有害信息的控制采取了"以技术手段为主导、网络素养教育为基础、政府立法为保障、积极寻求国际合作的综合管理模式"。针对网络色情和暴力信息对未成年人存在的危害，美国政府采取了"疏"和"堵"两种手段。"疏"是指政府帮助公众回避不良信息，为公众提供其他可供选择的信息来源。"堵"是利用技术手段及法律对网络内容"把关"，将不良内容阻截到特定群体的视线之外。法国主要有两个保护儿童免于不良网站毒害的组织，一个是"电子·儿童"协会，一个是"无辜行动"协会。它们的主要任务都是向学校和家长免费提供家用网络管理软件，指导学校和家长对儿童进行"防毒"保护。"无辜行动"和"电子·儿童"与其他合作伙伴联合开发了一系列过滤软件和设备，并免费提供给使用者。

网络巡逻（CyberPatrol）是美国过滤软件的典型代表，是 SurfControl 公司的一种产品。SurfControl 公司是提供因特网过滤技术与产品的最主要的企业之一，为不断出现的因特网使用问题提供解决方案。CyberPatrol 主要有教育版和家庭版两个系列，该公司还有面向企业的 SuperScout、OEM 提供解决方案等。家庭版的 CyberPatrol 的功能包括：限制每天访问因特网的次数，每天、每周上网的时间，使用不良网站名单、限制网上某些特定网站的内容，根据自己的爱好设定可以访问或者禁止访问的网站，控制对网络服务商提供的游戏的使用，通过站点和网页名称过滤，通过新闻组名称过滤新闻组内容，通过名称和特定词语过滤聊天室内容，通过使用时间或使用期间过滤计算机上的可执行文件等。CyberPatrol 采取订阅服务的办法对其 CyberLists 名单服务进行更新，包括每周更新的 CyberYes 和 CyberNOT、HotNot。CyberYes 名单中的网站适合儿童阅读，不与含有不良信息的网页链接。CyberNOT 名单的类别包括：半裸、全裸、性行为、性文字、粗俗的描述、偏执、邪教、毒品、好斗和极端的行为、暴力、渎神、非法内容、赌博、性教育、烟酒恶习等，已经列出了 5 万个网址。

法国非常重视对于网络内容的过滤。法国 1986 年 9 月通过的法律规定，有线通信服务供应商必须告诉用户通过何种技术手段自主选择通信服务的内容；2004 年 6 月，该法律增加了"互联网服务供应商必须向用户介绍并推荐使用内容过滤软件"的条款。在法国政府看来，网络公司、网站、网络协会和网络从业人员在保护未成年人上网方面负有不可推卸的责任。在政府的干预下，有关部门陆续与各大网络服务商签订了协议，网络新用户在登记和安装上网设施时，必须确认是否安装免费儿童上网保护软件及其理由，否则不得上网。网络服务商有义务向用户推荐"家长监督器"等儿童上网保护软件。这类软件含有不良网站黑名单，并可阻止未成年网民点击进入名单上的网站。

3. 国外网络信息管理经验的中国借鉴

互联网信息内容管理，应从国家全局角度出发统筹考虑，吸收国际成功经验，在管理上逐步建立适合我国国情的法律体系和监管机制，在技术上立足于自主创新，为信息内容安全管理提供强有力的制度和技术支撑。

第一，完善信息内容安全立法体系。在互联网管理方面，一方面要强调依法管理，另一方面要注重规则的合理性，以便起到保护和促进互联网发展的作用。文化内容管理已经成为文化管理中一个亟需破解的难题，要尽快推动文化内容管理法制化。应尽快制定一部全国性统一的《信息安全法》，以此作为上位法依据，分别制定有关单行法，形成上位、下位逻辑结构合理、系统全面的网络信息安全法律体系。在强化监管的同时，也要促进网络信息内容产业发展，统筹有序管理和发展产业的矛盾，不能重管理轻产业。

第二，政府指导与多方联动相协调。加强政府管制是发达国家管理网络内容的普遍共识，更要进一步发挥行业组织、企业、科研机构以及其他民间组织在信息内容安全保障中的作用，重视网络检查与用户监督举报。政府要发挥政策制定、指导和协调作用，同时也要积极引导行业组织、企业、科研机构和其他民间组织积极参与信息内容安全的各项工作，并通过税收优惠和减免等政策，鼓励和扶持此类企业的发展，促进互联网行业组织、企业健康发展，抑制不良信息的扩散。互联网的开放共享特点决定单独靠政府的严格管制是远远不能奏效的，过度限制则会导致互联网发展停滞不前。因此，针对网络信息内容安全管理政府要加强指导，强化国家对于互联网信息的引导能力，用积极舆论导和健康传播内容，引导互联网上信息的发布和网络经营行为的规范化，使政府在管理中变被动为主动。

第三，推广绿色上网软件，实行家庭自我管理。家庭是社会的细胞，加强家庭的自我管理，是网络信息内容管理的基础工作和重要组成部分。将信息内容管制分解到上网用户，能极大地提高管制效率，而且易于被接受。目前我国网民有很大一部分是青少年，其家长对其上网活动有监护的责任，因此推广绿色上网软件比较符合社会需要。管制网络色情行为，重点是保护青少年，尤其是未成年人。

第四，强化 CP、ICP 和 SP 的不同责任，实施内容过滤。网络信息服务内容在虚拟空间的传播，除了那些没有严格程序和甚至难以找到出处的流言性、自发性的传播内容，更多的是借助于不同的渠道和载体依托而传播的内容。这就要加强不同阶段信息内容的生产、发布、传播和运营的主体。明确 CP、ICP 和 SP 的不同法律责任，在不同环节保障信息内容的安全传播。特别是电信网、互联网和有线电视网"三网融合"已步入实施阶段。"三网融合"将从技术层面打破广电、电信、互联网分业经营的格局，重组文化产业链。它将有力地推进文化管理体制改革，并为文化内容创造提供新机会。传统的文化业态将发生深刻转变，逐步实现报纸、广播、电视、杂志、音像、电影、出版、网络、电信、卫星通信等媒介形式深度融合。数字内容产业的系统开发，将实现信息跨媒共享、资源跨行配置、文化跨域交流，因此我们要打破传统的内容监管和传播载体部分的旧模式，创造文化内容和传播平台分离的监管模式，更有效地实施文化信息内容管理。

总体上看，杜绝互联网不良信息，净化网络环境，加强互联网信息内容安全管理，是一个长期而艰巨的任务。互联网信息内容管理，要充分吸收国际成功经验，逐步建立适合我国国情的法律体系和监管体制，在技术上立足于自主创新，为信息内容安全的管理提供有力的支撑。

（三）交叉传播下社交性媒体营造立体舆论场

新媒介愈来愈受到政府的重视。以微博为代表的社交性媒体拓展了政府公关的新视野，在传递政府信息、协调公众行为、塑造政府形象等方面的功能日渐凸显。微博作为一种塑造政府形象和沟通民众的工具正在被大量使用，其中，政务微博在政府形象塑造传播过程中扮演着重要角色。

1. 微舆论的"斯芬克斯之谜"：微博舆情的传播新特点

自从 2006 年博客技术先驱 blogger.com 的创始人埃文·威廉姆斯（Evan Williams）创建的新兴公司 Obvious 推出了 Twitter 服务以来，微博作为一种新兴的互联网平台得到迅速发展。2009 年 8 月底新浪微博正式上线，其他网站也相继推出自己的微博品牌，"微博热"如火如荼地展开，媒体属性和社会交往功能逐渐凸显，微博以其强大的社会功能和作用也越来越受到广泛关注。2010 年被称为中国的"微博元年"，这一年微博成为许多重要新闻发布的第一现场。方舟子遇袭事件、李刚事件、腾讯与 360 大战事件等，这些突发热点事件，其原始信息都源自微博。与此同时，越来越多的政府部门、新闻媒体、大型企业、知名人士入驻微博、使用微博。2013 年 1 月 15 日，中国互联网络信息中心（CNNIC）在京发布的《第 31 次中国互联网络发展状况统计报告》显示，截至 2012 年 12 月底，我国微博用户规模为 3.09 亿，其中手机微博用户规模 2.02 亿。微博热潮已经汹涌而来，作为媒体新形态的微博客改变了舆论生态格局，微舆论对现实社会的影响越来越大。

第一，微舆论形成快速且扩散性强。微博使用操作简单方便，用户易于获取与发布信息。内容表达上，一条微博最多 140 个字的"碎片化"语言，切合了现代社会快节奏的生活方式，特别是通过手机可以实现随时随地传递信息，进行实时交流互动。与传统媒体相比，微博更方便和快捷。与传统的线性传播方式比，微博的网状传播方式可以实现一对一、一对多、多对一、多对多的交互传播。这种"所有人面向所有人"的传播，意味着每个人都有可能成为影响信息传播和流动的关键节点。

因此，微博互动的结构与机制变得更加灵活多样。有人认为，微博互动有三种结构模式：链状、环状和树状，这三种结构模式使微博传播的速度呈几何级数迅猛扩散。创新工场董事长兼执行主席李开复曾形象地把微博传播新模式比喻为"基于信任的病毒传播"，"病毒传播源与病毒式营销，通常指在互联网上，利用普通网民之间口口相传、相互转发的口碑式传播渠道，快速而有效地把要推广的信息、品牌或产品发布到千百万普通网民，其传播效应就像是病毒感染一样，一旦成功发起就私下蔓延，快速复制，在极短时间内获得最大的传播效果"。

第二，微舆论议题设置草根色彩浓。在微博上发布言论，除了有字数限制外，几乎没有其他的限制条件。传统媒体那种传统的"把关人"缺失和"把关机制"的失效，使微博舆论实现了真正的"意见自由"。

作为自媒体的微博，消除了传播者和接受者界限，极大地激发了平民大众的表达欲望。这让大众从"旁观者"转变成为"当事人"，形成了"人人即媒体"的传播格局。更为重要的是，微博的使用者摆脱了议程设置的束缚，拥有了更大的话语空间。他们可以随意表达自己想要表达的观点，关注自己感兴趣的人和事件，寻找自己感兴趣的各类信息，充分展现自己的愿望和诉求。毋庸置疑，微博舆论议题的开放和自由，使微博用户体验到了前所未有的挣脱束缚的愉悦，实现了内心的意愿和追求。微博具有自由传播、平等传播、互动传播和实时传播等特点。这种打破传统媒体议题垄断的传播方式，为大众平民所喜爱和接受，从而使得微博发展更加日新月异。因此，舆论生成的随机性进一步增大，发展方向更加难以掌控。

第三，微舆论的时效性和现场感更强。微博客较强的时效性和现场感增强了信任度和诱惑力，是吸引广大民众的重要特质。正由于微博客可以通过手机随时随地不受限制地发布信息，并能及时地和他人形成互动交流，就使其与博客、论坛等其他形式的网络舆论相比，具有更强的时效性。2010年2月温哥华冬奥会开幕式前6小时，格鲁吉亚无舵雪橇选手库玛丽塔什维利在一次训练中意外受伤抢救无效后死亡。新浪体育记者吕敏第一时间在微博客上报道了自己的所见所闻："格鲁吉亚今天失去一位运动员，他们还是坚强地参加开幕式！全场站立掌声给他们鼓励，舞者停止跳舞，罗格庄严肃穆地站着！身处现场我觉得心里难过。"虽只有寥寥60多个字，却有极大的现场感和感染力。这种较强的时效性和现场感，能让用户第一时间感受到事件现场氛围，通过图片、声音、影像的呈现，使微博客在舆论影响上更具有说服力。

第四，微舆论具有极强规模性和群体性。微博所特有的"信息裂变"传播模式，会使被关注的舆论焦点凸显极致，信息的交互所产生的力量是一个惊人的裂变过程。比如在"我爸是李刚"事件发生后，与李刚有关的微博短时间内就达52万多条，充分显示了微博传播的威力。正是这种信息的快速裂变式扩散，使得微博舆论很容易产生群体性效应。此时，信息的传播不再是以往的一对一或一对多的传播，而是将一条信息传给一乘以多再乘以多个人，最终形成意见交流的链式互动，从而影响舆论的生成。当一条重要新闻、评论在微博上受到追捧时，会迅速发生链式反应并在用户中快速扩散和传播，获得持续的关注和舆论反应，从而形成强大的舆论，这种舆论又对事件起到了推波助澜的作用。微博庞大的用户群和快捷的传播速度，使事件的受众面迅速扩大，可能进一步演变成群体性事件，最终把网络上的舆论热点变为社会公共舆论的热点。

第五，微舆论传播呈现碎片化。由于微博140字的文字限定，其内容和信息量也受到了限定，因而呈现出"碎片化"的特点。这种只言片语的信息传播特点，限制了复杂的内容传播，不过它也应合了现代社会快节奏的生活方式，节约了时间，提高了效率。虽然微博的信息是琐碎的，但是这些单独的琐碎语言和某些重大事件相关联的时候，它就像一块块拼图，当参与事件信息发布评论甚至经历者拼凑在一起，就会管窥到事件的真实面目。而这种大量的琐碎信息在同一主题下的集中，就可形成强大的新闻事件源，并进而汇集成为热点话题，成长为一种新型的话语权。显而易见的是，在微博中虽然大多是琐碎信息，但是大量的相同新闻关键点和词汇集合，就会让这个话题成为焦点，帮助人们可以在其中快速提炼出新闻观点。微博客文本语言碎片化的特征更有利于受众通过网络各抒己见、展开讨论。而微博客的多级传播模式扩大了碎片化信息的舆论影响，看似三言两语的微博客就这样对舆论的形成和发展趋势有了重要的制约作用。

第六，微舆论信息泛滥失真大。微博传播的快速裂变使受众可以获得更多的信息资源，它独特的传播功能也会让看似微小的内容形成爆炸式传播，而这种信息的极度扩散也可能给互联网带来一定的负面影响。由于使用微博并没有太多的限制，所以一些信息通常会在没有经过核实的情况下进行传播，这就很难保证信息的准确性和真实性,甚至虚假和恶意信息搅混其中,势必会使有效信息被埋没,以致无法甄别和提取有用信息。同时,由于手机技术的进步,当遇到突发事件时,微博手机用户可以直接进行现场拍摄,并几乎在同一时间将其上传至微博,而其他微博用户可以在接收到这一信息的第一时间,阅读转发和发表评论,从而实现了评论与信息发布真正同步化状态。但不容忽视的一个问题是,微博发布者发布的信息是否真实可靠。如果信息的真实性没有经过核实,很有可能导致虚假信息或恶意信息的传播,这就不利于微博舆论的健康发展。更为严重的是,微博客传播的虚假、恶意信息极易扰乱舆论环境,进而引发更多的社会问题,从而影响人们的生活和社会秩序的稳定。和多数自媒体一样,微博客所传播的信息经常会受到信息真实性的质疑。我们不可否认,微博舆论的无法审核和限定,会给错误的舆论以滋生和繁衍的温床。微博客中随意散播的虚假、恶意信息会引发错误的舆论导向。而一旦这种有害的舆论大肆蔓延,就会给人民和社会造成巨大的伤害和损失,这不能不引起人们的高度重视和警惕。

2. 当前微博客舆情生态

2013年是中国政务微博客稳步发展的一年。根据国家行政学院电子政务研究中心在2013年3月发布的《2012政务微博客评估报告》显示,经过2011年爆发式增长,2012年增速有所放缓,但政务微博客功能不断扩展、应用不断深化。我国政务微博账号数量已经超过17万个,较2011年底相比增长近2.5倍,政务微博客从最初的以信息发布为主,逐渐发展成集信息公开、舆论引导、政民互动、为民服务等为一体的新媒体平台,政务微博客已进入务实应用发展的新阶段。而截止到2012年12月31日,我国的微博客用户数也达到了3.09亿,单是在新浪微博平台上,每天发布的微博信息就达到1.9亿条,微博客内容非常丰富,原创内容占比接近20%,而且时政类信息占到5%。根据艾瑞咨询集团发布的研究报告,从一个微博客用户使用微博客主要目的的角度来看,了解信息、发表意见等也是用户开微博最重要的目的意图(如图4-1)。

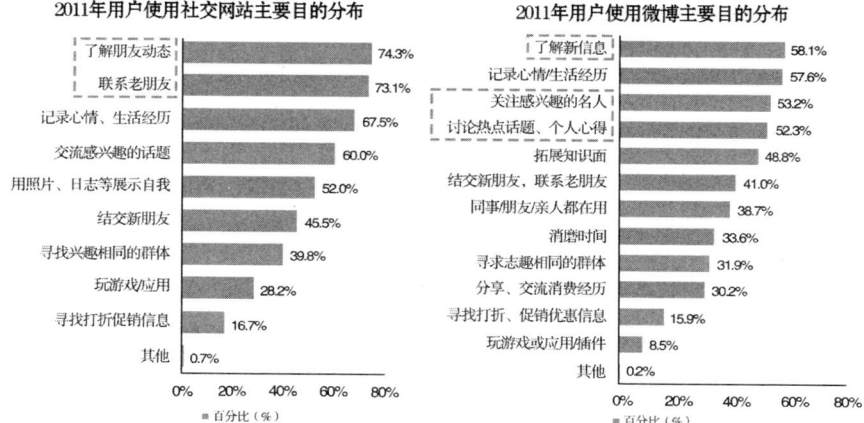

图 4-1 SNS 是个人社交圈,微博是自媒体与资讯来源
(来源:艾瑞咨询集团:《2011-2012 年中国 SNS 和微博用户行为研究报告》)

第一,政治性话题舆情高位运行,社会关注度极高。由于传统传播条件下,普通民众的诉求表达和意见反馈渠道很少,因此在正式舆论场中几乎是缺位的,没有载体呈现他们的意见或关注点。而微博客为代表的自媒体真正使得"人人都有了麦克风","一人一媒体"的传播便捷性也更加突出,进一步拓展了民众的表达空间。而就关注内容来看,政治性话题成为大家普遍关注和积极评论的最重要领域之一。比如,"薄王事件"、雷政富"艳照门"、刘铁男"官商勾结"的贪腐等各种涉官舆情不断被微博热炒,甚至网络空间特有的舆情生成的"次生效应"也不断上演,一波未平一波又起。同时,微博客也发挥了舆论监督和反腐利器的功效。

第二,微博舆情混杂正负能量碰撞交织场景。微博客是一个"众声喧哗"的大舞台,关于同一个事件的不同倾向、观点、态度的内容同时呈现,出现了一个多声部合唱的舆论生态局面。微博正负能量呈现出碰撞、交织状态,一般而言,热点话题在微博中都有正负方面的信息,融合了不同角度的心态和诉求。2012 年"7·21"北京暴雨酿成灾害,微博客成为了一个政府及时发布救灾信息,向社会进行灾情信息公开的互动平台,很好地发挥了迅速及时便捷的自媒体的正能量。暴雨中微博守望相助，正能量海量积聚，强力辐射，但微博谣言也间杂出现。舆论场是复杂多元的，不能指望只有一个声音，那不现实。

第三，负面舆情时常跨越集中传播节点满网转世还魂。网络舆情因为更加多元的价值观和社会利益分层，出现了较之传统舆论更为复杂的状况，不同舆论场相互争锋冲突，不同思想倾向和观点立场的舆情冲突激烈，甚至出现完全割裂的舆论场。特别是在今天舆论环境日趋复杂的现实环境下，一些消极性负面舆情常常会随着一些相类似"节点性"事件不断泛出，甚或"借尸还魂"重新复活，在一段时期即使过了活跃期依然可以成为网络舆情的热点，从以往集中爆发转换成了泛网络时起时没，基于某些诱因就再次全网络传播。在微博舆情场中，这种传播状况更是经常出现。根据媒体公开报道，在北京"7·21"暴雨灾害之后，北京市红十字会向大家倡导，号召市民捐款，却遭遇到前所未有的抵制和唾骂，网络炸响了"捐你妹"的骂声。在公款吃喝、捐自行车事件、捐款使用不透明等丑闻频发的背景下，官方慈善机构信用日下。网民用"捐你妹"这个网络语言来调侃，一方面，表达了网民对红十字会捐助倡议的不信任感，对慈善缺乏公信的愤懑。另一方面，"捐你妹"表达众多想参与做慈善的人，却获得不到最佳参与路径的无奈。政府管理中北京属地网站关于捐款的负面信息已被强力挤压，但由于各地网络管理部门监管不均衡，出现了外地网站负面信息倒灌的现象。8月2日，腾讯网就转发了原来已经消失在网络空间的文章《红十字会回应网友调侃不懂"捐你妹"啥意思》，经过新闻报道后，"捐你妹"一词再度被炒热。显然，新一波的舆情再次将负面内容的传播推向了一个新高潮。

第四，理性与非理性思想频繁交锋。网络作为不同思想发生、交流、交锋的平台，带来了民间思想的活跃，也使得各种声音的冲突被加大，各种文化潮流都在网络上发出不同观点，"你方唱罢我登场"，有的更是"各吹各的号，各弹各的调"，共识难以形成。比如2012年7月6日，川籍女记者周燕（网名"此是燕云"）约上了中国政法大学副教授吴法天（网名），双方于下午1点在北京朝阳公园南门发生冲突。吴法天与四川电视台记者周燕因钼铜项目是否会污染环境起争执，在网络上展开争论。因观点不形成激烈交锋，发展成非理性攻击。吵架渐渐升级为约架——约定时间和地点，两个人当面论战。吴法天应约迎战，准备以理服人。谁知"单挑"变"群殴"，吴法天受伤。

第五，境内外敌对势力搅动黑色舆论，夹杂反共黑客恶性攻击。网络没边界但有国界，网络空间也是意识形态斗争的阵地，网络内容传播安全关涉国家文化安全问题。因此，网络空间的矛盾和斗争也是一个不争的事实。互联网作为现代最活跃的信息通道和载体，必然是各种意识形态对垒和境内外敌对势力争夺思想阵地，加剧了世界范围内不同思想文化的相互激荡。网络传播弱化了发展中国家发达国家信息舆论宣传防御的能力，信息基础设施的落后也进一步加大了"南北"信息鸿沟。当前互联网流通的信息中，80%以上的网络信息和95%以上的服务信息由美国提供。中国在整个互联网的信息输入和输出流量中，仅仅占到0.1%和0.05%，美国等西方国家占据了互联网传播的制高点，关于西方国家的政治制度、价值观念和生活方式的各类信息，恣意传播，对社会主义主流价值形成了冲击。[1] 我们能否以先进技术传播先进文化，让互联网成为传播先进文化的有效载体，"关系到社会主义文化事业和文化产业的健康发展，关系到国家文化信息安全和国家长治久安，关系到中国特色社会主义事业的全局"[2]。因此，要主动利用好网络的传播优势，为扩大社会主义文化价值传播力和影响力创造条件。目前，一些与我国主流价值相违背甚至反对我国基本政治制度等的反动内容充斥微博空间，甚至借助于黑客等技术手段，发送信息，颠倒黑白，对于我国文化安全和社会稳定都是具有破坏性的，要坚决给以回击和清除。

3."微传播"时代领导干部形象也是执政资本

一段时间，陕西安监局"表哥表弟"、广州"军官殴打空姐"事件，成

---

[1] 高宏存：《虚拟社会管理要积极引导网络舆论》，载龚维斌、陈图深主编：《社会管理论丛（2011）》，国家行政学院出版社2012年版，第226页。

[2] 胡锦涛：《以创新的精神加强网络文化建设和管理 满足人民群众日益增长的精神文化需要》，《人民日报》2007年1月25日。

为了最受网民关注的领导干部舆情热点事件。实际上无论是此前"庐江不雅照"事件还是"各地戴表门",无辜"中枪"的官员不少,不经意间一些官员无端被牵涉进去成了一番娱乐狂欢的主角。一些官员因言行举止不当,或者特别的衣着装束受到关注,在网络空间里受攻击被炒作,已成为一种非常普遍的官员舆论热点。无论所关注的事实以及事件背后的原因是真是假,除了对当事人及其家庭造成了极大伤害之外,最受损害的是政府公众形象,政府公信力因此降低,影响到了整个社会和谐稳定的大局。

领导干部容易成为舆情关注的中心,既与媒体环境和舆论生态变革有关,也与干部自身行为和素养结构性短缺因素关联。

第一,舆论生态因网络新媒体出现发生了革命性变化。网络舆情是社会舆情生态的中心,是了解民情的"晴雨表",汇集民智的"民意库",更成为各种突发事件的"导火索"。特别是其微博出现后,微博文本的碎片化、私语化强,易成为舆论发布的集散地;140个字的容量让信息发布简便快捷,易成为舆论引导的先发力量;特别是其交互性强的优势,易成为舆论形成和传播的热源地。现在新浪网有3亿微博注册用户,每天发布微博1.2亿条,时政类就占到了5%。微博客作为一种交互性强的自媒体,已经成为继博客、论坛和社区之后网络舆情的信息源和引爆点。政府官员受关注,本身就是传播信息源提供者的一个常态。今天,官员们是在一种"5A"级舆论环境下的"透明房"里工作,受到的监督是全方位、全时态、全媒体。

第二,领导干部网络"本领恐慌"和新媒体素养能力结构性短缺。作为公众人物,领导干部习惯了传统传播环境下媒体管控较为严格的工作方式,却往往不适应今天社会性媒体高度发达的全媒体传播变革,能力一时不足,而网络舆论监督的汹涌而至让很多人手足无措,网络社会围绕官员所产生的各种"新闻危机"层出不穷,应接不暇。网络强化了对各级官员的社会监督,也倒逼领导干部提高应对包含网络舆情在内的现代传播媒介素养,但现实情势不容乐观。《人民论坛》在2010年5月做过专门调查,调查结果显示,官员"恐网"、"惧网"的心理非常普遍,有78%的受调查者认为具有"网络恐惧症",不熟悉,不了解,不会有效实现网络沟通。一部分领导干部缺乏网络知识，对网络尚处在迷茫和陌生的状态，主要表现在：一是对网络的认知度不够，不懂网络语言，不了解网络传播规律，不懂什么是博客、播客和微博等互联网知识；二是两个舆论话语体系的割裂。政府官员的话语体系和认知体系，与老百姓的话语体系、认知体系出现了巨大的矛盾和反差。两种话语体系的不统一无交集，造成了沟通上的障碍和信息的不对称。官方舆论的传播失去了政府所期望达到的部分或者全部效果，主流媒体有时难以发挥对舆论的主导和引领作用，反而时常受到网络舆论牵引。因此，领导干部必须切实提高网络舆情的应对能力、新媒体沟通的技巧与方法的研究和探索，适应网络时代全媒体传播的现实需要，把网络管理、舆情应对和媒体沟通，作为改善执政能力结构的重要学习内容，提高网络问政执政能力。

第三，领导干部的公众形象，与媒体和社会公众的沟通能力，特别是微博客时代的公关能力，已成为干部执政能力的新要求。官员必须具有形象危机意识，一旦出现舆论危机事件要及时进行相应公关处理。网络加大了对官员的社会监督，网络反腐也有很大的成效，作为一个新途径，网络监督发挥了一定的威慑作用。房产局长周久耕因网络而被绳之以法，检察长豪车事件也因网络为自己的不当行为被迫辞职，"微博开房门"谢局长更是成了国人的笑柄，俯拾皆是，不胜枚举。网络的开放平台，多元载体和多渠道的信息来源，使得社会舆论监督更加普遍和有效，促进了法治政府和阳光政府建设，有利于提高政府公信力。但现实中一些事件往往因为处理不当给政府公信力带来了很大损害，舆情危机一波涌来就会对政府带来一波损害，长此以往政府诚信将面临更大的考验。

虽然可以说领导干部的网络舆情危机事件与现实社会的矛盾有关联，但我们必须清醒地认识到，不能把虚拟社会与现实社会等齐划一，网络舆情也存在偏颇的一面。一是网络环境下的舆情很容易变成非理性的宣泄，网民"沉默螺旋效应"也助长了这种舆论共振现象，诸如"人肉搜索"等网络暴力行为往往很容易使无辜者受害。二是网络的"草根"特性天然地带着民粹化色彩，群体极化容易发生，怀疑精神突出，和政府部门的情绪对立倾向明显。一些事情出来，往往不论黑白是非，对政府不信任的先入之见就占了上风，舆论发展迷失了方向。议题生成的随机性，也进一步加大了网络舆情发展走势不定，发展方向难以把握的管理引导困难。三是网络"逢官必炒"、"逢官必热"，也严重损害了干群关系。领导干部在网络空间里被列入了"新黑五类"之首，只要发布的信息"涉官"、"涉富"，就天然地会引起网友血脉贲张，转帖跟帖热情陡增。理性被丢到脑后，一时间甚至"网络审判"、"网络罢官"的热炒马上就赢得无数网民的跟随。这些都是网络时代舆情的本身特点给官员带来的"网络时代特色"环境的新压力，除了扬长避短，因势利导，并没有什么金玉良方来缓解随时可能引发的网络舆情危机。

"大众麦克风"时代，普通公众的权利意识萌醒，各种权利"有心人"暴涨，领导干部要知道手中权力的真正来源，否则不作为乱作为，随时就可能翻船。据媒体公开报道，为"表哥"杨达才做"手表鉴定"引发"表哥"舆论危机的人，是一个网名叫"花总丢了金箍棒"的网民，他所关注的1000多名官员中就有300多名官员戴了豪表，他对外只公布了90多位官员的豪表信息。其实，一旦个人私人生活细节被关注受质疑，乃至发展成为一个公共事件的时候，就应该立即引起重视展开公关，不仅事关官员个人形象，更关键的是政府形象、政府公信力。处理不当就可能"城门失火殃及池鱼"，特别是涉及官员形象的负面性批评性事件，若是政府不仅没有危机公关的意识和能力，反而为那些问题官员背书，受损害的就不是个人的声誉地位，而是整个政府管理机关。正是从这个意义上说，官员形象不仅是执政能力的体现，更是政府公信力的载体，官员形象也会在点滴中为执政地位稳固增加资本夯实基础。因此，要结合微传播时代的特点和复杂的舆论环境，强化危机公关意识，发挥网络传播信息、舆论监督、传递温暖的正效应，学会化解网络舆论危机，虚拟与现实社会互动，更好地树立官员的正形象，更加体现清廉公正、严格高效的主流领导干部形象，把领导干部整体的风貌追求和个体形象统一在日常的行为中，今天比以往任何时候都更加迫切和重要。

（四）政务微博舆情引导的原则与策略

在我国新闻学界较早探讨"舆论场"问题的是清华大学刘建明教授。他认为:"所谓舆论场,就是指包括若干相互刺激的因素,使许多人形成共同意见的时空环境。"构成舆论场有三要素:"同一空间的人群密度与交往频率"、"舆论场的开放度"和"舆论场的渲染物和渲染气氛"。同一空间人们的相邻密度与交往频率较高、空间的开放度较大、空间的感染力或程度较强,便可能在这一空间形成舆论场。无数个人的意见在"场"的作用下,经过多方面的交流、协调、组合、扬弃,会比一般环境下形成舆论场的速度要快,并有加速蔓延的趋势。这类开放的、公开平等而自由讨论的地方,是促成舆论形成和变动的重要空间。

如今,微博已经成为一个社会对话的重要平台,成为基于公众参与的社情民意表达与沟通平台。同时微博也更加凸显既有媒体属性,强化社交属性。网络社交已经成为中国一种流行的生活方式,微博独特而富有吸引力的传播特征,带来了公民意见"表达"的泉涌。然而,微博因"把关人"缺失和规范管理的难度,有时会使部分不实传言和虚假信息被广为传播,甚至会成为突发和热点事件的舆论中心,于是,以微博为代表的社交平台正在成为新媒体时期信息的聚集中心和社会舆情的集散地。政务微博除具备普通微博的特点之外,还有政务公开、汇聚民意、引导舆论等功能。由于舆论多元和虚假信息泛滥,微博更需要凸显政府的权威声音,通过政务微博对舆论的传播进行恰当的引导,以保证公民合理的舆论表达和网络内外传播的正常秩序。

1. 政务微博引导舆情必须遵循的原则

截至2013年底,中国网民数量超过6亿,互联网普及率超过45%,手机即时通信网民规模超过5亿人。2013年10月15日,国务院办公厅发布的《关于进一步加强政府信息公开回应社会关切提升政府公信力的意见》中多处提及政务微博,规定定期开好新闻发布会,主动做好重要政策法规解读,妥善回应公众质疑,及时澄清不实传言,发布重大突发事件权威信息等。政务微博对舆情的引导必须遵循以下原则:

第一,坚持党性原则,尊重新闻事实基础上把握好舆论导向。江泽民同志在《关于党的新闻工作的几个问题——在新闻工作研讨班上的讲话提纲》中曾经指出:"我们的新闻工作是党的整个事业的一个重要组成部分。因此不言而喻，必须坚持党性原则。"胡锦涛同志《在人民日报社考察工作时的讲话》中强调，"要牢固树立政治意识、大局意识、责任意识、阵地意识"；"要坚持团结稳定鼓劲、正面宣传为主，唱响主旋律，打好主动仗"；"要增强政治敏锐性和政治鉴别力，严格宣传纪律，做到守土有责，在重大问题、敏感问题、热点问题上把好关、把好度"。坚持新闻工作的党性原则是搞好新闻工作的前提和保证。2008 年奥运会火炬传递在少数国家遭遇"藏独分子"阻挠、2011 年 3 月 16 日受日本大地震核辐射影响造成的抢盐事件、2013 年 4 月 20 日雅安地震等一系列重大突发性事件发生时，我国的新闻宣传工作坚持及时报道、正确引导、信息公开、以正面宣传为主，表现了高度的政治责任感和把握正确舆论导向的能力，赢得了广大民众的高度评价，也赢得了国际社会的理解和支持。坚持正确的舆论导向，是提高舆论引导能力的首要条件。

第二，坚持"黄金四小时"原则，准确及时发布信息。随着微博客的出现，网络舆情热点事件的生成时间进一步缩短，特别是一些容易受到网友关注的事件，微博空间里往往一个小时之内就可以初步形成热点性事件倾向。因此，对于政务微博引导舆情带来的压力更大了，要及时准确地把事件传播出去，不能在事情发生后官方微博处于一种"失语"状态，否则就失去了官微的重要功能。事情发生后官微要第一时间发出报道，第一时间分析评论，努力对受众形成第一概念。除了发布及时更要注重正确的方法，要注意早讲事实，重讲态度，慎讲结论，避免因为不该出现的失误而误导了舆论，出现消极影响。

政务微博要加强"准确化、及时化"，在对事实进行严格核实的基础上及时发布正确信息。避免假、大、空的官僚主义作风，避免成为花瓶似的"僵尸"微博，更避免不负责任损害政府形象的庸俗化信息。政务微博理应成为基层民声的"扬声器"、辟谣引导的有力工具、网络问政的畅通桥梁。

第三，事件处置与媒体沟通并行原则。网络舆情的引导特别强调事件处置的恰当性条件，没有现实事件的正确处置，单纯依靠舆论引导很难取得实效，必须把事件处置和舆论引导并行，才能够取得实效。

第四，话语表达与新闻传播相适应原则。媒体沟通的语言要准确，不过早定性、慎用"不明真相"、"别有用心"等提法，不可仓促使用过于政治化语言等。因此，要引导网络舆情，必须熟悉了解新媒体传播的趋势规律，弥合传统舆论场与新兴舆论场割裂状态，避免传播失灵失效。一是了解网络传播规律，懂得网络语言，懂得什么是博客、播客和微博等互联网知识。二是弥合两个舆论话语体系的割裂问题。官方话语体系和认知体系，与老百姓的民间话语体系、认知体系出现了巨大的矛盾和反差。两种话语体系的不统一无交集，造成了沟通上的障碍和信息的不对称。三是避免官方舆论的传播失去了政府所期望达到的部分或者全部效果。四是发挥主流媒体对舆论的引领作用，避免完全受到网络舆论的左右。本想传递正确信息的良好愿望，则因为不了解网络语言，缺乏必要的技巧办法无意中起到了负传播效应。

此外，必须坚持公开性原则、坦诚性原则、情感性原则、第三方原则等，唯有坚持与新媒体传播相适应的新的传播规律和传播理念，才能够更好地借助政务微博等新媒体形式引导舆情。

2. 政务微博舆情引导策略

微博已经成为中国第二大舆情源头，仅次于新闻媒体报道，中国舆论重心迅速向微博转移，网民爆料的首选媒体，更多转向微博。面对如此现状，政务微博对网络舆情的引导就成为亟待解决的问题。对网络舆情若不及时加以引导，极易造成微博舆论环境的失衡，引发负面效应，更会对社会稳定产生负面影响。

第一，网上舆论引导要形成"合力"，需要建立多部门联动机制。网络传播弱化了社会管控的能力，信息容量的无限，传播载体的无形，信息受传数量的海量，都使得全面及时控制网络受到了挑战。应对和引导网络舆论不单单是传统政府格局条件下管理舆论的党委宣传部门一家的事情，而是涉及多个政府部门。要建立网络管理联动机制构筑起内容管理、网络管理、安全管理一体化的协同配合工作机制，建立联系会议制度，不同的网络管理部门，根据职责要求，把网络管理常态化，加强和相关部门的协调，理顺因分工而出现的监管空白和职责交叉问题。涉网机构之间的协同配合，建立健全日常情况通报制度和联系处置日常工作机制；舆论管理部门要联络指导互联网信息内容管理部门、互联网行业发展管理部门、打击网络违法犯罪工作部门；以及重点新闻网站、电子政务网站、商业门户网站等单位，通报重大情况，组织联席会议；建立党委宣传部门、互联网信息内容管理部门、互联网行业管理部门、重点新闻网站等参与的舆情汇集和研判机制，对网上舆情进行会商研判，及时发现倾向性问题，提出引导和管理意见；对重大突发事件进行专题研究，安排部署应对措施。

因此，舆论引导和管理的机制需要创新，不能依靠传统的思维和管理模式。否则，舆论生态和格局已经发生了根本性变革的前提下，原有管理方式就失去了有效性和针对性，网络虚拟社会的舆论管理必须遵循网络传播的特点和规律，做到有的放矢才能够有效管理。

第二，突破传统观念的束缚，把握认识网络舆论生成的特点和规律。网络舆情强化了对各级领导干部的社会监督，也倒逼各级领导干部提高应对包含网络舆情在内的现代传播媒介的新闻素养。在现实社会中，围绕官员的网络舆情所产生的各种"新闻危机"层出不穷，应接不暇。而对网络舆情的密切跟踪分析和恰当及时的引导引领，也是提高各级领导干部执政能力的一个重要方面。因此，在重视网络舆情的同时，也必须切实提高网络舆情的应对能力、技巧和方法，适应网络时代全媒体传播的现实需要，把网络管理、舆情应对和媒体沟通作为干部学习培训的重要内容，提高电子政府建设的网络问政能力。

第三，发挥传统媒体和新兴媒体互动叠加效应，共同引导舆论。媒体间相互借力，能量互补，是全媒体时代舆论生成的一个新动向。网络空间里可能被关注的舆论热点和影响力大的事件，从成为网民的关注点开始，就被不断跟帖、发帖、转帖的反复强化，加大了成为舆论热点事件的几率，而传统媒体凭借公信力强的优势适时加入报道，往往促使网络舆论社会影响的生成。同样来自传统媒体的新闻，也可能因为网络介入，在短时间内放大了舆论效果，产生强大的舆论效应。传统媒体和网络媒体要共同设置议题，引导引领舆论方向，发挥传统主流媒体的政治舆论主渠道作用。胡锦涛同志在2008年6月20日考察人民日报社时强调，要从社会舆论多层次的实际出发，把握媒体分众化、对象化的新趋势,以党报党刊、电台电视台为主,整合都市类媒体、网络媒体等多种宣传资源,努力构建定位明确、特色鲜明、功能互补、覆盖广泛的舆论引导新格局。还要在以下几个方面做到:一是做好政府门户网站和重点新闻网站建设。政府门户网站是各级行政机关公开政府信息的重要平台,是政府信息发布的官方渠道之一。同时,重点新闻网站要成为构建舆论的主体力量,主流网络媒体要成为网络舆论引导的主渠道。二是建立网络新闻发言人,组织网络新闻发布会,积极参与网络空间重大问题的舆论疏导和信息发布。三是综合利用多个网络舆论引导载体,立体化多渠道展开舆论疏导工作,保证网络信息互动实现方式多样化便利化。可以直接借助于回复论坛、留言板上网民诉求、写作博客等新媒体形式,直接与民众沟通交流。借助移动传媒,建立手机台,以全新的理念抢占手机舆论阵地。也可以开通政府微博,把微博作为政府信息公开和新闻发布的新平台。

第四,壮大网络文化队伍,鼓励体制内"意见领袖"争取话语权。舆论宣传领导部门要造就培养一批网上名编辑、名版主、名专栏主持人和有影响的网络评论员。广泛吸收高素质的传统媒体编辑记者、大中专院校师生、离退休干部等各方面人士,以及网络文化协会等各种社会组织,参与到网络文化建设中来,充分发挥其引导作用。组织网络评论员有针对性地对一些网络舆论事件进行舆论引导,主动出击,第一时间发出自己的声音,引领网民理性看待有关问题,平息网民情绪,消除不负责任的信息对政府形象的消极影响。

调动网络编辑、论坛管理者、版主的合力,强化论坛管理,共同推动网络舆论的有序发展。论坛是民声汇集的地方,是网络舆论形成的主要发源地。针对网络群体组织化的强化,各种网络群体比如QQ群、微博群、SNS等,要积极探索网络虚拟社区管理的新办法,发挥"新意见阶层"或"意见领袖"的作用,主动引导舆论。

领导干部主动发声,借助新媒体形式做"意见领袖",往往能够收到很好的效果。由于微博的井喷式爆发,舆论的重心迅速向微博转移,网民发布并传递信息的第一选择便是微博。因此,政务微博应该时刻关注民众的舆情动向，及时了解民生民情，梳理各方面信息，及时发布官方信息，并加强与网民的互动。政务微博管理人员要提高媒介素养和责任感，主动参与微博传播，充分掌握和利用微博的传播特征和运用技巧，使政府的权威性和生动活泼的表达方式有机结合起来，并在和网民的互动中，及时有效，上通下达，注意研究微博的舆情监测和预警机制，提高政府的社会管理能力和公信力。每年年底，人民网舆情监测室会发布《中国党政机构和官员微博发展报告》，根据综合影响力分别评出十大党政机构和官员微博。长期浸淫网络舆论环境，用网友接受的语言和形式交流，兼之权威的身份，在发生突发事件或重大舆论热点问题时，借助于这些党政机构和官员的微博客引导舆论往往能够起到很好的效果。云南省曲靖市在马龙水灾时用"微博曲靖"直播灾情，获得如潮好评。该市市委宣传部下文明确要求，2011年1月1日始宣传干部实名开微博，利用网络空间接近网民，做好网络舆论的引导工作。

第五，注重团结和培养"意见领袖"，引导舆情方向。中国网民个人互联网应用指数，已从2007年的51.1增加到2010年的57.6，互联网应用水平稳步上升，且互动参与指数也从47.5提升到50.8，应用更加广泛多元，参与性更强。特别是应用越来越广泛的各类社交性媒体的普及，积极引导各种专家型"意见领袖"，发挥社会责任，关键时候主动发声，往往成为平息负面舆论和澄清谣言的重要力量。由于微博"意见领袖"有大量粉丝，网民对他们可以说是一呼百应，因此，他们针对社会热点问题、公共事件发表言论时，往往会有大量粉丝形成追随，其观点直接影响大批粉丝的认知和舆论走向，甚至会改变公共事件在现实中的走向。这种微博意见领袖的号召力使舆论场产生病毒式发酵，很难掌控。因此，政府等社会管理部门要团结微博上的意见领袖，加强与他们之间的交流和沟通，同时也要培养自己的意见领袖，在应对重大的突发舆情时，有效发布权威信息，引导微博舆论。

总之，网上舆论空间是各种社会力量较量的场所，虚拟社会舆论管理已成为社会管理的一个新领域，亟需在体制机制上形成一整套的制度举措。网络强化并推动了社会监督和政府公开，但也往往成为网民情绪宣泄和泄私愤的场所，既传播了主流文化产品和思想，也给国外敌对势力和形形色色的代理人提供了渗透和攻击的机会。缺乏社会责任的社会性公司，可能会因为商业利益制造炒作虚假网络舆论，混淆视听，扰乱真实舆论生态，有意歪曲真正的网络民意，对现实社会产生影响。因此，要上升到政治高度，动用各种媒体手段，主动做好引导网上舆论的工作。

文化产业　产业转型　文化竞争力

【内容提要】"文化产业"是新时期文化属性认识的重大突破，开启了系统性文化创新发展新格局，也是市场经济环境下文化发展的新路径。作为战略性新兴产业，文化产业成为国家经济转型和结构调整的支撑和依托，对塑造我国经济品质和文化品格具有引导性战略价值地位。文化发展新格局新条件下，政府文化经济政策从零散走向系统，文化产业管理模式、方式和实施途径在变革中渐趋明晰完善。文化产业发展直接带来国家综合国力和文化竞争力增强，社会文化发展的活力获得前所未有的释放。

计划经济条件下，政府直接管理文化事业单位，社会文化生活也是以一种政府办文化模式向社会提供，从事文化生产和服务各类文化组织行政化色彩浓厚，活力不足。随着社会主义市场经济体制的建立，文化生产和服务不断丰富多元，国家在推进文化体制改革中探索文化管理方式、途径，特别是逐步建立了文化产业政策体系，推动文化产业发展和综合国力提升。

（一）文化产业与文化属性认识突破

制度创新常源于文化理念更新，新时期党的文化理论创新直接推动文化政策创新，成为推动文化繁荣发展的力量。"文化产业"概念的提出和实践，就是突破原有文化观念束缚的重大成果。

改革开放以来，中国共产党对文化价值属性、地位功能的认识不断深化，不断推动理论创新和实践创新，改革探索政府文化管理方式方法。特别是文化属性认识的丰富、"文化产业"概念的提出，极大地促进了新时期文化的发展繁荣。

1. 文化属性认识的变革

新时期以来文化理论创新的一个重要特征，集中体现在更加全面地认识了文化的价值属性。文化不仅有意识形态属性和价值属性，而且也具有经济属性。

第一，文化产业属性获得地方政府承认。长期以来，根据马克思主义经典作家经济基础和上层建筑辩证统一的基本理论，文化意识形态属性是处于统治地位阶级的主流思想体现，这种认识理念也成为指导一切文化工作的总纲。文化意识形态属性的认识贯穿整个文化领域的领导管理和事业建设，形成了与计划经济模式相适应的集中统一的国家文化管理体制和社会主义文化事业体系。文艺管理作为文化管理领域的重要内容就是一个典型的体现，长期以来中国共产党对文艺工作的领导，坚持文艺为工农兵大众服务、为政治服务，到1979年第四次文代会上正式提出"文艺为人民服务、为社会主义服务"的新宗旨。新表述较之建国后很长时期有了很大进步，文化建设氛围更加宽松，但依然不是文化属性认识的根本突破，只是文艺管理工作指导方针的变革，在文化与政治、经济的关系认识上依然需要更加深入。

伴随着改革开放事业的推进，文化管理领域在悄悄变革，从1978年广州东方宾馆第一个建立了营业性音乐茶座，我国文化市场开始逐渐发育。传媒领域的广告经营也自1978年始试水出航，一些从事文化产品生产和服务的事业单位，开始在"以文补文"政策下，从事文化经营活动，获得了文化市场的收益，因为还依然享受体制内事业单位的优惠政策，开始出现传统文化事业单位管理在双轨制下的定位功能错位和偏离。同时，大众文化消费的日趋活跃，催生了各种民营图书音像店、歌舞厅、文化公司不断涌现出来。特别是市场经济体制建立与文化体制转轨，形成了丰富的文化市场消费。学术界也在1990年代自觉进行文化产业相关问题的研究，回应大众文化消费的热潮，地方政府则开始尝试出台推动文化产业发展的地方新政。1996年12月5日，北京市委市政府颁布了第一个文化发展战略的专门文件——《关于加快北京文化发展的若干意见》，在"主要任务"中明确提出了"要充分利用北京丰富的文化资源和人才资源，大力发展文化产业，使其成为北京的支柱产业之一，使北京成为全国重要的文化产业基地"。以地方党委和政府的名义发布推动文化产业发展的文件，这在中国是第一个，具有重大标志性意义。这不仅体现了北京市发挥首都特色功能定位上的决心和动力，更加自觉地推动文化产业发展，而且在文化属性和理念认识上有了很大突破。至此，文化理念创新首先在地方政府的实践中取得了进展。

第二，文化生产模式变革深化了文化属性认识。我国社会文化建设发展实践，特别是市场经济体制建立和新技术革命推动，成为深化文化属性认识，推动文化体制改革的重要动力。

从文化生产传播和消费的角度看，信息技术、网络技术和数字技术的使用，改变了以往文化生产消费模式。科技手段改变了文化生产和传播的介质，培育了一些新型文化消费内容，包含新型消费习惯和文化趋向。数字内容的系统开发，实现了信息跨媒共享、资源跨行配置、文化跨域交流；新文化业态层出不穷，新兴数字内容产业改变了人们的文化观念，以及文化生产、传播和消费模式。新兴文化企业也成为最有前景与成长性的文化新秀。

同时，市场经济体制的建立和完善，呼唤政府文化管理理念和思路变革。文化体制改革过程中，原有文化事业单位长期存在着事业和产业双轨混合运营，公共职能和市场职能交叉，事业法人和企业法人兼顾，政府和市场的边界不清晰。一方面公共文化服务不能充分满足人民的需求，另一方面文化单位又在市场中具有获取经济利益的诉求，公共服务职能缺位错位。因此，计划经济体制下文化单位管理的行政事业体制难以适应市场经济体制的要求，文化事业单位活力不足，社会服务功能没有充分发挥，文化生产力受到限制；文化产品数量和服务质量结构性矛盾突出，难以满足需求。因此，文化事业单位等各种微观文化组织要适应市场机制要求，更好地确立职能定位和社会功能，在市场条件下向社会提供公众需要的文化产品和服务，势必要求变革文化管理理念与方式。正是在这样的背景下，2003年开始，中央决定推进文化体制改革进程，实施分类指导改革政策，把理论变革的逻辑起点推进到实践层面。

文化理念变革和文化属性认识的新发展，是在整个社会思想解放、改革开放的环境下，有着深层的政治、经济、社会乃至文化自身的多重动因。这为启动推进新时期文化体制改革，市场经济条件下的文化发展繁荣，解放文化生产力与提高文化竞争力，带来了革命性进步。

2."二分法"明确文化改革发展方向

文化的产业属性和文化产业发展问题，一段时期集中在学术界探索、地方政府实践，但真正进入中央决策层视野，并写入中央文件，成为国家基本政策依据和构建文化发展政策框架基础，已经到了新世纪之初。2000年10月，"文化产业"第一次写进了中国共产党十五届五中全会的文件，从此文化产业获得合法身份。此次全会提出的《中共中央关于国民经济和社会发展的第十个五年规划的建议》中，第一次明确提出了大力发展"文化产业"的文化建设任务，提出要"完善文化产业政策，加强文化市场建设和管理，推动有关文化产业发展"，明确了发展文化产业是市场经济条件下繁荣社会主义文化的重要途径，从此"文化产业"实践终于获得了国家层面的合法性认可，"它使当代中国文化政策获得了全新的起点"[1]。

基于文化理论创新，党的十六大报告，第一次开始把以往笼统模糊的文化事业单位实行"二分法"，根据单位性质和职能不同，特别是是否具有产业属性、从事文化产品和服务的生产，明确划分为"公益性"和"经营性"两类，即公益性文化事业和经营性文化产业。不同性质类型的文化单位，将分别依照不同的改革路径和管理方式进行调整。2003年开始的文化体制改革试点及随后的改革举措，就更加清晰地提出了文化产业发展的一系列思路政策，明确了要把经营性事业单位转企改制，培育成为合格的市场主体作为改革文化体制的目标任务重点。党的十七大提出了增强国家"文化软实力"

---

[1] 李河、张晓明：《当代中国文化政策十年》，载李景源、陈威主编：《中国公共文化服务报告（2009）》，社科文献出版社2009年版，第35页。

的发展战略,更加全面地认识到文化是综合国力竞争中的重要力量,实现小康社会建设的重要内容。十七届六中全会的决议进一步提出"加快发展文化产业,推动文化产业成为国民经济支柱性产业"。这一系列文化理论创新和认识突破,都是在开放环境下中国共产党自觉进行文化创新的成果和收获。同时,划定文化事业单位的公共服务职能,积极构建公共文化服务体系,推动公益性文化事业发展,政策体系制定中也开始分类指导区别对待。

文化单位依性质不同的"二分法",既是市场经济体制改革对文化发展和实践的推动,也为解放文化生产力,完善不同类型文化单位的改革发展明确了方向,为不同类型文化政策体系建构奠定了基础。不论是随后出台的《国家十一五文化发展纲要》、《文化产业振兴规划》,乃至于十七届六中全会后明确推动文化产业成为支柱性产业等政策目标的提出,理论原点都在这里。更深层次上正确认识文化与政治、经济的关系,文化自身的多重属性,按照文化建设本身的规律和特点来管理文化,都将促进中国特色社会主义文化事业的发展。

(二)零散走向系统的文化产业政策变迁

文化政策主要指文化相关法律、法规和各级政府的政策。长期以来,中国只有文化事业政策。改革开放后文化产业实践合法性的确认经过了一个过程,文化产业政策也在逐步探索中出现,不同文化产业政策频频颁布,文化产业政策体系不断完善。

1. 文化产业政策的三个阶段

国家出台文化产业政策始于改革开放新时期,反思30多年来我国文化产业政策的变迁,在快速调整中大体经历了三个阶段:

第一,萌芽探索阶段(1978—1992)。这个阶段的文化产业政策以探索性、控制性为主,主要体现为两个特点:一是从改革开放的前沿广东等省份发端,出现了经营性群众性文化活动场所,文化的经济属性在约束中获得拓展,传统文化事业单位特别是能够从事文化生产和服务的单位开始试水经营性活动。二是一向作为党的喉舌的新闻出版和广播电视领域,探索广告经营、有偿咨询服务等经营活动,以补贴经费不足和实现自负盈亏的经济功能。

1983年中共中央批转中宣部、文化部等《关于加强城市、厂矿群文工作的几点意见的通知》,群文活动首次出现了有偿服务的经营活动。随后,1987年文化部、财政部、国家工商局联合发布了两个文件:《关于改进营业性舞会管理的通知》,明确文化经营活动是我国社会主义文化事业的合法组成部分;《文化事业单位开展有偿服务和经营活动的暂行办法》,鼓励文化事业单位利用自己的知识、艺术、技术和设备等条件,开展有偿服务,取得收入补充事业经费不足。1988年,文化部、国家工商局联合发布《关于加强文化市场管理工作的通知》中,首次出现了"文化市场"一词,对文化市场的范围、管理原则和任务等作了界定,结束了文化市场管理无法可循的局面。到1991年国务院批转文化部《关于文化事业若干经济政策意见的报告》,提出"文化经济政策"概念,借助政府相关经济政策推动文化事业发展,开始为文化经营和产业化发展尝试着新的观念突破。

新闻出版领域在这个时期也开始进行经营活动。人民日报等8家单位在1978年联合向财政部提交报告获得批准,开始了"事业单位,企业化管理"的"混合制"管理政策,出现了文化事业单位管理的"双轨制"。于是,1979年1月28日,《解放日报》和上海电视台首次在同一天刊发了"文革"后的首个商业广告;《人民日报》也在4月中旬刊登了第一个商业广告。为此,1979年11月,中央宣传部专门发出《关于报社、广播电台、电视台刊登和播放外国商品广告的通知》,媒体的广告经营终于有了政策依据,新闻出版传媒从意识形态的阵地逐步转换为宣传与经营并重、双轨制运行方向发展。

第二,规范发展阶段(1993—2002)。文化事业单位从事经营活动是由群文单位扩展到所有文化单位的,建立文化市场政策也首先在文化部系统内试行。这个阶段为促进文化市场的发育成长,出台了一系列规范性文件:一是确立了文化市场经营主体的市场准入、行政归口管理等方面的法规要求和程序;二是规范双轨制条件下文化事业单位管理。事业单位改革中"政事分开",把"双重法人"问题逐步解决,推动市场经济条件下文化事业单位要以独立法人身份参与市场行为，体制上开始探索将事业和产业分离运作的方向，为下一轮真正的文化体制改革进行有效探索。

在这个阶段，国务院出台了一系列指导文化市场规范发展的政策措施，把文化市场管理由文化部系统拓展到所有文化领域，先后出台了一系列文化市场管理条例，包括《音像制品管理条例》(1994)、《电影管理条例》(1996)、《营业性演出管理条例》(1997)、《出版管理条例》(1997)、《广播电视管理条例》(1997)、《娱乐场所管理条例》(1997)等。同时，开始出台发展文化事业的经济政策，1996年国务院出台了《关于进一步完善文化经济政策的若干规定》，2000年又颁布了《关于支持文化事业发展若干经济政策的通知》。这些政策，都为培育文化市场主体，促进文化产业发展起到了推动作用。特别是1996年事业单位改革全面推动，中共中央办公厅、国务院办公厅发布《中央机构编制委员会关于事业单位改革若干问题的意见》，推动参与文化市场经营和服务的事业单位成为独立市场主体。1999年，国家工商局发布《关于企业管理若干问题的执行意见》，明确事业单位办理企业法人登记的要取消已有事业法人身份，这就在组织登记办法上解决了文化事业单位"双重法人"问题，为从组织制度上使事业和产业分离准备了条件，更加完善了相关的法规程序。"据统计，这一时期由全国人大常委会、国务院和中央文化管理部门陆续制定和颁发了200多部法律法规、政策性文件或部门规章，涵盖了舞台艺术、新闻出版、广播影视、互联网、文化产业等诸多领域。"[1]总之，这个阶段以规范市场管理为中心，大力推进了依法管理的力度。

第三，自觉完善阶段(2003至今)。从2000年文化产业合法化开始到这个阶段，是我国文化产业政策频频出台基本形成体系的时期，而且全面铺开的文化体制改革坚持"二分法"，分别就文化产业发展和公共文化服务体系建设，分类推进，全面系统地建构我国新的文化管理体制和机制。但在传媒领域，推进产业化的过程中也存在着政策反复时进时退的调整问题。

---

[1] 沙雪斌：《当前我国文化产业政策问题及对策探析》，《山东社会科学》2012年第6期。

文化产业概念的提出，市场经济体制的建立，要求党和政府重新建构文化政策体系。2003年开始的文化体制改革试点工作，产业和事业分类改革成型，迅速推进了不同文化单位发展改革路径探索。伴随着文化体制改革的进程，培育市场主体，形成合理产业格局就是其中重要的目标，不同部门出台了大量宏观性、扶持性、规范性的文化产业政策。2005年财政部、海关总署、国家税务总局连续颁发两个《关于文化体制改革中经营性文化事业单位转制为企业的若干税收政策问题的通知》，实行优惠政策推动转企改制；国务院颁布《关于非公资本进入文化产业的若干决定》，从总体上把文化产业投资分为"禁止"、"允许"、"鼓励"等不同层次，努力形成多层次多种所有制的文化产业格局；中宣部发布《关于文化领域引进外资的若干意见》，就文化产业领域的扩大开放进一步放松管制。这些政策加快了文化产业的发展，迅速壮大了我国文化产业规模。特别是《国家十一五文化发展规划纲要》（2006）、《文化产业振兴规划》（2009）、十七届六中全会决议《关于深化文化体制改革推动社会主义文化大发展大繁荣若干重大问题的决定》，这些新形势下推进文化改革发展的纲领性文件，引领推动文化产业进一步成为国民经济支柱产业，创造了更加宏观的方向指导和措施推进。国家文化产业政策在一步步走向完善，基本文化产业政策体系已经形成。

2. 文化产业政策的内容与类型

与一般产业不同，文化产业包括众多行业门类。根据文化部出台的《文化部"十二五"时期文化产业倍增计划》的分类方式，把文化产业分为十一大类，即演艺业、娱乐业、动漫业、游戏业、文化旅游业、艺术品业、工艺美术业、文化会展业、创意设计业、网络文化业、数字文化服务业。从产业发展演进的历史时序角度也可以把文化产业分为三大类：传统文化产业、现代文化产业、新媒体产业等。行业门类不同，就具有具体的发展规律和产业特点。

与文化产业的不同门类相关联，就我国已颁布的文化产业政策做一个类型区分，可从不同角度分为不同种类。有学者分为，鼓励多种经济成分共同发展文化产业政策、优化文化产业组织政策、促进各地区文化产业协调发展政策、规范文化市场秩序政策、鼓励文化产业发展政策、促进文化产业发展对外开放政策、提升文化产业技术水平政策等。[1]也可以简单地区分为鼓励性政策,借助产业政策引导,推动一些特殊门类产业发展,比如文化旅游业、设计业等;扶持性政策,比如财政税收政策、专项基金政策、金融政策;对具体新兴产业给予扶持发展的具体优惠政策,如扶持动漫产业发展的指导意见,等等;规范性管理政策,既有宏观的产业引导、规划,也有具体的产业门类、产业园区发展管理等。当然还可以分为综合性宏观政策、专项政策、行业政策等,从不同角度都可以就文化产业政策做出具体的分类和研究。另外,区域文化产业政策也是文化产业政策中的一个特定领域,比如藏羌彝文化产业走廊建设涉及四川、云南、西藏、甘肃、青海、陕西六省区,是文化部"十二五"文化产业发展工程中的九个重点项目之一。为促进海峡两岸文化产业发展,2011年国务院批准实施《厦门市深化两岸交流合作综合配套改革试验总体方案》,就涉及建设厦门闽台文化产业园,全方位、多层次地对接台湾文化产业转移等相关区域合作的具体政策。

(三)政府文化产业管理方式和途径

政府文化产业管理作为一个子系统,是国家文化事业管理的一个重要组成部分,文化管理的模式和机制受到整个社会制度和管理体制制约,管理方式和途径也与文化理念、文化政策息息相关。文化产业在中国发展时间较短,政府文化产业管理模式并不成熟,正在寻求与市场经济法制管理相适应的管理模式和体制机制。

1. 文化产业管理模式

文化管理模式是文化事业管理中用于规范文化管理关系的制度体系,不同模式在处理政府、市场主体、文化组织之间的关系时,管理、协调、规范的方式手段不同,政府和市场各自扮演的角色差距较大。根据政府在文化事业体系中的地位,可将世界不同国家文化事业管理模式分为四种类型:国家

---

[1] 孙连才编著:《文化产业教程》,中国传媒大学出版社2012年版,第253—257页。

计划模式，以苏联、朝鲜和改革开放前的中国为代表；政府主导模式，以韩国为代表；市场调节模式，以美国为代表；多元复合模式，以法国为代表。[1]根据西方发达国家的文化现状和文化政策特征，将文化产业管理模式分为三种：美国模式，文化发展的管理和协调机制"无为无不为"，具体管理方式以州政府为协调核心且灵活多样，形成介于州政府和具体文化部门之间的各类文化组织，促进文化企业、非营利性文化组织、基金会、具体文化单位之间健康发展，注重运用经济、行政、行业自律等管理手段，非常重视法律约束；欧洲模式，既包含芬兰、英国、法国、德国等欧洲国家，也包含澳大利亚、加拿大等，强调文化民族认同、国家对文化开发和文化产品内容独创性的保护性管理；日韩模式，国家基本上是从带有东方社会管理特征的社会文化管理制度，进行文化管理体制的创新，逐步走向西方式、更加灵活多样的管理体制，注重保护和开发文化产品内容的独创性和民族特性。[2]还可以根据政府公共财政扶持力度和政策取向角度，把发达国家文化产业管理模式区分为自我发展型和特殊产业型两种。自我发展型以美国模式为代表，财政支持力度有限。特殊产业型以西欧模式为代表，财政支持力度较大。财政拨款是非营利性文化团体主要资金来源，对重点文化产业实行税收优惠政策。

依据文化产业管理中政府、市场、文化组织三者之间关系的角度，辅以其他标准，我们将文化产业管理模式分为三种类型。

（1）政府主导型模式。政府发挥主导作用，借助各种手段和途径引导文化产业发展，影响产业方向和进程。政府、市场和文化单位及组织之间联系密切，合力明显，后发国家为加快文化产业发展进程多采用这种模式，如韩国、新加坡等。这种模式主要表现为三个特点：

其一，政府在文化产业发展中发挥主导作用。文化产业管理设置健全的政府行政管理体系；政府通过产业规划和产业政策，积极引导产业发展，快速推动产业成长；制定完备文化法制体系和文化产业政策，系统性保障和扶

---

[1] 孙萍主编：《文化管理学》（第2版），中国人民大学出版社2011年版，第323页。
[2] 孙连才编著：《文化产业教程》，中国传媒大学出版社2012年版，第249—252页。

持文化产业发展。

其二，各类文化单位、机构组织是产业发展主力军。虽然政府发挥战略规划者、环境营造者、服务提供者、市场监管者的作用，引导、规范文化产业快速成长，但政府并不会具体办文化，而是主导宏观文化管理。各类文化市场主体、社会文化组织是文化产业发展的主角。

其三，政府文化管理实现方式多种多样。政府文化宏观管理实现方式主要不是依赖行政手段，而是通过行政、财政、税收、金融等各种手段，特别是借助文化法制的系统完善，保障文化产业发展规范和可持续。

（2）市场主导型模式。发达资本主义国家如美国、英国、加拿大等，主要依靠市场力量，体现社会主导和政府间接引导的社会调节型文化管理模式。市场主导型模式主要有三个特点：

其一，市场发挥主导作用。不论是市场主体的培育、成长、兼并重组，产业发展的联合分化，都遵循市场规律进行，政府不干预文化产业发展的产业规律，文化产业发展主要依靠社会自身调节来实现。

其二，依法管理是主要管理实现形式。政府不干预文化发展，往往通过中介机构和文化组织调节文化组织之间、政府管理机构和文化组织间、政府管理部门和社会公众间的关系，实现途径主要依靠完备文化法律法规、税收金融等政策，而不是借助行政手段。

其三，政策取向是调动社会力量发展文化产业。市场主导型文化产业管理模式，政府在管理文化产业中往往采用间接方式或委托中介机构来管理，而不是直接和文化单位或文化组织之间发生联系，比如英国开创的"一臂之距"的管理方式。推动产业发展也往往是借助经济手段，比如税收优惠、金融政策来实现，政府很少直接进行财政资金扶持，主要是通过完善文化捐助政策吸引社会力量兴资文化发展。

（3）混合型模式。政府文化产业管理的混合型模式主要指包含了集权、分权、放权等不同管理形式为一体的文化管理模式，政府和市场的作用在不同产业领域或同一产业发展的不同阶段共同存在。混合型模式往往是文化发展不同部门合力的一种体现，法国、改革开放后的中国，就是这种模式的典型代表。混合型模式主要有三个特点：

其一，政府文化宏观管理调控能力强。政府高度重视本民族文化发展，因此具有系统完备的文化行政管理体系，把文化发展纳入国家整体发展规划中。法国在具有指导性的五年规划中文化事业一直受到高度关注，规划从整体和全局上指导文化发展。我国从"十一五"时期开始制定国家文化发展规划纲要，文化产业发展是其中重要组成部分。

其二，政府预算资金保障充足。国家对文化艺术的资助管理成为一种传统，政府公共财政资金投入到文化领域的比重相对稳定且占比较高，特别是体现在文化领域税收优惠和财政资助、补贴等方面力度很大。法国文化部每年的财政预算均占到国家财政总预算的1%，国家每年拿出大约50亿法郎扶持新闻、文学、艺术、音乐、电视、电影等行业。[1] 韩国为扶持文化产业发展，文化部门可支配预算占到国家全部预算的5%左右份额，仅次于国防和教育开支。我国文化产业管理堪称混合型模式，但文化投入还比较少，政府要加大文化投入力度和比重，培育扶持文化产业发展。

其三，重视本国文化保护与发展。国家文化管理中，高度重视文化事业独特地位，不仅注重传承保护民族文化，注重民族文化认同和纯洁，也注意保护本国文化市场。面对全球化竞争的文化产业发展环境，法国在1993年提出了"文化例外"、"文化不是一般商品"的主张，维护了民族文化特色和文化独立性，也在一些领域，比如广播、电影、电视等领域保护了本民族文化内容产业发展，保障了国家文化特色和个性。

2. 政府文化产业管理机制方式

文化管理规范文化运行方式，不同文化产业管理模式依托的管理机制不同，但不外乎在政府主导、市场主导之间选择，或在二者之间寻求平衡，实现政府、市场、企业或其他文化单位组织之间的管理、效益和价值统一。管理方式也从单靠行政手段转变到依靠法律、行政、经济相结合的手段等综合

---

[1] 刘轶：《他山之石：美、英、法、韩等国的文化政策》，《社会观察》2004年第4期。

治理。具体的管理方式主要有以下五种。

（1）行政手段。行政手段是文化行政管理机关及其工作人员，执行行政管理职能，实现政府文化行政管理目标所采用的各种手段、措施、办法和技巧。主要包括两类：

其一，完善政策规范。在计划经济时期，行政手段是社会事务管理的主要手段，文化管理亦然。目前，虽然行政手段仍然是政府文化产业管理的重要手段，但也在综合调动运用多种管理手段，特别是运用市场机制提高文化生产力要素配置效率，放宽文化市场准入政策，简化文化行政审批，加强对主体、人才、品牌培育的支持，扶持推动文化科技创新，加快文化产业发展。采用奖励、处罚等手段给与趋向和方向上的引领。

其二，产业规划引导。国家文化战略是国家在文化发展方面应对未来所制定的战略性规划和蓝图，是指导引领文化发展的纲领。党的十六大以来，国家文化发展的思路更加清晰，文化建设的自觉意识明确，出台了一系列文化宏观规划和文化产业专项规划，比如《文化产业振兴规划》、《国家十二五文化发展规划纲要》等。

（2）法律手段。依法管理文化，是市场经济条件下文化产业管理的最重要手段，保障文化产业在法制轨道上运转，发挥市场作用，维护公平市场竞争环境。文化法律法规涉及艺术管理、文化市场、财务管理与文化产业政策、文化遗产保护、对外文化交流、文化娱乐业管理、演出管理、艺术品经营管理、知识产权管理、印刷音像制品管理等方面。主要分为两类：

其一，国家法律。目前我国关于文化管理方面的法律主要包括：《著作权保护法》、《文物保护法》、《公共图书馆法》、《非物质文化遗产保护法》，涉及文化产业发展、文化遗产资源的利用、文化产品市场等方面，但重在文化资源管理和保护。《电影产业促进法》正在征求意见，《文化产业促进法》完成了专家意见稿。文化管理立法严重滞后于文化产业发展实践，亟需加强。

其二，法律规范。我国文化产业管理和文化市场管理规范，基本上是出自不同文化行业管理部门或者国务院颁布的行政规章，法律约束效力弱，法律层级偏低。同时，通过立法可以减少对平等竞争市场的威胁，主要有两个方面：一是国有经济对一些重要产业的垄断；二是政府对市场的过度干预。长远看，涉及文化内容管理的相关法律法规不足，严重制约文化产业发展的规范管理，造成文化管理无法做到有法可依。

（3）财政手段。文化管理的财政手段旨在发挥财政对文化发展的扶持、引导和拉动作用，文化产业作为新兴产业，亟需为文化产业发展注入资金，培育产业壮大。同时借力财政资金吸引社会资本，构建完善的文化产业投融资体制，培育规范的市场主体与市场环境，建立文化产业发展市场机制，形成政府干预和市场机制合力。

其一，财政投入。财政投入方式多种多样，现阶段财政扶持文化产业发展的方式有：项目补贴、贷款贴息、政府采购、奖励、贷款担保、股权投资、配套资助、陪同投入、后期赎金、创业投资引导基金等。从中国的现实情况看，培育新兴文化产业发展，要避免国有文化产业垄断问题出现，即国有文化企业凭借由政府倾斜政策所支撑的经济实力，压制竞争对手的经济性垄断，以及政府利用行政权力保护国有企业或某些本地非国有企业，排除竞争对手或限制竞争的行政性垄断，破坏了市场竞争的公平环境。

其二，辅助经济杠杆手段。文化产业发展要求按照文化生产经营规律和市场价值规律管理文化生产经营活动，财政手段更多的是发挥引导作用，更多采用一些其他经济杠杆，运用投资、税收、价格、利润、工资、奖金等手段调控引导文化市场，避免政府直接干预文化经营活动。

（4）技术手段。网络化、数字化、信息化手段给文化生产、传播和消费带来革命性影响，文化与科技融合趋势明显，数字内容娱乐产业诸如网络视频、微电影等，已经是新兴文化业态的代表。因此，利用技术手段强化网络信息内容的政府管制成为各国普遍采用的一种方法。

政府对于网络内容管制，主要体现为对网络提供者管制、对使用者管制以及对经营者管制。采用技术手段过滤封堵不良网络信息内容，是应对网络内容生产传播，强化网络内容管理的一个必要手段。很多国家研制了各种技术手段，采取"疏"和"堵"两种手段，安装在用户终端或ISP端，对违法网络信息进行过滤，以实现国家对网络信息内容安全管理的职能。推广绿色上网软件，实行家庭自我管理，将信息内容管制分解到上网用户，提高管制效率且易于被接受。

（5）行业自律。"少干预、重自律"是国际社会文化管理的一个共同思路和普遍做法。各种文化行业组织通过行业信息沟通、产业发展、公共服务、平台搭建、规范竞争，能够促进产业发展，形成良性发展环境。传统行业如此，新兴网络文化产业发展也是如此。比如网络新产品管理，澳大利亚实行强调行业自律与法治相结合模式，以求最大限度地保护消费者；英国实行网络观察基金会与ISP协会协同作战；中国香港特别行政区实行特区政府与互联网行业组织HKISP共同管理的方式。我国也成立了网络媒体行业组织，提倡健康网络文化建设行业伦理要求。

（四）借力文化产业催化引导经济转型

当下，国家经济社会发展早已迈开了"十二五"的步伐，十七届六中全会更是确立了文化立国的战略，全面落实把文化发展纳入整个社会发展的战略蓝图中，文化理论创新与实践逐渐走向成熟，促进文化事业全面繁荣和文化产业快速发展的能力建设正在稳步提升。2011年3月，中国制定的"十二五"规划，对文化发展作出了总体部署，提出了推动文化产业成为国民经济支柱型产业，在产业层面上更积极地发挥文化产业有效促进经济发展方式的转变。将文化资本组合引入经济系统的新业态，把文化、技术、产品、服务和市场有机地结合起来，从而促进整个经济系统的升级。如何更好地发挥文化产业在推进经济发展方式转变中的推动作用，使其成为推动产业创新和转型的强大引擎，是我们面临的重大课题。

1. 谋求经济转型为何要牵手文化产业

经过几十年的高速发展，目前我国的经济发展方式和产业结构，已经到了一个必须寻求资源、环境、能源等因素可持续发展和统筹协调发展的新时期。产业结构，亦称国民经济的部门结构，国民经济各产业部门之间以及各产业部门内部的构成。依据第二次经济普查的数据，从GDP构成看，我国一、二、三产业占比为10.7∶47.4∶41.8。按照世界银行数据,中等偏上收入国家三次产业增加值占比为6.11∶33.68∶60.21,中等收入占比为9.47∶37.06∶53.47,低收入国家占比为24.99∶28.49∶46.52。我国目前经济发展水平和产业结构比例不够协调,因此,进一步优化我国产业结构就成为未来统筹发展和提高经济发展质量的主要目标。

在经济转型升级的过程中,除了产业结构的优化,还有一个重要的评估维度,即经济的增长方式。经济增长方式是生产要素的分配、投入、组合和使用的方式。我国"十二五"规划的发展目标,不是单纯寻求经济增长的目标,"唯GDP"陷入"增长主义"的泥淖,而是科学发展,统筹城乡。经济发展方式的内容既包括经济增长方式,还包括产业结构、收入分配、居民生活以及城乡结构、区域结构、资源利用、生态环境等方面的内容。

在经济增长达到一定程度,只有调整经济结构才能实现经济的可持续增长。在经济结构调整的环节中,文化产业发挥着举足轻重的作用。一方面,文化产业化是经济发展到一定阶段的必然趋势。一般而言,当人均GDP达1000美元以上,人民生活水平会趋向小康,社会对文化的需求则更为凸显。当前推动文化繁荣,首要的目的就是丰富人民的生活内容,满足精神文化消费的需求,实实在在地保障人民文化权益的实现。另一方面,文化元素逐步渗透到经济活动的各个领域,成为社会生产力的重要推动力,而且从根本上提升经济发展质量和产品品质。物质产品艺术化、经济文化化的趋势正在继续加强。精神产品商业化、文化创造产业化的现象也较为普遍,文化经济化、经济文化化正成为时代的潮流。近些年来,韩国所倡导的"资源有限,创意无限",借助于创意产业振兴本国经济的文化立国战略,就是一个成功的个案,文化创意产业成为经济增长的推进剂和生产力发展的支撑点,也因此换来了文化产品出口占到世界5%的份额,成为世界文化贸易大国。我国文化产业对国民经济增长的贡献不断上升,日益成为新的经济增长点。根据国家统计局发布的报告,2010年中国文化及相关产业法人单位增加值达11052亿元,占国内生产总值(GDP)的2.75%。2004年至2008年间,文化产业法人单位增加值年均增长23.3%,高于同期GDP年均增速近5%。文化产业发展成为我国经济内部构成日渐完善的重要力量。

2. 融合三大产业实现"跨界"发展

文化产业发展繁荣本身是经济结构调整的动因,也是发展的结果,文化产业促进经济发展方式转变的结构优化路径则是基于产业融合的视角。产业融合是经济增长的新动力,直接促进了产业创新,在产业融合基础上形成的新产业、新业态、新产品成为经济发展的新增长点,它加快了产业结构升级的步伐。文化产业对产业结构的优化大致分为两种情形:一是文化产业和文化元素介入传统产业,推动产业文化化;二是文化产业的带动效应,拉伸提升了产业的链条和内容。一方面,传统产业可以借助文化的力量,实现从业者素质的提升及文化元素的附加值注入。创意人才依靠自己的智慧、灵感和想象力,借助于高科技对传统文化艺术资源的再创造、再提高。此外,文化元素的注入也能增加产品附加值,优化传统产业结构,如都市农业方面,由于现代旅游创意产业的融入,农业结构发生了巨大变化,把农业当中的生产功能、生态功能和生活功能有机统合,满足了公众对旅游、生态的潜在需求,提高了产品的附加值。再如在制造业方面,创意产业中的工业设计、品牌策划、营销推广等不仅增加了制造业的附加价值,也使产业结构趋于多元化。另一方面,文化创意产业可以带动相关产业的发展。文化产业可以充分发挥其产业关联性强的优势,带动其他产业的共同发展。比如文化娱乐业将推动旅游、餐饮、住宿、交通、演艺等市场发展;广播影视产业也会带动音像、影像、游戏软件、家电、通讯设备、广告展览等产品及服务市场;各类先进文化设施的建设,能够有力地推动高科技转化为市场优势,并带动建筑业和制造业市场;演艺事业的发展,将推动服装业、美容业以及各类延伸产品市场。

文化创意产业要想充分发挥其在经济转型中的作用,理应首先优化自身的内部结构。文化创意产业结构作为宏观经济结构的一部分,与经济结构的变动密不可分。文化产业结构是指文化产业内部各部分间的相互占比关系。产业结构是否合理,决定一个产业的发展前景和空间。近年来,我国文化产业取得较快发展,但其发展方式不尽如人意,主要原因就在于产业结构不合理。主要症结在于,传统文化产品占比过大而新兴文化产品发展不足、劳动密集型产品占比明显大于智力密集型产品、服务性文化内容产品少于物质性制造产品以及文化产品的同质化问题突出等。想要破解此类产业困境，既要依靠市场对文化资源的基础性配置，又要依靠政策的导向作用，或鼓励或限制，加大科技手段使用和支撑作用，逐步形成文化创意产业健康发展的良性生态。

其次，发挥文化产业对第一、二、三产业的提升作用，增加制造业和现代服务业产品的精神文化价值，发掘传统产业中的文化因素，提高中国制造的文化附加值，创造跨界性新生产业。特别是以创意设计为核心的文化创意产业将为传统产业升级增值，为制造业产品的外观造型、包装设计、形式构造、品牌咨询等提供艺术设计性的应用服务，由此增加产品的吸引力和竞争力，从而彻底改变"纽扣现象"。进而，要强化文化产业与传统服务业之间的融合，促进文化与旅游、商贸、通信、会展、教育培训、健身休闲等行业的融合发展。文化内容和服务创新能够给第一产业带来吸引力和崭新的体验，增加产值，拉伸产品线，创造新的价值增长空间。作为内容产业的文化产业也要跟上"三网融合"的步伐，让文化内容成为推动新型服务业态和消费业态发展的体验对象和服务内容。此外，要注重文化行业之间的渗透融合，注重文化产业发展"边界"的突围，延伸产业链条，真正实现文化产业化。

3. 集约化发展中开创多元经营

虽然现在我国经济发展的数量和质量都有所提高，但从要素投入结构看，我国经济结构仍属于低水平成长，技术进步在经济增长中的作用远远落后于发达国家以及新兴工业化国家，使得经济在快速增长的同时消耗了大量能源和原材料，经济增长长期处在高消耗、高污染、低效益的状况。落后的产业结构导致我国能源消费占全球消费总量的比重，明显大于GDP占全球经济的比重。这种传统粗放型的经济发展模式中，环境约束、资源约束和资本约束越来越成为经济发展的瓶颈。而文化产业最显著的特征就是鼓励个人创造力的无穷释放，这种释放创造了新的产品和新的市场需求，冲破了传统资源的硬约束。因为通过创意和市场，能够将各种资源转化为经营资本，为经济发展打开了新的通道和空间，这是创意产业促进经济增长方式转变的特有模式。

因此，大力发展文化创意产业已成为顺利完成经济转型、增强我国自主创新能力、推动产业结构优化和实现经济发展方式转变的必然选择，也是从"中国制造"向"中国创造"转变的必然选择。文化产业发展要实现从规模化、数量扩张到集约化、品质发展的转化，改变散、小、乱现象，走集约化经营发展之路。并在此基础之上，构建复合型产业链，实现文化创意和品牌的多形态开发，延伸和拓展产业链条。因此，产业发展必须充分利用数字化、网络化等虚拟技术，对文化产品创意进行多重开发，推动同一文化产品多形态类型的系列化开发。同时，依托传统文化产业转型升级和文化生产、传播方式的变革，多平台、多渠道扩散延伸文化产业链，推动促进形成复合型、交叉性的文化产业类型。

在知识经济社会，产品竞争的实质是通过产品所倡导或体现的文化来影响或满足公众的意识形态、价值观念、生活习惯等，从而使公众来接受某种产品。正是由于产品所包含的文化个性、文化精神，才促使这一产品在一定的消费区域和消费层次里增值、走俏、辐射。文化力是产品进入市场的权威"准入证"，文化创意产业的文化底蕴具有很强的辐射性，可以推动产品热销，苹果系列产品就是一个典范。因此，文化将成为推动经济质量和产品品质提升的最重要力量、经济发展的最大动力源。

4. 区域联动中保护"地方"特色

我们国家幅员辽阔，地区差异大。因此，发展文化产业，经营文化资源，培育区域文化竞争力，繁荣文化的过程中必须注重保护"地方"特色和文化个性。在区域经济发展方面，优势区域从来都是具有高附加价值的产业逐步替代低附加值的产业，并将低附加值的产业向不发达的区域转移。而低附加值产业的发展需要依靠更多的资源投入、劳动力投入、能源消耗和污染排放。长期发展下去便形成持续健康发展的瓶颈，从而阻碍区域经济的长远发展。我国经济发展的现状是区域发展存在很大落差，发展不平衡现象严重，区域差距明显。第二次全国经济普查数据表明：有52.5%的法人单位集中在东部地区，并呈加速增长的态势。与第一次全国经济普查数据相比，法人单位数东部增长38.1%，中部增长40.1%，西部增长28.1%；同时东部地区凭借良好的自然环境、相对较好的投资回报和丰富的创业机会等优势，吸引着中西部地区的资金、人才和劳动力，进一步加剧了区域发展的不平衡。然而，要改变区域发展不平衡状况，特别是西部地区，就要利用后发优势，大力发展文化创意产业，提高生产的附加值，从而提高区域经济发展水平和质量。

首先，不同区域要根据国家主体功能区划分和地区文化资源特点，确立重点发展的文化产业领域，加强区域产业布局，明确产业重点和优势行业。根据我国东中西部资源能力、开发潜力和经济布局，促进文化产业梯度发展、优势互补和良性互动。东中部及优先重点开发主体功能区，要重点支持具有技术、资本、人才优势的动漫、网络游戏、会展、网络文化、产品数字制作等产业。同时引导中西部及限制禁止开发的主体功能区，特别是对资源优势突出的西部民族地区，要努力形成文化旅游、民族演艺和民族工艺品生产的特色文化产业集群，建设特色文化产业集镇，依托文化节庆平台，建设融文化旅游、商贸、文化体验、展演等的综合性文化景观，培育专业性的关联企业群。依托文化资源和人力资本，发展民族演艺、文化旅游、艺术品、工艺美术等产业，建立民族文化产业示范区，促进文化产业资源保护和特色发展。其次，促进跨区域产业协作，推动区域间文化产业对接、联动和转移，实现优势互补共同发展，加快产业跨区协调发展。通过建立跨区域的发展实验区、示范区、文化生态保护区等文化产业协作平台，突破传统的行政区划疆界，中小城市可以寻求文化产业发展融入中心城市的策略，借力地缘区位优势，推动文化产业跨区域转移、流动和聚集，促进跨区域人才、资金、劳动力以及其他生产要素的自由流动，壮大区域文化产业竞争力。因此，要鼓励跨地区、跨行业、不同类型企业联合、兼并、重组，实现骨干文化企业的区域整合和跨地区经营，打造文化产业特色城市和地区。

总之，文化产业的繁荣是全球性的，这得益于新科技革命的推动，特别是网络技术的出现使世界连为一个整体，它给文化产业的跨国界生产、传播、发展提供了前所未有的便捷渠道。我国文化产业虽然在"十一五"期间获得了长足进步，在中心城市和部分发达省份，已成长为战略性支柱产业，但整体水平和竞争力还比较弱小。"十二五"时期,通过加强文化产业与其他产业的融合渗透,提升传统产业的品格和质量,大规模与数字技术结合催生新产业壮大自身实力,必将在我国经济发展方式转变和结构调整中发挥更大的作用。

(五)政府文化产业管理发展变革

文化产业从获得合法性到快速发展,并赢得成为支柱性产业定位,时间很短,管理机制办法还没有形成系统,出现了很多待完善领域和要解决的问题。

1. 文化产业管理存在的问题

完善当前文化产业管理涉及很多因素,与政府职能转变和文化体制改革,与文化业态创新和整个文化产业壮大,与市场经济体制建立等密切相关,文化产业管理本身就是制度"合理性建构"的组成部分。目前看,存在的问题主要有:

第一,文化产业评价社会指标陷入"增长主义"和唯GDP倾向。文化产业评价指标单一,重经济功能轻价值引领。文化产业发展虽然带来了经济价值和效益,使文化产业在产业经济格局中的比重越来越大,但由于只是强调文化产业经济价值,考量指标只是落到了占GDP的比重,带来了很多负面效应。文化产业既然是一种产业,就要讲产值,要重视提高文化产业占GDP的比重。但如果把文化产业占GDP的比重提到不恰当的位置,作为评判文化产业发展好坏、快慢的标准,就背离了文化产业的特点和规律。文化产业占GDP比重高低,与文化产业发展水平高低、经济发展水平高低并没有直接的因果关系。[1] 文化毕竟要传播真善美、要提供审美的愉悦,文化产品评价指标只注重了经济指标,掩盖遮蔽了文化指标,忽略了文化产品的价值引领功能,因此评估标准要确立综合评价指标。

文化产业管理评价体系是一个产业发展的导向,要寻求文化价值和经济

---

[1] 祁述裕:《正确认识文化产业的GDP》,《人民日报》2010年11月23日。

利益统一，否则文化产业"双刃剑"效应容易导向唯利是图。一味迎合市场只能让文化产业失去魅力，不能健康有序地发展下去，"考察一个国家和地区的文化产业发展状况，不仅要看文化产业对经济发展的贡献率，而且要看文化产业在促进文化产业发展繁荣中的作用"[1]。

第二，文化产业政策合力不足出现管理混乱。我国文化管理长期实行分业管理模式，行政机构交叉重叠，条块分割，存在多头管理、交叉管理弊端，各自为政，职责不清，造成政出多门，基层无所适从。文化体制改革中合并了不同文化部门的执法管理机构，形成文化综合执法局，已经有了很大改善。另外，不同文化管理部门围绕着同一相关文化内容分别制定政策，从部门管理角度出台规范意见，实际上同样的资源内容却可以在不同载体平台上实现跨域交流，而管理还是局限在不同行业，没有考虑数字传播平台上内容融合提出的管理思路变革要求。比如在文化产业园区管理方面体现出的乱象就很有代表性，除文化部、原广电总局和新闻出版总署命名外，工信部、中国设计行业协会等也加入进来，给文化园区有序管理带来了冲突，不利于统一认定评估和有序管理。文化政策规范管理没有形成统一的合力，需要深化文化管理体制改革，规范管理秩序和行政效率。

第三，文化产业发展自身规律认识不清晰。文化产业发展有自身的特殊规律。文化产业发展不同于一般产业形态，文化是一种积淀，是一种价值内容，文化产业的关键在于创意、创新和创造。文化产业发展中首先要遵循文化自身发展规律，文化产品的生产，文化服务的提供，都要注重文化价值引领的内在规定。不能把文化产业发展等同于传统工业，以传统思维惯性指导文化产业发展，圈地跃进搞面子工程，更不能重有形建设忽略无形内容创造。文化产品生产最重要的是形式创新、内容独到，没有创新文化产业发展就不可能产生竞争力，原创内容差就会制约文化产业发展水平。我国文化贸易"纽扣现象"症结，凸显了文化产业发展中的问题。

---

[1] 祁述裕等：《"十一五"文化政策回顾和"十二五"完善文化政策思路》（代序），《中国文化政策研究报告》，社科文献出版社2011年版，第25页。

同时，文化产业毕竟是经济类型，必须遵循市场经济价值规律，发挥市场配置资源的积极作用。减少政府干预文化企业发展，要依托产权规律充分尊重各类市场主体自身选择。要厘定市场机制和政府管理边界，完善政府行政管理改革，依法管理文化市场。

第四，文化产业管理手段不完善。目前，中国文化产业管理存在过分依赖行政手段，运用经济、法律等其他手段不够，文化立法缺失严重，人治代替法治的现象严重。不尊重文化企业经营自主权，行政干预国有文化单位管理较多，致使文化产业发展缺乏活力，竞争力差，经营项目结构单一。未能形成一个完整的产业格局，社会资本、外资资本在产业中的结构构成不合理，民营资本在文化产业投资中还有很多限制，需要进一步完善政策体系，强化宏观文化管理，综合运用各种手段，特别是各类经济杠杆来管理文化产业。

此外，我国文化产业管理中还普遍存在着文化产业政策不配套、文化企业资金瓶颈难以解决的问题。现代文化产业体系新格局不完善，各类市场未能形成合力效应，文化产业人才培养与现实需求矛盾，产业对外开放与国家文化安全等，需要在文化产业管理中进一步完善。

2. 政府文化产业管理变革的思路方向

中国文化体制改革启动以来，已成为文化产业发展繁荣的推动力量。未来文化产业管理的核心思路是，进一步强化政府引导和市场调节的协调力度，加强政府宏观文化管理能力；坚持发挥文化发展中市场的积极作用，尊重"两个规律"，寻求经济效益与社会效益统一；加强文化立法，依法管理文化内容，形成更加统一开放的市场竞争环境。

第一，深化文化体制改革来推动政府职能转变。促进政府部门间合作、简化不必要环节、增强行政透明化，避免文化管理形不成合力，乃至于相互龃龉矛盾降低行政效率。理清政府和市场之间的边界，实现政府与企业、事业、社会、市场之间的合理分工，完全实现政企分开、政事分开、政资分开、政社分开。尊重市场经济规律和企业市场主体地位，完善产权管理制度，按照市场规律引导产业发展，政府不能越界，干涉不同性质市场主体的完全竞争行为,破坏市场公平和产业发展环境。

第二,壮大国有文化企业要分类指导。文化体制改革中,为适应国际文化竞争和国家综合国力的需要,一直把做大做强国有文化企业作为一个重要目标。自2008年第一次评选全国文化企业30强以来,从前三届评选的企业情况综合分析,国有文化企业主营业务收入超过50亿元人民币的企业数量明显增加,并且行业分布更加广泛。这些文化企业类型多属于传统新闻出版、广播影视、旅游娱乐等综合性文化类型,多为传统文化行业。同时为了壮大一些国有新兴行业比如新媒体行业的实力,国家出台了鼓励扶持国有新闻网站有序上市融资的政策措施,对提高国有文化企业的实力和市场竞争力都是有效的。

但并不是所有国有文化企业都能够做大做强,以媒体行业为例,目前社会性新媒体企业实力远超国有文化企业,阿里巴巴、百度的市值远超我国广电产业收入总和。[1] 下一步深化改革中要从着眼于做大做强国有文化企业,转变为发展公有制文化产业。[2] 要对国有文化企业进行分类指导,根据不同行业、不同类型提出不同发展目标,不必要一概而论。

第三,放宽准入政策以鼓励民间资本和社会力量投入文化产业。长期对文化意识形态属性认识的束缚制约了我国文化产业的发展,国有文化单位转企改制之后又形成了垄断地位,文化资源集中在国有单位内部,文化产业发展在很多领域都受到影响。尽管我国曾出台政策,鼓励私营和社会资本进入文化产业领域,但目前国有资本依然是很多文化领域的主导者,充分的市场竞争并没有完全形成。因此,文化产业管理依然需要降低市场准入门槛,真正给予社会资本国民待遇,形成国有资本、外资、私人和社会资本平等竞争、协调发展的市场格局,调动社会力量发展文化产业。

---

[1] 根据2012年2月14日的交易行情,阿里巴巴的市值是2773.59亿元人民币,百度的市值达到了3093.3亿元人民币,而我国光电产业在2011年全年的产业总收入是2371.32亿元人民币,差距明显。

[2] 祁述裕等:《"十一五"文化政策回顾和"十二五"完善文化政策思路》(代序),《中国文化政策研究报告》,社科文献出版社2011年版,第14—18页。

第四，形成完善统一的文化产业政策体系。文化产业政策的启动和扶持成为我国文化产业发展的最大动力，文化产业发展壮大过程也成为我国文化产业政策体系形成完善的过程。文化产业处于培育成长阶段，我国出台了一系列扶持培育完善文化市场主体、深化文化体制改革的优惠政策、完善文化组织、文化金融服务、加快新兴产业发展、促进文化产品服务出口、规范文化园区管理等方面的管理政策，初步形成了文化产业政策体系。扶持发展和规范管理并进，政府管理和市场促动同行，政府主导调动了社会投资文化产业热情，实现了跨越式发展。但未来要更加注重完善财政、金融、税收等经济政策，更加尊重产业规律，更加注重政策系统性和前瞻性，部门间强化组团和联合，更加注重探索完善融合式管理新路径，适应数字时代文化管理新要求。

第五，打破区域壁垒以形成统一开放竞争有序的文化市场。文化管理体制是在市场经济体制建立过程中逐步建立起来的，从过去计划经济时期的政府办文化，文化生产和服务封闭在文化事业单位内部，发展到依托市场分立文化事业和文化产业，文化格局已经发生深刻变化。因此，要提高文化管理效率就必须进一步开放文化市场。文化市场开放既包含对内开放，也包含对外开放。宏观上要整合国际市场和国内市场资源，积极应对开放条件下的文化竞争和挑战，从管理模式到具体产业发展，不论文化产品和服务还是文化资本要素，不论是文化资本构成还是文化产业格局，都需要在内外协调中发展。微观上，构建安全、和谐、健康的文化市场秩序，并建立由法律监管、职能部门监管、行业自我监管、媒体监管以及群众民主监督等监管体系，综合运用多种手段做好文化宏观管理。特别是在不同文化行业内，都要真正能够实现跨区域、跨行业、跨所有制的重组并购，区域内乃至全国形成一个统一开放竞争有序的文化市场，实现文化产业发展繁荣。

文化企业　文化金融　文化投融资

【内容提要】文化企业是文化产业发展的主体,各类自主性市场主体是文化产业发展的保障。在由事业向产业转型的过程中,各类市场主体遭遇到了种种市场壁垒,其中就包括文化投融资的瓶颈制约。产业层面上,国家战略性支柱产业定位的文化产业发展前景广阔。政策层面上,扶持鼓励性积极政策密集出台,社会环境利好。特别是文化金融政策的出台,改善了文化企业融资环境,为风险投资进入文化产业提供了良好契机。同时,当前文化产业引入风险投资又存在各种现实性障碍,亟需文化产业风险投资机制创新,完善各类文化金融政策。

长期以来,文化产业发展呼唤文化金融政策的出台。金融是产业的"血液",没有资本市场的进入,文化产业的发展是举步维艰,文化产业投融资一直就是一个制约文化产业发展壮大的致命关口。2010年3月19日,中国人民银行会同中宣部、财政部、文化部、广电总局、新闻出版总署、银监会、证监会和保监会等九部委联合发布了《关于金融支持文化产业振兴和发展繁荣的指导意见》,针对我国文化企业有形资产少、无形资产多、抵押担保品不足等问题,紧紧围绕推动金融资本与文化产业有效对接,促进文化产业大发展大繁荣,立足于发挥信贷、保险、证券等多层次金融市场资源,立足于发挥宣传文化、金融、财政等多部门工作合力，立足于推动金融产品创新和改进金融服务，多措并举、多管齐下，汇聚金融、财政资源，推动文化产业发展。

在产业层面上，文化产业发展前景广阔，正在作为国家战略性支柱产业扶持。政策层面上，社会环境利好，积极政策密集出台。特别是文化金融政策的出台，全面改善了文化企业融资环境，为风险投资资金进入文化产业提供了良好契机。所有这些因素，都从不同的侧面成为推动风险投资进入文化产业的条件和动力。但我国当前文化产业引入风险投资又存在着各种现实性障碍，亟需文化产业风险投资机制的创新。

（一）国有文化企业发展障碍重重

政府作为国有文化企业的出资人而过度干预企业的管理和运营，无疑是对企业的市场化运作能力和长远发展活力的一种扼杀，也间接影响着企业的股份制改造、重组改制、上市融资以及企业的走出去步伐。同时，企业内部的监督考核制度的不够完善也使得产权运作方面存在很大的漏洞，制约着企业内部人员的积极性和创新性。因此，要通过法律法规的完善来打破地区间的贸易和交流壁垒，实现文化资源和资本市场的有效对接。同时，要改善传统体制下按照行政方式对文化资源的配置，尊重市场规律，实现区域间资源的优化配置。

国有文化企业是我国国有经济的新生力量，它对文化产业的繁荣发展起着重要的引导作用。从 2003 年的文化体制改革试点以来，国有文化企业在转企改制的机遇中紧跟潮流，在数量规模、增速、经济效益等方面均取得了一系列显著的成绩。据中央文化企业国有资产监督管理领导小组办公室于 2012 年 12 月底发布的《国有文化企业发展报告（2012）》显示，截至 2011 年底，全国国有文化企业共 10365 户，资产总额 15966.44 亿元，利润总额 849.94 亿元。较之 2010 年，2011 年国有文化企业的营业总收入增长了 17.1%，利润总额增长了 21.7%，资产总额也增加了 18.7%。

1. 影响国有文化企业发展的阻碍

在国有文化企业蒸蒸日上的繁荣景象背后，仍然存在着一系列问题和阻碍力量，像企业规模化、集约化和国际化水平较弱、区域发展不均衡、国有文化资产管理体制不健全以及企业自身定位不够准确等问题，影响制约着文化体制改革的深入和企业长远健康发展。

第一，规模化、集约化和国际化水平较弱。2011年，国有文化企业在数量和资产收益上都有所增加，但是从企业的整体经营规模来看依然偏小，尤其像地方的国有文艺院团，资产总额还不到70亿元，从业人员也仅有8万多。而且由于市场资源配置的后置性、地区壁垒和封锁的限制性，使得国有文化企业难以实现区域资源的有效对接和利用，影响了企业跨地区、跨行业和跨所有制的兼并重组，从而造成国有文化企业规模化、集约化较弱，企业的核心竞争力不足等现状，这些也间接导致了具备国际竞争力的国有大型文化企业的缺失。

我国一直大力推行文化"走出去"政策，国有大型文化企业应该在文化"走出去"步伐中担当重任。然而由于企业内部原创性核心竞争力以及品牌意识的缺乏，使得我国的国有文化企业在国际文化贸易和竞争中处于不利地位，文化产品和服务出口的规模仍然偏小，跨国经营和海外投资、兼并重组的能力偏弱。

第二，区域化发展不均衡。国有文化企业在发展中还存在着区域发展不均衡的问题，中央和地方、东部和中部西部在规模、经济总体效益、资源配置效益及政府补助等方面都存在着差距和不均衡。从《国有文化企业发展报告（2012）》中的数据可以看出，中央文化企业的规模、业绩以及经济效益明显高于地方国有文化企业。2011年，中央文化企业的平均规模大于地方国有文化企业，在年末资产总额、户均营业总收入以及户均增加值的指标上分别比地方国有文化企业高出51.5%、46.9%、93.7%。同时，中央文化企业的资源配置效率也相对较高，在资产利用效率和经济效益上远远高于地方文化企业，人均利润总额和人均净利润分别比地方高出112.9%和95.4%。

在东部、中部和西部对比中,东部地区国有文化企业在数量规模、资源占有率、产出水平和利润贡献方面均有明显优势。2011年东、中、西部地区国有文化企业户数之比约为2.4∶0.8∶1,年末资产总额之比约为2.5∶0.7∶1,年末营业总收入之比约为2.5∶0.7∶1,利润总额之比约为5.4∶1.1∶1。区域发展的不均衡很大程度上影响了文化资源的优化配置、文化产业链体系的打造以及国有文化企业总体实力的增强。

第三,国有文化资产管理体制不健全。国有文化资产作为国有资产的重要组成部分,关系到国有文化企业现代企业制度的完善、核心竞争力的增强以及文化体制改革的深入开展。由于我国国有文化企业的转企改制起步较晚,文化体制改革还不深入、不全面,加之企业市场运作管理的观念较淡薄,使得我国国有文化企业仍然存在着政企不分、管办不分、权责不明确以及管理理念落后等问题。这些问题向上追溯,可以归结为出资人制度的不健全和监督考核制度的不够完善。

政府作为国有文化企业的出资人而过度干预企业的管理和运营,无疑是对企业的市场化运作能力和企业长远发展活力的一种扼杀,也间接影响着企业的股份制改造、重组改制、上市融资以及企业的走出去步伐。同时,企业内部的监督考核制度的不够完善也使得产权运作方面存在很大的漏洞,制约着企业内部人员的积极性和创新性,使得国有文化企业难以在此基础上做大做强,形成自己的品牌。

第四,国有文化企业内部定位不够准确。目前,大多数国有文化企业还存在着企业内部定位不够准确、明晰的问题。由于国有文化资产管理体制不健全以及转企改制的历史遗留问题,国有文化企业在进行市场定位时往往过分依赖遵循出资人的管理规划,而忽视了作为市场主体应该重视的市场观念、竞争观念、效益观念、人才观念以及新颖系统的管理观念。

同时,国有文化企业在进行市场定位时往往容易注重短期定位,而忽视长远的发展,注重经济效益而忽视了企业文化建设,或者是注重指标的完成而忽视了企业内容创新的重要性。企业内部定位是一个企业安身立命的基础,也是企业在激烈的市场竞争中增强自身实力、走向世界的必要条件。过于单

一、雷同和毫无新意的企业定位只能抑制企业长远发展的潜力，束缚企业多向发展的可能性，使企业走入循环反复的死胡同。

2. 解决国有文化企业发展问题的途径

针对国有文化企业发展中存在的一系列问题，政府和国有文化企业应该如何积极应对解决问题，实现企业长远健康发展呢？

第一，积极引导企业兼并重组和国际化发展。文化企业的跨区域、跨行业和跨所有制的兼并重组有利于实现资源的优化配置，进而提升企业的核心竞争力。具体要通过法律法规的完善来打破地区间的贸易和交流壁垒，实现文化资源和资本市场的有效对接。同时，要改善传统体制下按照行政方式对文化资源的配置，尊重市场规律，积极引导企业的股份制改造和投融资方式的创新，实现区域间资源的优化配置和文化企业的内部结构调整。

同时要积极为国有文化企业的国际化发展营造良好的政策环境，可以运用财政、金融、税收等手段来支持国有文化企业的对外贸易以及海外资本运作和兼并重组，同时鼓励和支持各种有利于国有文化企业"走出去"的方式创新。像北京市设立的天竺保税区和正在筹划中的艺术品自由贸易区都是对国有文化企业"走出去"模式的新探索，有很重要的实际意义。

第二，加大对创新型、科技研发型企业的扶持力度。一个企业只有增强自身的内容研发和机制创新能力，才能做出自己的品牌，增强企业核心竞争力。对此政府可以通过各种财政、税收以及金融手段对创新型和科技研发型企业进行大力扶持，激发企业的自身创新研发能力。同时可以帮助企业进行宣传，增加核心企业的渠道传播能力。例如在出版行业首屈一指的中国出版集团公司，历来注重内容创新和品牌经营，集团公司的"五大中心"发展规划得到中央相关部门的支持和重视，财政部和中央文资办在给予该公司财税优惠政策的同时，还保留宣传文化发展专项资金基数，划拨出专项经费用于公司人员身份转换，并每年安排一定资金用于公司重点项目的建设。政府的支持对企业的发展无疑有很重要的促进作用。

第三，加强国有文化资产管理，建立和完善国有文化企业出资人制度。我国的文化企业管理体制改革经历了授权经营、财政监管以及明确出资人三个阶段，应党的十七届六中全会"完善管人管事管资产管导向相结合的国有文化资产管理体制"的要求，目前，各地已经有10多个省份建立了文化企业国有资产监督管理办公室，来履行出资人的职能。要进一步完善国有文化资产管理体制，须继续明确和规范出资人的权利、责任，进一步落实出资人的管理职能，加强对国有文化企业产权、财务、绩效以及上市融资等方面的监督和审核，加快实现国有文化企业的管办分离、政企分离和现代企业制度的建立完善。同时，可以创新国有文化资产的管理方式，通过设立中介资产运作公司来沟通出资人和企业法人的关系，从而实现企业管理和运营的互不干扰。

第四，建立和完善现代企业制度，增强企业核心竞争力。国有文化企业要实现自身突破和长远发展，首先要对企业自身进行科学定位，建立和完善现代企业制度。不仅要明确市场化运作需遵循的市场观念、竞争观念、效益观念、人才观念等，还要不断创新企业文化和管理方式，建立起系统成熟的用人考核机制，将企业的各项工作都纳入明确的监督机制中，确保各个环节都能做到产权清晰、权责明确、管理科学和高效率运作。

同时，国有文化企业要不断提高企业的信誉，确立品牌意识，注重文化产品的原创性，企业的核心竞争力往往体现在企业的品牌价值和核心研发创新能力上。像中国对外文化集团公司，注重企业品牌意识，培养企业自身的内容产品制作能力，并积极拓展国内和海外市场。该公司与上海东方传媒集团和上海杂技团联合投资发行的《时光之旅》受到了业内的好评，同时该公司与国外相关公司合作推出的音乐剧《妈妈咪呀！》等作品也成功创新了中国音乐剧产业化和国际化运作模式。公司为了打开国际海外市场，通过建设海外营销网络与推广平台，与奥地利维也纳控股集团共同组建"中欧创意工场"，并筹划在纽约组建中美合资公司。中国对外文化集团公司的种种努力成为国有文化企业打造自身品牌、增强企业核心竞争力、进驻国际市场的成功范例，值得其他国有文化企业学习和借鉴。

总之，国有文化企业的做大做强不是一日之功，需要不断探索和改进。作为国有经济的新生力量和文化产业的中流砥柱，国有文化企业在享受国家政策优惠的同时应对自身的发展进行更多的思考和定位。只有合理解决发展中存在的各项问题，方能担当起时代的重任，在竞争日益激烈化的市场浪潮中独占鳌头，在国际市场发挥影响力。

（二）文化产业融资路径一：引入风险投资

文化产业既包括图书报刊、广播电视、电影、戏剧、音乐、动漫、时尚等传统业态，也包括互联网、新媒体等"新兴业态"。近年来，大力发展文化产业，已成为全球的投资热点和大趋势。然而，由于文化产业自身高风险性和投资机制不成熟，融资难一直是制约我国文化产业快速发展壮大的瓶颈。风险投资，作为一种创新形式的投资和行为，是现阶段我国文化产业融资的一个新路径，为文化产业健康快速发展提供了强大经济动力。

现阶段，风险投资对我国文化产业领域表现出高度偏好，风投进入文化产业表现出了投资领域多频率大、投资收益丰厚的趋向，但也表现出了总量不足，分布不均，文化创新支持力度不够等不足。整体而言，文化产业与风险资本的合作还不深入，主要由于文化产业领域壁垒高、风险投资机构的选择性障碍和机制约束，以及两者不成熟结合引发行业内结构性失衡等原因，亟需从体制机制和整个政策环境等方面去完善解决。

1. 文化企业引进风险投资的可行性

现阶段，风险投资对我国文化产业表现出高度偏好，从理论上看主要是因为文化产业具备风险投资的偏好特征，这主要体现在三个方面：

第一，文化产业的产业特征适合风险投资的投资理念。文化产业是一个以创新为核心、边际效用递增、涉及领域广阔、投资回报链条长和高风险高回报的行业。风险投资是由职业金融家投入到新兴、发展迅速、有巨大竞争潜力企业中的一种权益资本。作为一种创新形式的投资和行为，风险投资的主要特点是青睐科技创新企业、投资周期长、高风险高回报和增值性投资，其着眼点不在于投资对象当前的盈亏，而在于它的资产增值。文化产业的产业特征符合风险投资的投资理念，并且选择风险投资方式发展文化产业体现了文化与资本共担风险、共同发展的双赢价值诉求。

第二，文化产业的产业类型适合风险投资的投资机制。文化产业是一个以人为本的经济集合体，其高度依托人的精神创造力，并且文化产业前期投入大，发展与繁荣需要大量的资本投入，属于知识密集型和资本密集型的复合产业，尤其是近年来兴起的以互联网为代表的新兴文化产业，更是将创业者的智慧发挥到极致，因此人力资源资本远远高于其他行业。而最明确、最彻底承认人力资源资本价值的投资机制就是风险投资，它改变了以往资本雇佣劳动的关系，更多地表现为劳动雇佣资本的关系，创业者凭借智慧寻求与资本的合作，人力资本成为文化产业与风险投资最本质的关联。

第三，当前风险投资介入文化产业的条件也已形成。产业层面上，文化产业发展前景广阔。近几年，我国文化产业进入高速发展的快车道，年均增长率达15%—17%，高于GDP约5—7个百分点，文化产品和服务市场的潜力不断扩大，文化产业正逐步成为我国国民经济一个新的增长点和重要支柱产业。政策层面上，社会环境利好，积极政策密集出台。党的十七大确立"推进文化大发展大繁荣"目标以来，"培育文化产业骨干企业和战略投资者，繁荣文化市场，增强国际竞争力，运用高新技术创新文化生产方式，培育新的文化业态"，成为发展文化产业的目标。国家"十二五"规划更加明确"推动文化产业成为国民经济支柱性产业，增强文化产业整体实力和竞争力"，全社会已经形成大力发展文化产业的共识。中国证监会2001年颁布的《上市公司行业分类指引》中，将"传播与文化产业"确定为上市公司的13个基本门类之一，为利用资本市场发展文化产业提供了政策依据。2010年4月，央行、证监会等九个部门联合下发《关于金融支持文化产业振兴和发展繁荣的指导意见》，从信贷支持、授信模式、资本市场、文化产业保险市场、配套机制、效果评估等方面，全面改善文化企业融资环境，为风险投资资金进入文化产业提供了良好契机。此外，我国各有关部门相继出台了支持创业投资发展的相关政策，涉及创业投资引导基金、举办创业风险投资与企业项目的对接会等多种金融服务平台、税收优惠、放宽市场准入等，对风险投资介入文化产业起到了积极引导和推动作用。市场层面上，一方面资本市场不断完善。2009年，我国多层次资本市场进一步完善，已初步形成主板、中小板、创业板以及代办股份转让系统的构建,尤其是中小板、代办股份转让系统以及2009年启动的创业板,有效拓展了风险投资企业上市退出渠道,上市退出的比例达到历史最高水平,占比25.3%;场外资本市场进一步完善,通过收购实现退出的比例较2008年明显提升,达到33.0%。[1]目前,在沪、深两个证券交易所已经有50余家涉及文化产业的上市公司。另一方面上市案例增加。文化企业上市取得重大进展,是2010年我国文化产业发展的一个重要亮点。据统计,2010年我国共计14家文化类企业成功上市,较2009年增长近3倍。[2]且国家已经公开宣布,未来3—5年内支持200家的文化类企业上市。

2.风险投资机构与文化企业合作现状

根据《2010年中国创业风险投资发展报告》相关数据及文资网、中国文化产业网和投资中国网的相关报道,这里着重从2011年已披露文化企业获得风险投资的具体明细、风险投资介入文化产业的投资强度、投资金额、投资项目数、投资领域、文化企业不同发展阶段利用风险资本的情况,以及风险投资机构投资收益情况等角度展开分析,全面剖析风险投资机构与我国文化产业的合作现状。

第一,投资领域渐多,投资频率加大。根据表6—1,从2011年1—3月已披露的文化企业获得风险投资具体情况看,仅三个月时间,就有10家文化企业获得风险投资;10家单位涉及文化产业的很多行业但多为新兴文化产业,如网络游戏、网络视频、网络社区、广告、动漫等;从披露的投资金额看,均在百万美元以上。可见,经过风险投资机构与文化产业的磨合与发展,我国文化产业获得风险投资的频率加大,获投领域渐广,投资金额充足。鉴于风险投资机构投资于文化产业的规模呈现如此快速增长的趋势,文资网专家预测,在未来3—5年内,文化产业将会成为VC/PE投资的重点领域之一。

---

[1]数据来源:《2010年中国创业风险投资发展报告》,经济管理出版社2010年版,摘要V。

[2]数据来源:《全年14家文化类企业上市 文化创意产业继续火热》,《上海证券报》2011年3月15日。

表 6-1　2011 年已披露文化企业获得风险投资的具体明细表

企业名称	行业	投资机构	投资金额	投资时间
饭否网	微博	松禾资本	千万元	2011-1-6
互联网广告商盘石	互联网	永宣创投	2000 万美元	2011-1-3
椰子网	旅游团购	Koolanoo 集团	500 万美元	2011-1-18
乐途旅游网	行业网站	中视金桥国际传媒有限公司	3000 万元	2011-1-20
多玩网	网络游戏	老虎基金	一亿美元	2011-2-3
PPLive	网络视频	软银中国	数亿美元	2011-2-3
24 券	团购网站	N/A	N/A	2011-2-24
点点网	网络社区	创新工场	N/A	2011-2-25
爱点击亚洲互动传媒有限公司	网络广告	贝塔斯曼亚洲投资基金	N/A	2011-3-1
江苏原力电脑动画	动漫	天津天保成长创投基金	N/A	2011-3-14

（注：N/A 指投资机构或投资金额未披露）

第二，投资强度大，总量不足，分布不均。从单位量上看，风险投资对文化企业的投资强度较大。2009 年中国风险投资对文化产业的平均支持力度为 1437.6 万元/项，而在当年已获得中国风险投资的行业中，按投资金额排名前五位的其他行业平均支持力度分别为：金融服务业 1964.0 万元/项，传统制造业 1481.1 万元/项，软件产业 788.4 万元/项，新能源、新效节能技术产业 1156.6 万元/项。文化产业的平均支持力度小于金融服务业，但与传统制造业相比，几乎不分上下，风险投资对文化企业的单项支持力度还是比较大的。2003—2009 年期间，中国风险投资对文化产业的投资强度在曲折中上升；2003 年、2004 年和 2009 年文化产业的投资强度仅次于金融服务业和传统制造业，见图 6-1。

六、文化企业 文化金融 文化投融资

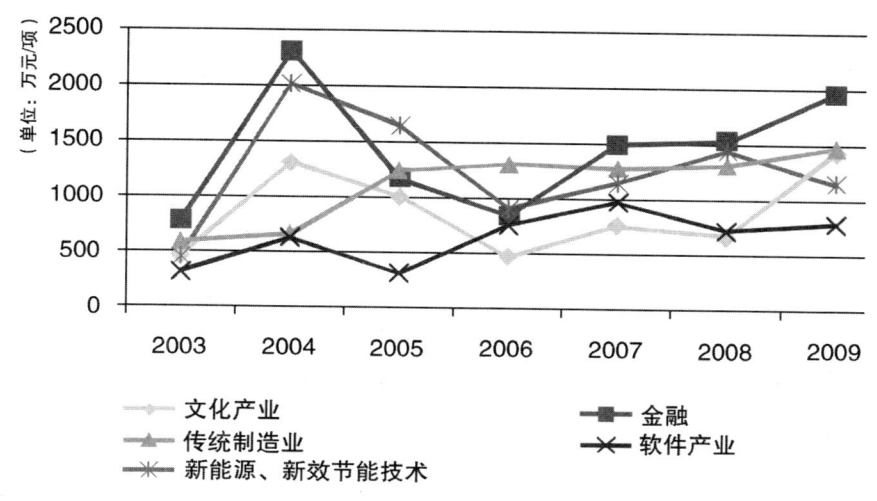

图 6-1 中国创业风险投资主要产业的投资强度
（数据来源：《2010 年中国创业风险投资发展报告》，
经济管理出版社 2010 年版）

但是，风险投资对文化企业的整体投资金额、投资项目数及投资领域分布上却存在投资总量不足、投资分布不均的特征。2004—2009 年期间，除 2004 年外（可能与《文化及相关产业分类》的出台有关），风险投资对文化产业的投资金额和投资项目占风险投资机构整个投资金额和投资项目的比例均在 2.0% 左右（见表 6-2），而美国文化产业风险投资额的占比为 7%，韩国更高，至 2010 年 6 月韩国这一比例达到 15.1%。[1] 与国内其他产业相比较，如 2009 年软件产业的这两个比例分别为 10.9%、13.9%，金融服务业分别为 15.2%、5.4%，风险投资机构对文化产业的投资，不论是从投资金额还是从投资项目数上，都是比较低的。可见，风险资本对文化产业领域的介入还不深入。

---

[1] 数据来源：《2010 年中国创业风险投资发展报告》，经济管理出版社 2010 年版，第 122、132 页。

表6-2 风险投资对文化产业的投资金额和投资项目占比情况

(单位：%)

项目	2004	2005	2006	2007	2008	2009
投资金额	6.0	3.2	1.1	2.2	1.8	2.5
投资项目数	3.8	2.7	2.2	2.0	1.7	2.1

(数据来源：《2010年中国创业风险投资发展报告》，经济管理出版社2010年版)

根据2009年我国创业风险投资较为活跃地区的文化产业风险投资的投资项目数占比和投资强度情况，可以看到我国文化产业风险投资的区域分布情况，见表6-3。

表6-3 2009年文化产业风险投资区域分布

项目	项目数（%）	投资强度（万元/项）
北京	3.7	213.3
上海	7.7	861.0
广东	3.1	1976.7
江苏	1.0	2475.0
浙江	2.2	3251.0
湖北	3.1	2000.0
山东	<0.3	未知
陕西	<0.2	未知

(数据来源：《2010年中国创业风险投资发展报告》，经济管理出版社2010年版)

从文化产业风险投资项目数的占比上看，上海最多，占到7.7%，其次是北京3.7%，山东和陕西几乎没有；从文化产业风险投资强度上看，浙江最多，达到3251.0万元/项。上海、北京文化产业风险投资项目数占比比较大，但投资强度并不大，分别为861.0万元/项、213.3万元/项。可见，我国风险投资机构对文化产业的投资分布不均，北方地区远远落后于南方地区。

第三，创新支持力度不够。风险投资对我国文化产业创新支持力度小的表现主要体现在两个方面：

一是风险投资对文化产业研发阶段的支持作用小。风险投资在文化企业不同发展阶段的投资，不论是从投资金额还是从投资项目上来看都是不均衡的。从表6-4可看出,若就投资金额来看,风险资本在成长期的文化企业中占比最高,其次是成熟期,种子期的占比最少,仅为1.7%;从投资项目来看,风险投资机构更关注起步期的文化企业,其次是成长期的。将投资金额结合投资项目一起分析,我们看到,投资金额在文化企业不同发展阶段的占比与投资项目在文化企业不同发展阶段的占比严重不匹配:种子期的风险投资项目占比为13.6%,但投入的风险资本仅仅为1.7%,起步期的风险投资项目占比为40.9%,投入的金额也仅为18.8%。虽然风险投资机构投资于种子期和起步期的文化企业的项目数较多,但是给予这些企业的风险资本却严重不足。而对于重建阶段的文化企业,风险投资机构迄今为止尚无一例。根据文化产业的特点,文化企业最渴求风险投资支持的是研发阶段,而风险投资机构为规避投资风险仅在成长期和成熟期给予大力支持,这与文化企业的融资需求相违背。可见,风险投资机构对文化企业的风险投资还是持谨慎的态度。

表6-4 风险投资在我国文化产业不同阶段的分布情况

(单位:%)

项目	种子期	起步期	成长期	成熟期	重建期
投资金额	1.7	18.8	47.4	32.1	0.0
投资项目	13.6	40.9	36.4	9.1	0.0

(数据来源:《2010年中国创业风险投资发展报告》,经济管理出版社2010年版)

二是风险投资对我国文化产业不同行业的投资分布不均衡。根据ChinaVenture投资中国网公开披露的融资数据,此处汇总了2004—2010年文化产业主要细分行业已获得风险投资的融资事件数,见图6-2。可以看出2004—2010年期间,中国文化产业主要细分行业的风险融资事件主要集中在网络游戏和户外传媒,已披露的融资事件数分别为99项、88项,其次是网络社区和网络交友,融资事件数分别为62项、61项。进一步分析发现,以互联网为代表的新兴文化产业备受风险投资机构的青睐;在传媒领域,户外传媒获得风险投资的项目数是传统传媒的3倍多(户外传媒88项,传统传媒 28 项）；但对于我国基础比较薄弱、需要进行技术创新的文化产业，风险投资惠顾较少。

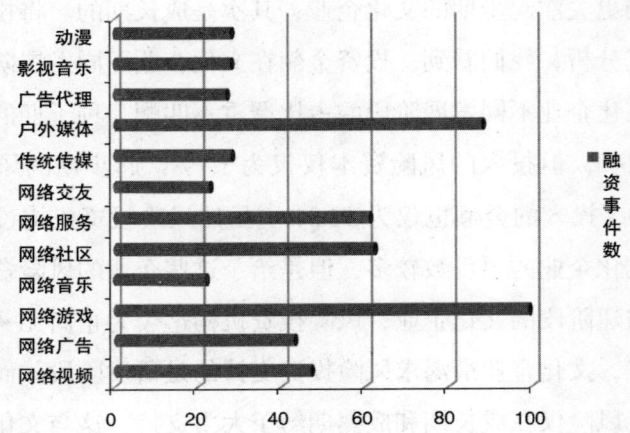

图 6-2　风险投资在我国文化产业不同行业的投资分布
（注：网络服务包括电子杂志、P2P 下载、即时通讯等；
网络社区，例如热度传媒、同学网、博客网、酷我等。
数据来源：ChinaVenture 投资中国网）

第四，投资收益丰厚。下面选取 2010 年几个典型的获得风险投资的已上市文化企业的投资收益比例进行分析，虽不能反映全部情况，但在一定程度上也佐证了风险投资机构因所投资的文化企业上市实现资本大幅度增值而赢得巨大收益（见表 6-5）。

表 6-5　典型风险投资机构的投资收益情况

行业类型	文化企业	投资机构	投资收益比例
影视	浙江华策影视股份有限公司	浙商创投、上海六禾等	847%
传统媒体	安徽新华传媒股份有限公司	安徽浙商投资集团有限公司	396%
传统媒体	中南出版传媒集团股份有限公司	达晨创投、湘投高科等	463%
传统媒体	北京蓝色光标品牌管理顾问股份有限公司	达晨创投	350%
网游领域	深圳市中青宝网网络科技股份有限公司	深创投、中科招商等	757%

（资料来源：《2010 上市文化企业 VC/PE 投资研究报告》，文资网，2011-2-16）

在传统媒体领域，三家文化企业投资收益比例分别为396%、463%、350%，平均收益比例为403%；网络游戏领域，深创投、中科招商等的投资收益比例为757%；影视领域，浙商创投、上海六禾等的投资收益比例达到847%。虽然各领域投资收益不同，相比其他产业，文化产业为风险投资机构创造了丰厚投资收益。

3. 文化产业引进风险投资亟需解决的问题

风险投资机构积极关注文化企业，文化企业也热烈期盼风险资本介入，但是通过分析可以发现，目前我国文化产业与风险资本的联姻还不深入，并且风险投资对文化产业的创新支持力度较小。分析深层原因，主要存在以下几个方面的影响因素：

第一，文化产业发展现状不利于调动风险投资进入。整体而论，目前我国绝大部分文化企业存在规模不大、盈利模式不成熟等问题，自身发展不足成为导致文化企业未能广泛吸引风险资本的根本原因。

作为新兴产业，我国文化产业目前存在的问题有目共睹：文化产业总量还不大；缺乏骨干文化企业和知名文化品牌；产业缺乏人才，人才结构不合理；产业链条不完整；文化产业配套政策不够完善；文化贸易逆差依然较大等。文化产业发展尚处在初始阶段，薄弱环节和具体问题有待改进，文化产业实力有待进一步壮大。风险资本要实现高收益至少须具备高增长率和规模效应两大前提，小规模的高增长性是不足以吸引风险投资的。目前的发展，还难以满足风险资本创造高收益的两大前提。

由于文化产业自身的产业特性，面临很多风险，不确定性导致的高风险让风险资本比较谨慎。以电影产业为例，电影行业面临的风险主要有市场风险、政策风险和盗版风险。首先，电影是一种创新性产品，每部影片面对的都是一个全新市场，内容和形式上与众不同是获得成功的关键。这是造成电影市场风险的根本原因。同时，来自同档期的电影、媒体、娱乐产品的竞争和竞争对手的状况难以预测，更增加了电影市场风险的不确定性。在中国电影市场上，由少量影片支撑票房这一电影市场的规律尤其明显，目前电影业的亏损率高达70%。2010年6月份公映了20多部电影，仅有《人在囧途》、《异度公寓》盈利，剩下的电影基本都赔本。[1]其次，电影作为一种大众艺术产品，还具有意识形态属性和政治属性，也面临很大的政策风险。广电影视部门一直高度重视电影内容的审查，当电影制作者与电影审查者对原则的具体化理解产生分歧时，就会出现制作者预料之外的影片改动或者删剪。如果被停止放映，则在中国市场血本无归，只能从海外市场寻求资本回收。如果被要求删剪，也有可能影响影片统一性和票房。审查制度带来的巨大不确定性，是中国电影面临的主要政策风险。再次，盗版现象严重，且由于互联网具有点对点的传播特性和利益多元化因素的影响，打击盗版行为也存在很大难度。这种盗版风险进一步瓜分了本已面临重重竞争的电影票房和后期电影发行收入。最后，评估难也为资本运作带来一定困难。文化产业固定资产少，主要是以版权、知识产权等无形资产作为资产的存在形式，这些无形资产在贷款或寻求合作中，往往由于难以估价而不能用于抵押。因此对于文化企业这类轻资产产业而言，找到合适的贷款质押品并不容易。如北京银行授贷的电影《画皮》是以收益权为质押，和华谊合作的电视剧打包贷款则是以华谊以前的影视作品版权为质押物。有时还需要组合担保、个人无限连带等其他形式的风险担保。没有完善的评估机制，没有评估担保，多数风险投资机构不愿与没有成功先例的初创企业合作，这使得中小型文化企业难以获得风险投资。央行也提出，目前缺乏对版权等无形资产登记、评估、交易的平台和中介服务机构，影响金融机构对文化企业的定价能力。

同时，文化企业发展模式欠成熟直接影响风险资本的引入。风险资本最看重的是企业是否有清晰合理的发展模式和盈利模式，是否在行业内部处于领先地位。目前我国大部分文化产业尚处于起步阶段，企业盈利前景和整个产业投资回报率都不明朗。对成功商业模式"跟风式"地复制则成了一种典型的发展策略，并且蔓延到整个文化产业，短期行为不利于整个产业的成长和发展。

第二，产业发展环境完善度较低。经过近几年的发展，我国风险投资的

---

[1]《电影生意赔钱为何还有人做？》，价值中国网，2010-7-21。

发展环境已得到改善,但促进风险投资发展的市场环境还没有真正培育成熟,见图6-3。

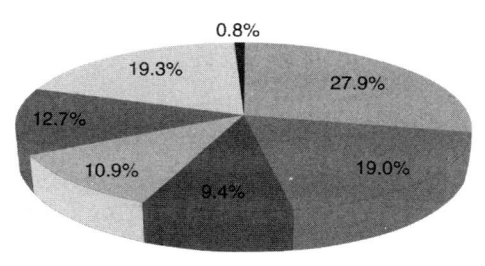

图6-3 影响创业风险投资发展的主要困难
(资料来源:《2010年中国创业风险投资发展报告》,
经济管理出版社2010年版,第54页)

多层次市场不完善在影响创业风险投资经营的外部因素中占到27.9%的比重。虽然"中小企业板"(2004年)、"中关村非上市高新技术企业股权代办转让系统"(2006年)、"创业板"(2009年)等市场的形成,有效促进了多层次资本市场的完善,但是真正能够通过中小板、创业板实现退出的风险投资仍然较少,"股权代办转让系统"市场有待进一步激活。同时,已上市的文化企业数量仍相对较少,未来几年内,能够挤进创业板的中小型文化企业恐怕也寥寥无几。这严重不符合风险投资机构青睐易上市产业的投资偏好。

另外,"缺乏创业投资行业法律法规"、"政策不明朗"也是非常重要的外部影响因素,二者所占的比例分别达到19.3%和19.0%。主要原因在于:其一,由于我国风险投资发展刚起步,实践历程短,相关法律法规体系还有待进一步完善。其二,政府既鼓励发展,又干涉太多,设置过多的行政权力限制了风险投资企业对文化产业的投资。文化产业中很多产业门类具有很强的意识形态属性,涉及国家文化安全,非公有资本只能进入部分文化产业,或者通过与拥有垄断性刊号资源的国有文化单位进行合作经营来开展业务。市场准入的限制和非规范合作形式,使得合作双方既无法形成以产权为纽带的稳定合作关系,也造成合作过程中难以避免的短期行为、行政干预和各种摩擦。同时，这也使得风险投资的进出很难被定义为完全市场化行为。虽然风险投资机构对文化产业关注已久，但由于担心触及政策底线而没有找到最合适的路径。其三，政府对风险投资支持的政策力度不够。为支持、鼓励高新技术企业发展，政府部门制定了一些税收优惠政策及鼓励措施，但现有政策缺乏系统性，作用效果不够明显，力度也不到位，并且从深度和广度上看也远远比不上风险投资发达国家。另外，由于缺乏政策法规的指导、支持和鼓励，民间资本很难进入风险投资行业，造成政府风险资本的比例长期过高，违背了风险资本市场的基本原则。

第三，风险投资机构的选择性障碍和机制约束。风险投资机构自身存在的问题也是导致风险资本介入文化产业领域较浅的重要原因。首先，我国的风险投资还处于起步阶段，尚未形成成熟的投资机制。这种不成熟性表现在：风险投资规模小；风险投资未真正市场化，投资主体多为政府财政或银行；风险投资的产业领域还相对局限，多关注低风险的传统项目；风险投资家缺乏对创意产业的认知和创意产业成长的判断经验；社会上也缺乏规范稳定的评判标准和监督机制。其次，风险投资机构对文化企业的要求高。由于风险投资机构对文化产业仍然比较陌生，过往缺少成功的案例，出于风险和回报周期的考虑，大多数风险投资机构的投资重点普遍是在资本市场上实现上市路径比较明确的企业。看好那些具备良好商业模式、有创造力以及有品牌附加值的内容、平台和团队，这就对文化企业提出了较高的要求。再次，为了规避行业陌生带来的风险，投资文化产业领域经验较少的风险投资机构或者没有投资文化产业经验的风险投资机构往往选择以跟投方式为主。此外，在金融危机影响下，外资风险投资机构普遍采取收缩策略。

第四，风险资本和文化产业的不成熟结合引发行业内结构性失衡。大量的风险资本引入文化产业，固然为产业繁荣起到了积极的推动作用，但同时也带来了许多不利影响。其一，相较于得到风投资金注入的文化企业，未得到更多庞大资金支持的文化企业在这个激烈的竞争环境中更加难以经营下去，若行业内存在的生产商数目过少，将对行业自身长远发展产生消极影响。其二，风险资本更是"嫌贫爱富"的典范代表。如果在文化市场中，风险投资无法得到更多丰厚的回报，前期投入又过多，则很容易造成其不愿意再为该行业持续投入更多资金。得到风险投资的文化企业，则会因为没有庞大后续资金支持其自身规模的过快发展而走向衰落，最终结果只能是整个文化行业的萎靡。其三，风险资本天性逐利，对文化产业自身发展关注小，只是急于把企业推上市以套利。有些需要慢慢孵化、分阶段投资的企业，也被风投注入大量资金，走上快速扩张之路。鉴于当前我国文化产业还很弱小，要防止风险资本过度榨取这个产业的价值。其四，风险投资对文化产业某个领域蜂拥而至，使得投资于某个文化行业的钱突然"多得花不了"，投资比例失调情况随之显现。这将使风险投资的风险进一步加大。其五，盲目引资也会带来公司治理方面的麻烦。以票房上大获成功的动画片《喜羊羊与灰太狼》为例，制作公司广东原创动力由于前期缺乏资金，引入了新加坡和香港的股东，后来面临的难题是，无论是被收购还是开发新产品，由于股权结构复杂，均难以在股东中统一意见。因此，我们必须清醒地认识到，投资激情的另一面可能是"泡沫"和"风险"。

综上，现阶段，风险投资对我国文化产业表现出高度的偏好，文化产业领域也频频出现风险投资介入，但由于文化产业领域壁垒很高的障碍、风险资本本身运作过程中的阻力及两者结合后出现的新问题等原因，致使目前我国文化产业与风险资本的结合还不深入，并且风险投资对文化产业的创新支持力度仍然较小。风险投资要与中国文化产业实现更好的融合，需要通过政府、风险投资机构、文化企业以及社会各界的共同努力，在政策引导、制度完善、环境优化等各方面完善措施，进一步推动风险投资与文化产业高效融合的繁荣。

（三）文化产业融资路径二：上市募集资金

近二十年来，我国文化企业上市融资从无到有，从小到大，为实现文化企业的不断壮大与文化产业的繁荣发展做出了积极的贡献。我国文化企业上市融资正处于如火如荼的"进行时"，呈现出上市速度热情高涨，上市模式多种多样的景象，但也表现出上市地域分布和行业分布不均衡，上市企业整体经营业绩不佳，股权相对集中等不足。整体而言，文化企业上市融资还存在着相当多的问题，如股本结构不尽合理，整体改制上市较难，募集资金使用效益不够理想，共性问题突出等众多问题，一直徘徊在上市边缘，亟需从体制机制和整个政策环境等方面去完善解决。

回顾我国文化企业上市融资的发展历程，并综观其经营现状发现，我国文化企业上市融资呈现出以下两大特征：一是文化企业上市正处于如火如荼的"进行时"，二是文化企业上市绩效表现可能未至预期。

1. 中国文化企业上市的阶段性特征

截至2012年9月4日止，全国共有57家文化和传媒类上市公司，36家在上海证券交易市场和深圳证券交易市场上市，5家在香港联合证券交易所上市，16家在纳斯达克、纽约证券交易所等海外证券交易所上市，具体数据见表6-6。

表6-6 1994—2012年文化企业境内外上市数量和融资额汇总

年份	总量（家）	境外（家）	境内（家）	IPO融资额（亿元）
1994	1	0	1	2
1995	1	0	1	0
1996	0	0	0	0
1997	1	0	1	3.88
1998	0	0	0	0
1999	1	0	1	4.59
2000	0	0	0	0
2001	4	0	4	19.78
2002	1	0	1	1.13
2003	1	1	0	0.7
2004	1	1	0	9.59
2005	0	0	0	0
2006	2	2	0	0
2007	7	5	2	39.41
2008	6	3	3	14.17
2009	5	3	2	33.11
2010	14	6	8	198.91
2011	9	1	8	77.42
2012	3	0	3	30.48
总计	57	22	35	435.17

（数据来源：根据文资网、中信证券网、中国证券网相关资料整理所得，时间截至2012年9月4日）

第一,文化企业上市速度热情高涨。透过表6-6,可以看到我国文化企业上市之旅可划分为三个阶段:

第一阶段,上市融资起步期(1994—2000)。1994年2月,上海东方明珠股份公司有限公司(简称为"东方明珠")在上海证券公司挂牌,这是我国第一家由传媒发起设立的股份有限公司,传播和文化类公司终于走上了上市融资的破冰之旅,随后中视传媒、电广传媒、博瑞传媒纷纷上市。1994年至2000年,文化企业仅有4家公司成功上市融资,数量偏少且融资金额也较少,但总的来说,文化公司上市融资实现了零的突破,开始初步实现文化产业与资本市场的对接,使人们认识到资本市场对于文化企业的重要意义,为后来的文化企业上市融资提供了经验。

第二阶段,上市融资初步发展期(2001—2005)。2001年初,中国证监会发布新版《上市公司行业分类指引》,首次将"传播与文化产业"定为基本的产业门类之一,这标志着我国文化产业作为一个独立的产业获得了通过资本市场融资的资格。2001年,仅一年时间,全国就有4家文化企业上市,分别是歌华有线、ST传媒、广电网络、北巴传媒,领域涉及信息传播、出版、广播电影电视等行业。2002年3月4日,中文传媒在上海证券交易所上市;2003年8月4日,环球数码登陆香港联合证券交易所;2004年12月22日,北青传媒赴香港上市成功,融资额超过10亿元人民币,为内地传媒企业海外公开上市"第一股"。

2001年至2005年,我国共7家文化企业成功上市公司,上市的数量开始增多,涵盖的行业更加广泛,且目光开始投向海外证券交易所。此阶段,文化企业上市融资进入了初步发展期。

第三阶段,上市融资繁荣发展期(2006至今)。文化企业,自2006年至今,上市之密集,行动之迅速,融资之庞大让市场惊叹其潜力,文化产业上市融资也迎来它的繁荣发展期。文化企业上市融资出现了令人难以想象的狂热:短短五六年时间,共有47家文化企业成功上市,占历年文化企业上市总量的82.45%,其中20家企业境外上市,27家境内上市。2010年,仅仅一年的时间,14家文化企业集聚上市,超过2008年、2009年的总和,是近二十年来文化企业上市数量最多的一年,其中8家在境内上市,是2009年境内上市数量的4倍;从IPO净融资额上看,2010年文化上市企业净融资额为198.91亿元,是2007—2009年总和的2倍多。2010年文化企业上市势头如此迅猛,故有媒体称2010年是中国文化产业"上市元年"。此外,文化企业境外上市的数量也迅速增多,甚至在2006年、2007年、2009年文化企业境外上市的数量超过境内上市的数量,这与文化产业对资金的迫切需求和中国政府在文化产业政策的松动息息相关。但是与其他产业相比,文化企业不论是上市的数量还是上市融资额均偏少,除2010年外,每年上市企业不超过10家。

第二,文化企业上市模式多种多样。为解决自主融资难的问题,文化企业结合自身状况,灵活选择上市模式。在57家已上市文化企业中,有47家在境内外直接上市,10家选择借壳上市或买壳上市(下文称为买/借壳上市)。

第一种方式——直接上市。直接上市是指企业经过改制,进行资产重组,成立股份公司以后,以首次公开发行股票的方式进入资本市场。文化企业IPO的优点在于能够进行大规模的融资,并且所获得的"壳"资源非常"纯净",各种资产关系比较容易理顺,但是周期长,需要主管部门和证券监管部门的双重认可,政策风险较大。如1994年上市的东方明珠、1997年上市的中视股份和1999年上市的电广传媒以及2005年12月在香港联合交易所上市的北青传媒。

第二种方式——买/借壳上市。买壳上市,是指一些非上市公司通过收购债权、控股、直接出资、购买股票等手段取得一些业绩较差、筹资能力弱化的上市公司的所有权、经营权及上市地位,剥离被购公司资产,注入自己的资产,从而实现间接上司的目的。借壳上市,是指已上市公司的母公司(集团公司)将主要资产注入到上市的文化公司中来实现母公司的上市。买/借壳上市具有上市速度快、政策风险相对较小的优点,但是一般来说,它是企业在直接上市无望下的无奈选择。与直接上市相比,在融资规模和上市成本上,买/借壳上市都有明显的差距。鉴于我国文化产业政策以及文化企业自身的运营状况等因素,新华传媒、赛迪传媒、时代出版等均采用借壳的方式上市。

第三，上市地域分布和行业分布差距较大。深入分析57家已上市文化企业，我们发现，无论这些企业的地域分布还是行业分布[1]，均存在不均衡现象。

从地域分布看，文化上市公司分布在中国的16个省市：北京有20家，远远多于其他省份，处于领跑地位；上海9家，位居第二；深圳5家；湖南、广东、浙江各4家；安徽2家；河南、江苏、江西、辽宁、陕西、福建、海南、四川、吉林各1家。在经济文化较发达的城市，文化企业充分利用其各方面的优势积极争取上市，而在一些欠发达省份，未有一例文化企业上市。已上市文化企业的地域分布极其不均衡，可见我国各省市文化产业区域发展水平存在较大差距，文化产业发展潜力巨大。

从行业分布看，居于首位的是出版业，占比为40%，这些企业几乎全部为国有控股，国家严格控制着其持股比例，国有资本垄断严重；其次为广播电影电视业，比例为23%；再者，网络文化服务业占比为16%，这些企业借着"技术驱动"的旗号在境外上市的居多；信息传播服务业和影像业分别有4家、3家，占比不足10%，之所以这两个行业上市困难，一个重要的原因就是其产业链盈利模式不够清晰，难以满足IPO上市的要求。我国文化产业各行业发展参差不齐，内部产业结构不尽合理，各行业的提升空间值得期待。

第四，文化企业上市绩效表现可能未至预期。为尽可能全面真实地反映我国文化类上市公司的经营业绩状况，特选取电广传媒、赛迪传媒、华闻传媒、博瑞传媒、新华传媒、广电网络、歌华有线以及中视传媒等8家文化上市公司作为研究样本予以一一深入分析。样本选择的原因有以下几点：首先，这8家文化企业上市时间最短的已超过四年，它们已进入平稳发展的轨道；其次，由于这些企业上市时间较长，相对来说融资方式更加多样，对募集资金的使用更加成熟；再次，这些企业传媒主业明确，规模大，业绩突出，涵盖出版业、广播电影电视业、信息传播服务业及其他；最后，这些企业均在

---

[1] 依据《上市公司行业分类指引》中传播与文化产业的分类，并结合《文化及相关产业分类》，这里将文化类上市公司分为出版、声像、广播电影电视、信息传播、网络文化服务、其他等行业。

境内上市，数据资料比较齐全，也便于整理。

一是上市企业整体经营业绩不佳。文化企业上市近二十年来经历了从冰点到沸点的转换，其上市之路并不平坦，可真正上市的文化企业却仍寥寥无几。从理论上说，文化产业因其固有的意识形态属性，且受益于其垄断行业的性质，传媒与文化股应该有相对良好的表现，但目前已上市的传媒与文化股中，多数业绩表现平平，且不同程度地出现了管理或机制问题，有的高层管理者还因经济问题而被捕。如开创内地传媒境外上市先河的北青传媒，有媒体披露其上市融资的9亿港元大多躺在银行；2005年10月，3位领导因经济问题被捕，股市急跌20%，上市不足一年便陷入低谷；2010年华闻传媒涉嫌虚假陈述，被财政部处以3万元罚款，随后遭遇被800余股民索赔1亿元的证券虚假陈述纠纷案件；"中国排行榜·2011中国上市公司综合实力100强"中，安徽新华传媒股份有限公司排名第98位，时代出版传媒股份有限公司则位列第100名。这些现象至少表明，文化上市公司的治理情况并不优于上市公司治理的一般水平。

从2012年已上市的我国内地文化企业经营业绩来看（如表6-7所示），主营业务收入方面，ST传媒、新华传媒和中视传媒3只股票呈现负增长态势，其中ST传媒主营收入增长率跌至-33.52%，华闻传媒和博瑞传媒则几乎与2011年中期持平。净利润方面，有50%的文化股净利润增长率负增长，其中，电广传媒净利润增长率已跌至-38.37%。主营收入增长率与净利润增长率相比较而言，ST传媒和华闻传媒的主营收入增长率远低于净利润增长率，足见这2家企业主营业务利润不突出问题之严重，除电广传媒外，其他企业也存在同样的问题。从净资产收益率看，ST传媒、新华传媒、中视传媒、歌华有线的净资产收益率均低于一年期存款基准利率3.25%[1]，可见这4家企业在2011年中期至2012年中期期间经营状况较差，甚至连上市公司经营的及格线也未达到，可见其投资回报率之低。从每股收益来看，只有2家企业高于0.2元，而每股净资产高于3元的也只有4家企业，对投资者而言，文化类上市公司的回报率普遍较低。2012年，已上市文化企业的整体竞争

---

[1] 数据来源：金融机构人民币存款基准利率，中国人民银行网，2012-7-6。

力水平和盈利能力仍处于低迷期,经营业绩平平让投资者不得不持谨慎态度。

表6-7 2012年典型文化类上市企业中期财务数据

股票名称	主营收入增长率（%）	净利润增长率（%）	净资产收益率（%）	每股收益（元）	每股净资产（元）
ST传媒	-33.52	67.51	-0.66	-0.0027	0.40
博瑞传媒	0.96	-13.57	8.00	0.27	3.41
新华传媒	-19.08	-22.40	2.56	0.062	2.43
电广传媒	72.31	-38.37	8.36	0.28	3.36
中视传媒	-0.21	-36.48	2.05	0.064	3.10
广电网络	23.05	11.89	5.19	0.139	2.67
歌华有线	20.24	3.41	2.35	0.118	5.03
华闻传媒	1.14	9.64	4.57	0.094	2.05

（数据来源：中信证券网、中国证券网。主营收入增长率、净利润增长率为同比数据）

二是股权集中度居高不下。从2005年我国正式启动上市公司股权分置改革以来，文化类上市公司逐步实现公司股票的全流通（如表6-8所示）。这8家上市公司基本完成非流通股的上市，其中6家公司流通股的比例达到99%以上甚至是100%，只有博瑞传媒和电广传媒稍低，分别为65.78%、69.03%。从国有股占有比例来看，除博瑞传媒和电广传媒外，其他6家企业均已实现国有股的上市流通。但将第一大股东持股比例、前五大股东持股比例、前十大股东持股比例相互对比，不难发现，前五大股东持股比例足以取得公司的控制权，而第一大股东在前五大股东中又取得了绝对的比例优势，足见第一大股东的明确地位。上市公司的股权仍相对集中，"一言堂"、"一股独大"的问题犹存，公司股权制衡发展还不具有优势。

表6-8 2012年典型文化类上市企业的股权结构

（单位：%）

公司名称	第一大股东持股比例	前五大股东持股比例	前十大股东持股比例	国有股比例	法人股比例	流通A股比例
ST传媒	25.58	47.21	49.31	0	0.51	99.49
博瑞传媒	23.49	42.61	49.55	34.19	0.03	65.78

（续上表）

公司名称	第一大股东持股比例	前五大股东持股比例	前十大股东持股比例	国有股比例	法人股比例	流通A股比例
新华传媒	30.58	61.52	62.75	0	0	100
电广传媒	21.52	27.46	31.49	21.52	30.93	69.03
中视传媒	54.36	57.47	59.26	0	0	100
广电网络	36.07	41.29	43.02	0	0	100
歌华有线	44.98	48.4	50.96	0	0	100
华闻传媒	19.65	39.53	40.79	0	0.06	99.94

（数据来源：中信证券网、中国证券网，时间截至2012年9月4日）

2. 文化企业上市面临的问题

随着我国文化类上市公司数量的逐渐增多，已上市文化企业存在的各种问题也逐渐暴露出来。

第一，股本结构不尽合理。上面我们分析了8家典型文化类上市公司2012年的股权结构，非流通股的限售条件已解禁，几乎已经全部上市流通，但由于这8家企业当时已至少上市4年，其股权结构并不能反映刚上市时的特征，为了全面反映文化类上市公司的股权结构，我们再对2010年上市的境内文化类上市公司股权结构进行深入分析，见表6-9。

表6-9 2010年文化类上市公司股权结构

股票名称	主体产权	第一大股东持股比例（%）	国有股比例（%）	流通A股比例（%）	实质控制人
皖新传媒	国有	75.4	85.36	9.09	安徽省人民政府
中南传媒	国有	61.46	69.77	13.03	湖南省政府
天舟文化	民营	65.17	0	25.33	肖志鸿
华策影视	民营	17.84	0	25	傅梅城、赵依芳
蓝色光标	民营	9.79	0	48.46	赵文权等5人
华谊嘉信	民营	37.92	0	25.12	刘伟
乐视网	民营	46.81	0	38.85	贾跃亭
中青宝	民营	25.5	0	55.56	李瑞杰、张云霞

（数据来源：中信证券网、中国证券网）

对于央企类文化上市公司,皖新传媒和中南传媒国有股比例达到85.36%、69.77%,流通股比例仅为10%左右,国有资本具有绝对垄断地位,这样的股本结构使政府部门与文化企业之间通过"控股"形成了紧密利益联系,传媒企业借助行政力量获得政治和经济利益,实现地区性业务垄断,形成区域性产业壁垒。不可否认,为保证文化企业整体上市后意识形态正确,应确保国有资本对上市文化企业的绝对控股,但国有股比例过高带来的诸多问题也需引起注意。

政府作为部分文化类上市公司的最大股东,角色的多重性造成其对企业的控制表现为行政控制的绝对性和产权控制的有限性。从以往国有企业改制上市的经验来看,有限的产权控制使得政府对上市公司监督的有效性大打折扣。某些公司经营者很容易利用政府产权上的有限控制形成事实上的内部人控制;上市公司也极易出现行为短期化、过度投资等问题进而导致国有资产流失。而政府行政上的绝对控制使得经营者更加容易为其错误行为找到推脱责任的借口。种种弊端不利于文化产业做大做强。

对于民营企业而言,"一股独大"会给企业带来诸多隐患,不利于文化类上市公司的长期持续发展,原因在于:对控股股东过多的业务依赖无助于文化上市公司正常成长,容易造成"一损俱损";"一股独大"也极易形成"内部人控制"问题,在董事会不健全的情况下,传媒上市公司的经理人通过拉近与控股股东决策人的关系为其个人谋得私利,若某个大股东对企业的控制权运用不当,企业经营也必然出问题;另外,代理问题不仅存在于股东与经营者之间,还将扩大到大股东和小股东之间。

第二,整体改制上市较难。2007年12月21日,辽宁出版传媒股份有限公司首次将编辑业务与经营业务整体上市,形成了一体化的产业链优势,是我国出版业改革的最新尝试和重大突破。在"出版传媒"上市之前,文化传媒企业基本都采取切割产业链,部分业务上市的方式。以新闻媒体为例,受政策限制,报刊采编、电视台频道资源和编审业务不能企业化,只能采取部分改制的模式,将编审业务留于控股股东。如博瑞传媒,将印刷、发行、部分广告代理业务上市;解放日报报业集团则将消费类和专业类报刊经营业务上市。作为精神产品生产者,传媒的本质在于内容生产,传媒业的竞争优势在于产业链完整,而内容生产更是控制产业链的龙头。分拆上市将导致上市传媒公司产业链不完整,难以通过资本运作实现传媒主业快速成长的目的,更难以建立产权清晰、管理规范的现代企业制度。

当前,政府只是一定程度上对传媒业放松管制,放松程度视不同媒介而定,如对财经类媒体放松管制,对出版社允许整体上市,对涉及国家政治方面的媒介只允许经营类业务上市。同时,文化企业若想实现整体上市,制度和规则设置也亟需跟进。

第三,募集资金使用效益不够理想。上市本身只是文化产业发展的一种手段,而上市后该干什么,融来的资金怎么用却是一个关键问题。研究者发现,国外大型出版企业融资后,主要用于兼并、重组其他弱势出版企业,实现低成本扩张,用经济手段调整出版产业结构,迅速形成规模效应;而我国的出版业在融资后主要用于出版社内部建设,如用于出版、出版单位的基本建设等,进行兼并、重组和大规模出版资源重新配置、实施低成本扩张的却极少。[1]当然,这与我国长期以来实行出版传媒界条块分割管理体制致使并购存在较大障碍相关。

表6-10列举了部分文化类上市企业募集资金的使用情况。从募集资金的用途上看,这四家企业均将大部分资金补充公司流动资金,这种资金使用方式不免有些"大财小用"。从资金使用效果上看,电广传媒投资湖南省有线电视网络项目未达到预期效益,据年报披露,这是由于湖南省内利用有线电视网络大规模开展网络增值业务的市场时机尚不成熟,公司在网络技改方面未做大量投入导致的;歌华有线投资的五个项目也均未达到预期效益,原因有以下两点:宏观政策发生变化;数字电视市场要素尚不完整,国内付费电视尚处于培育期,公司募集资金项目所产生的收益相应滞后。可见,文化企业对国家产业政策变化掌握不准、遵守不严成为其募集资金使用效益低下的重要原因之一。

---

[1] 资料来源:《我国出版单位融资问题研究》,《中国图书出版报》2005年2月15日。

表 6-10　部分文化企业募集资金使用情况

股票名称	募集资金用途	是否达到预期效益
博瑞传媒	补充公司流动资金	
	成都梦工厂网司股权收购项目	是
	印务分公司期告刊、报刊印刷生产线技术改造项目	是
电广传媒	投资湖南省有线电视网络项目	否
	补充公司流动资金	
中视传媒	收购全省 11 地市有线电视网络资产	是
歌华有线	宽带社区网络二期工程	否
	北京各区有线数字电视传输系统项目	否
	数字电视媒体中心项目	否
	数字电视用户信息中心项目	否
	高清交互数字电视基础应用工程	否
	补充公司流动资金	

（资料来源：各上市企业年报[2005—2011 年]）

第四，共性问题突出。从已上市的文化企业和我们对拟上市的文化企业调研的情况看，存在如下共性问题：

一是关联交易问题。一方面，股份公司与大股东之间存在较大的关联交易。如北青传媒，由于大股东只投入了激光照排、广告、印刷物料贸易，采编业务、发行业务没有进入股份公司，导致股份公司与大股东的关联交易比例高达 95% 左右；博瑞传播只有广告、印刷、发行业务，与大股东的关联交易比例也在 60% 左右。另一方面，投资者对关联交易的公允性难以判断。由于传媒公司的收入主要来源于广告，因此，关联交易主要是股份公司与大股东之间的广告分成。如北青传媒，每年广告收入 16.5% 给大股东；博瑞传播每年广告收入的 60% 归成都商报；电广传媒每年广告收入在 3 亿元（含 3 亿元）以内的，60% 归湖南电视台，收入超出 3 亿元的，超出部分 85% 归湖南电视台。上述三家公司的广告收入分成比例各不相同，完全由股份公司与大股东商议确定，没有国家定价、行业标准、市场价格可遵循和参照，无法判断关联交易价格的公允性。

二是业绩连续计算问题。文化领域单位大多为事业法人，未实行企业化管理。由于其编制的是事业单位报表，不能完整核算其收入和费用，也不能如实反映其盈利能力，进而无法判断事业单位是否连续盈利，股份公司业绩连续计算的问题也就无法谈起。因此，这一类文化单位改制更是困难重重。

三是资产评估问题。一些企业提出应当允许采用收益现值法进行资产评估。根据财政部《资产评估振作规范意见（试行）》的规定，收益现值法的适用条件包括：资产与经营收益之间存在稳定的比例关系，并可以计算；未来收益可以正确预测。只有同时符合这两个适用条件，才予以认可。文化企业大多为事业单位，没有企业会计报表，因此难以符合收益现值法。

目前，我国文化产业正处于国内外媒体竞争激烈、新技术日新月异、国家政策仍有限制却在逐渐放宽的历史机遇期，虽然已上市的文化企业还存在诸多问题，但突破既有界限、实现文化产业繁荣大发展的趋势是肯定的。在未来相当长的一段时间里，我国文化产业放松管制与技术进步都将是产业发展的主旋律，而两者的合力共振将使得文化产业迸发出强劲的上升动力，由此也将有力推动相关文化传媒企业的发展壮大及其与资本市场的结合，文化企业IPO的浪潮以及已上市企业的做大做强值得我们期待。

（四）文化产业风险投资新机制探索

文化产业引入风险投资已经成为我国文化企业融资的一个有效途径，但风险投资对文化产业表现出高度偏好的同时，对文化产业创新支持力度较小。亟需通过政府、风险投资机构、文化企业以及社会中介力量的合力，创新我国文化产业风险投资的机制，在政策引导、制度完善、环境优化等方面创新完善各种举措，从不同层次上确立具体的对策措施，从而实现风险投资与文化产业的高效融合、快速成长。

1. 文化企业引进风险投资的现实性障碍

我国文化产业与风险投资结合，从理论上看主要是因为文化产业具备风险投资的偏好特征，文化产业的产业特征适合风险投资的投资理念和投资机制。但就目前我国风险资本进入文化产业的整体发展水平来看，还存在着内部的结构性失衡问题，文化企业引入风险投资还有多方面的现实性障碍。

第一，风险投资总量不足且分布不均。最近几年文化企业获得风险投资的领域渐多，投资频率也在加大，主要集中在新兴文化产业，如网络游戏、网络视频、网络社区、广告、动漫等领域，投资金额均在百万美元以上。文化产业获得风险投资的频率加大，获投领域渐广，投资金额充足，明显的表现是投资强度在增大。

第二，风险投资对创新支持力度不够。风险投资在我国文化企业不同发展阶段的投资，不论是从投资金额还是从投资项目上来看都是不均衡的。风险投资对我国文化产业的创新支持力度小，主要表现在：一是风险投资对我国文化产业研发阶段的支持作用小。二是风险投资对我国文化产业不同行业的投资分布不均衡。特别是那些基础比较薄弱、需要进行技术创新的文化产业门类，风险投资目前还较少涉足。

第三，产业环境欠佳。经过近几年的发展，我国风险投资发展所处的环境已得到一定程度的改善，但仍远远不能满足我国风险投资行业的发展需要，促进风险投资发展的市场环境还没有真正培育成熟。影响创业风险投资发展的主要外部因素体现在多层次市场不完善和外部政策环境因素缺失两个方面。

第四，风险投资机构的选择性障碍和不成熟机制约束。风险投资机构自身存在的问题也是导致风险资本介入我国文化产业领域较浅的重要原因。目前我国风险投资还处于起步阶段，尚未形成成熟的投资机制。风险投资机构对文化产业仍然比较陌生，对文化企业要求高。同时，还为规避行业陌生带来的风险，投资文化产业领域经验较少的风险投资机构选择跟投方式为主。

2. 文化产业引入风险投资新机制路径构想

风险投资要与中国文化产业实现更好的融合，需要政府、风险投资机构、文化企业以及社会各界的共同努力，需要从政策引导、制度完善、环境优化等各个方面采取有效措施。

（1）政府应为实现文化产业内生性增长、规模化集约化发展创造条件

针对文化产业自身存在的问题，我国文化产业必须从各个方面练好内功，以吸引更多风险投资机构的广泛关注。首先政府应创造政策条件。一是鼓励文化企业收购兼并，提升文化产业整体竞争力。我国文化产业发展中一个突

出问题是散、滥、差，产业规模小、产业集中度低、重复建设频繁、市场分割严重，制约文化产业竞争力的提升。收购兼并是通过转移企业所有权或控制权的方式实现资本扩张和业务发展，是文化产业不可忽视的发展思路。纵观国际大型文化产业集团，几乎都是以某种方式、在一定程度上应用了兼并、收购而发展起来的。我国应该鼓励文化企业到国际市场上组建专业的海外发行公司，收购或参股国外现有的发行公司，也可以借助同业中有实力的文化公司的力量，尤其是对中小型文化公司而言。二是优化中小型文化企业的公司治理结构。文化企业的真正成长，离不开由小企业组织管理模式向现代企业管理模式转变的发展过程。未来的公司治理结构是决定风险投资者最终收益的要素，中小型文化企业必须按照《公司法》、《证券法》以及创业企业上市规则等法律法规完善其公司治理结构，提升公司决策的科学化、民主化和规范化，降低公司经营风险，让投资者看到公司保证股东利益最大化的诚意。三是催动文化产业业态的创新，包括内容创新、科技创新和商业模式创新。内容创新指用现代意识和现代审美眼光挖掘和整合传统文化资源，在创意设计、主体开发、内容创作等方面实现文化内容的再创造。科技创新指随着网络、数码等高科技领域的飞速发展和不断创新，要加强科技和文化的结合，催生更多的新型文化业态。我国文化产业界要敏感地抓住这一时代特征，既要想方设法占领已有的文化市场，又要千方百计挖掘潜在的文化消费模式，创造新的文化消费需求。文化企业经营运作模式不同于传统模式，其更强调"创意"，强调新的营销运营模式。同时，商业模式成熟的领域或商业模式明确的企业，其发展轨迹相对比较明确，市场前景明朗；特别是企业将其他领域成功的商业模式复制到自身企业当中，风险资本对此相当青睐，因为风险投资机构在投资前将可清楚地预计到企业发展的趋势，从而最大限度减少资金风险。因此，文化企业要使业绩保持高速增长，必须结合自己的业务领域，进行商业模式的创新并进而构建自己明确的商业模式。

此外，文化企业还要注意优化人力资源、技术资源及其他资源的配置，努力学习投融资知识，尽力使企业发展战略和发展前景、商业模式、管理团队等方面契合风险投资机构的投资偏好。

其次，应加大优惠力度，发挥政府在风险投资中的作用。政府应继续提供风险资本，引导社会资金进入风险投资。在美国，凡是资本金超过1000万美元的私营风险投资公司均可以向美国中小企业管理局申请对其进行投资，美国中小企业管理局审查后按1:3的比例对风险投资公司进行资本投资，然后选择适当的时候在金融市场公开出售所持股份，及时收回投资。[1]韩国文化产业振兴院在2000年至2001年两年期间，成功运作"投资组合"17项，共融资2073亿韩元，其中政府350亿，民间1723亿。[2]另外，可对各种风险投资机构经营收入免征企业所得税；对高新技术产业发展基金、风险投资基金、风险投资公司等用税后利润进行增资的免征企业所得税和个人所得税。政府还可给予风险投资公司风险补偿金，用于弥补亏损，降低其风险。再者，在保证国家文化安全的情况下，尽可能降低非公有文化单位的市场准入限制，正确引导企业投资趋向，鼓励和支持民间资本和更多行业外企业投资文化产业。政府还要鼓励组建文化产业融资担保机构和知识产权专利评估机构，解决文化企业可供抵押的实物较少、无形资产评估难、抵押变现难、抵押担保信用程度低等问题。总之，对于市场失灵的环节，政府要充当"第一位天使"；对风险投资可以顺利进入的环节，政府要营造环境，加大激励；对于风险投资"过热"的环节，政府要发挥"窗口指导"作用，加强引导；要确保各项优惠政策的覆盖范围和落实力度。通过政府和市场的有效结合，切实打通风险投资介入文化产业发展的各个环节。

（2）风险投资企业内部应构建多元化风险投资体系

一是促进风险投资主体多元化。对于风险投资业来讲，单靠政府投资无异于杯水车薪，因此要吸引各种资金提供者进入风险投资领域。鼓励大型企业、企业集团建立风险投资公司。对于有资金实力并希望多元化发展的企业集团，风险投资应是一种很有吸引力的扩张方式。鼓励民间兴办风险投资共同基金，既有助于集中社会闲散资金，发展风险投资业，又有利于社会资金

---

[1] 阮铮：《美国中小企业金融支持研究》，中国金融出版社2008年版，第155页。
[2] 张寅：《韩国文化创意产业的发展模式》，《中国投资》2006第6期。

的有效配置。允许一定比例的养老金和保险金进入风险投资。这样不仅可以满足养老金和保险金保值增值的要求，又可拓宽风险资金来源。积极引进国外风险资金。国外风险投资机构资金实力雄厚、投资经验丰富，将是充足的资金源泉。

二是积极探索建立有中国特色的公司制风险投资机构、有限合伙制风险投资机构及信托基金制的风险投资机构，这是发展我国风险投资市场，拓宽我国中小企业融资渠道的重要组织形式。

三是拓宽多元化的风险资本退出渠道。风险投资通过投资实现价值增值后，必须寻找退出渠道，将收益变现并投入到下一个项目，如此循环往复，才能实现良性循环。实现风险资本退出渠道和退出方式多元化，是保障风险投资良性循环的重要前提。因此，要大力发展创业板，支持文化企业上市。我国创业板才刚刚设立，还是个新生事物，要成长为类似美国纳斯达克市场的成熟创业板市场，成为风险投资和中小型文化企业有效对接的高效平台，还需要市场各方主体的共同努力。其一，健全场外交易市场。目前，全国共有140多个地方性产权交易所，彼此孤立，未形成适应市场需要的全国性交易平台，产权流动范围受到很多限制。因此，有必要建立全国统一的产权交易市场，淡化行政区划色彩，促进风险资本的合理流动和资源的有效配置。其二，发展柜台交易市场。柜台交易虽然很难形成统一的价格，且交易者的询价和谈判成本较高，市场效率相对较低，但却十分灵活，既没有上市标准，也不需要严格的交易监管，仍是一种比较适合我国风险投资发展状况的产权交易方式。其三，加快建立多层次资本市场，建立正常的风险资本退出机制。目前我国因公司上市条件苛刻，使文化企业上市难度较大，不利于风险资本的流动和再投资。因此，适当放宽高新技术企业上市条件或建立第二股票市场是促进风险投资和发展创业基金的重要条件。

（3）完善相应的法律法规

由于风险投资的融资过程及项目成长过程的复杂性和风险投资的新生性，决定了其适用的法律体系必然要有一个不断发展完善的过程。就目前的法律体系而言，有关风险投资行业的法律规范散见于《公司法》、《证券法》、

《税法》等法律中，1999年国务院相关部委联合发布的《关于建立风险投资的若干意见》是我国第一部关于风险投资法规。之后关于风险投资的法律法规，如《关于外商投资举办投资性公司的规定》（2004）、《创业投资企业管理暂行办法》（2005）、《关于外商投资创业投资企业、创业投资管理企业审批有关事项的通知》（2009）仅涉及风险投资的某个方面，没有形成系统完善的风险投资体系。因此，需要修订现有的法律法规，建立比较系统、完善的风险投资体系，为风险投资创造良好的外部法律环境。从促进风险投资主体培育的角度出发，允许鼓励风险投资主体从事风险投资的各种形式存在，消除主体遭遇的问题，保障他们的合法利益，加紧研究和制定完善相关风险投资法律法规，规范我国的风险投资事业，增强可信度与透明度，保护风险投资各方的合法权益。对于文化产业风险投资，当前，没有现成的国际法规可援引，监管经验也不足，应尽快制定和出台以《投资基金法》、《投资顾问法》、《投资者利益保护法》等文件中与文化产业风险投资相关的法律条文，目前可考虑制定和出台《文化产业风险投资管理暂行办法》，使文化产业风险投资的运作过程有法可依。《办法》即要借鉴国外发达国家文化产业风险投资的运作经验，又要考虑我国的自身特点和国情，应充分赋予《办法》对文化产业风险投资基金的发行、募集、设立、运作全过程进行监管的法律权威。

（4）推动建立文化产业投融资的风险中介机制

风险资本之所以没有充分的动机投资于初创期的文化企业，其原因之一是此类投资存在过高的评价与监控成本。为解决文化产业风险投资体系中存在的信息不完全和不对称问题，我国必须逐步建立和完善文化产业风险投资中介机构及其网络。建设包括文化创意无形资产的评估、认证、担保、法律服务等一系列中介机制，同时加强文化行业与金融机构的深度合作，丰富和完善文化产业投融资的金融工具，增强投资人对于文化产业发展的信心。同时为避免腐败现象发生，应鼓励个人和相关机构成立相应的中介机构，展开竞争。

总之，现阶段由于文化产业领域壁垒很高的障碍、风险资本身运作过程中的阻力及两者结合后出现的新问题等多方面原因，致使文化产业与风险资本的结合还不够深入，亟需通过政府、风险投资机构、文化企业以及社会各界的共同努力，完善制度政策，加强引导、环境优化、创新体制机制，才能够实现风险投资与文化产业的高效融合。

文化产业园区 集聚区 产业集群

【内容提要】文化产业园区已成为我国文化产业发展的最重要载体和空间依托,文化企业从空间集中到产业集聚形成了各具特色的文化产业园区,园区化发展也成为政府推动文化产业发展的显著特征和重要趋势,文化产业园区能够直接带动城市空间布局优化和功能转换。只有借助园区公共文化平台的完备,培育孵化骨干文化企业,让"跨界"成为文化产业集聚发展趋向,才能够形成主导产业突出的产业集群,文化产业园区成为文化生产、传播、展示、销售、生活、娱乐的空间,拓展文化产业园区的复合功能,与生活、时尚、社区融合,成为新的文化生活旅游"目的地"。但文化园区发展中也普遍存在"名"与"实"相悖离、名实不符的问题。

文化产业园区已成为我国文化产业发展的最重要载体和依托,文化产业集聚形成了各具特色的文化产业园区,园区化发展也成为政府推动文化产业的显著特征和重要趋势。

(一)文化产业园区的"名""实"之辩

文化产业园区已经成为我国文化发展最重要的载体,据测算,文化部命名的国家级文化产业园区基地总体经济规模已经从2008年的600亿元,迅速扩大到 2011 年的 3000 亿元。截至 2011 年底，15 个国家级文化产业园区聚集各类文化企业 8000 余家，从业人员超过 47 万人。园区内文化企业实现总收入超过 1200 亿元，实现总利润 168 亿元，实现总税收 90 亿元。[1] 文化产业园区正成为推动文化产业快速高质量增长的主要依托，也是实现支柱性产业身份转化的路径。

但园区尚处于发展初期，存在总体水平不高、项目泛滥、特色不明、综合配套平台不完善、研发活力不强、产业孵化功能不完备等问题，更有企业借发展文化产业园区之名，行获取国家资金、土地支持之实。当然，我国文化产业园区因定名发展时间还不是很长，如果要求发展完备，也不符合发展的实际。

2004 年，我国上海、深圳率先建立了文化产业园区。随后，北京、杭州、青岛等地也纷纷出台政策，推动文化产业园区的建设，一些中小城市也着手开展文化产业园区的筹建和招商工作。在发展过程中，文化产业园区出现了有"园"无"区"，有"园区"无"产业"等悖离现象，分析概括起来，文化产业园区"名""实"不符的问题，主要有这样几个原因：

1. 对文化发展或文化产业自身发展规律认识不足

文化产业发展要遵循两个规律：一是文化发展规律，二是经济发展规律。评价文化产品、服务的实现过程，我们提出将社会效益与经济效益相统一，社会效益优先，其理论依据就在于文化是一种价值和积淀。文化产业不能忽略文化价值，其中要富含一定的价值要素，文化内容产品更是如此。而现实中恰恰是不遵循文化发展规律的情况很普遍，包括研发活力不强、创意不足、特色不明等问题，这既是文化发展出现了问题，也是对文化产业发展、园区建设发展的规律认识不够。

文化产业园区建设不能等同于传统的产业开发区和高科技产业园区，发展思路的惯性思维制约文化产业园区的建设思路。"西方在有关文化园区的

---

[1] 参阅文化部副部长王仲伟：《规范管理 科学发展 推动文化产业园区基地建设工作迈上新台阶——在国家级文化产业园区基地发展座谈会上的讲话》（2012 年 9 月 25 日）。

界定中，都突出文化活动、建筑场所与综合效益三方面的意义。"[1]文化产业园区的地理空间功能是复合型的，既是生产空间，也是生活空间，还是休闲娱乐消费空间。

2. 沿袭传统工业经济发展的惯性来发展文化经济，包括文化产业园区发展

"文化产业园区"不是圈地盖厂房招商引资，命名就是文化产业园区，这一思路是沿袭了传统制造业或是高新技术开发区的发展模式来发展文化经济。即使文化企业在园区完成空间的集中还不能算是园区的形成，而是应由空间聚集变为产业集聚。文化产业园区不仅是一个生产的空间，且生产空间的形成未必能转变成产业集聚，而要发挥空间内产业的关联和集聚，形成产业集群。同时，由生产、产业的空间最后变成的文化产业园区一定是一个综合性的文化空间，人们在这个空间中能够进行文化生产、展示、消费、娱乐等活动。人们沿袭过去的发展思路，直接产生短时性政绩工程带来"挂羊头卖狗肉"，即以发展文化产业之名行圈地之实现象出现的原因。

另一方面，现在文化产业支撑产业升级转型的功能正在显现，已将其他行业比如农业、地产业、主题公园、旅游等一、二、三产业融入其中。在跨界发展融合的现实过程中，文化产业或文化要素起到提升附加值、拉伸产业链条等真正推动产业转型、升级的作用。至于发展文化经济，并以文化产业园区作为支撑点时，换个角度看我们也不能一味地批评。比如"圈地"，因为有一些园区类型确实需要土地资源，像文化旅游项目、主题公园等；也有一些文化产业类型，土地资源不是最重要的，比如内容产业，对土地基本没有需求。要结合不同类型文化产业发展看待文化产业发展中对土地资源依存度问题。

3. 文化园区企业构成比例不协调，甚至非文化类企业成为了盈利主导者，产业特色不鲜明

文化产业园区不能短期获得经济效益，一些园区为尽快收益过分投入餐

---

[1]张凌云：《文化产业园区有关理论问题重述》，《东岳论丛》2011年8月（第32卷第8期）。

饮、娱乐等商业项目，既颠覆了文化产业园区的本来意义，也造成一些文化资源的流逝与破坏。这种现象应如何避免？投资运营的短期收益不能靠园区，园区只提供一个平台，是文化产业发展的载体，收益主要靠企业。因此，规划建设文化产业园区要注重孵化企业，集聚企业产生集聚效应，既要看集聚企业数量的空间集中性，也要看集聚企业之间的产业关联性和协同性，寻求综合带动效应和效益提升。建立文化产业园区，吸引企业后能否收到集聚效应，处理对策主要应该体现在：

一是要明确主导产业。既然成为文化产业园区，首先要明确主导产业，没有主导产业就不能算作园区。任何一个文化产业园区，无论是艺术园区、新兴文化产业园区、休闲娱乐园区等，都一定要有主导产业。比如：到上海，我们就一定要去"新天地"，那是一个传承了上海文化个性的休闲娱乐文化产业园区或集聚区。这是在原本老的生活空间基础上，转化出一个以休闲娱乐内容为主题的商业空间。在北京，也有很多这种主题明确、空间功能转换的园区，比如后海酒吧街。过去那是一个居民生活的封闭空间，因为文化消费主题元素的注入，变成了一个休闲娱乐、商业的空间，由封闭变开放、由个人居住变商业空间，同时，也改造了那个地方整体的文化环境，成为北京文化产业的集聚区、名片、旅游景点。没有主导产业，就是有"名"但不具"实"。从国家级、到省级、到县级有上万家文化产业园区，仅上海以文化产业园区为名的就有上百家，但其中不乏滥竽充数，这就是名实不符。

二是明确"名"、"实"比例，即明确主导产业和配套设施之间的比例。2010年，文化部出台的《国家级文化产业示范园区管理办法（试行）》中强调，园区内文化企业数量占园区企业总数的60%以上。这意味着主导产业一定要明确，若不凸显主导产业怎么产生竞争优势？怎么吸引更大、更多的产业集聚？文化产业园区作为一种介于政府、市场与企业之间的新型社会经济组织，一定要有配套孵化文化企业服务功能，具有孵化器功能，成为文化企业集聚物理空间的"孵化基地"，没有配套也不能称之为园区，园区不仅仅作为生产空间。国内有些文化产业园区，命名之后没多久就消失了，比如中关村创意产业制造基地，它是2006年北京市公布的第一批文化创意产业集聚区。但最终消失的原因是：第一，产业没有形成集聚效应；第二，园区中各个企业之间毫无关联，无法形成整合效应，只有上中下游企业形成产业互动，才能形成真正的集聚效应，这才真正有利于提升产业内部的竞争力。第三，空间功能单一。[1]产业园区这个平台搭建之后，入住的企业应该产生何种关系，这个问题值得思考。由此引发我们关于文化园区建设的许多思考：文化产业园区建设推动中，政府到底扮演一个什么样的角色？文化产业园区的建设应该怎样调动、利用和开发既有文化经济优势资源？园区产业规划中应该怎样打造推动主导产业的发展？经营管理文化产业园区应该如何选择合适的运营模式？文化产业园区建设如何促进区域经济发展？

4．政府管理部门之间缺乏统一的管理制度和协调

在我国，文化产业园区或基地的命名比较混乱，命名的单位众多，不同行政层级都在命名本级的文化产业园区。比如：文化部、新闻出版广电总局、中国工业设计协会、中国民俗学会、中华文化促进会等，都在命名文化产业园区/村镇。政府主管部门应协调相关行业部门形成合力，创建统一机制，比如可参照国家扶持动漫产业发展的部际会议。国家层面上的命名是这样，但是地方政府的命名就更难以管理，只能寄希望于将来国家出台规范性指导意见，但又必须给地方政府足够的灵活性和空间。地方也应该出台相应的配套措施，制定省域范围内如何建立产业园区、如何规范发展，进一步明确彼此的责任。现在是"多龙治水"，这不利于产业的规范发展。在"十二五"期间，文化产业会有一个很大的发展，地方政府都有一种扩大投资、壮大文化产业的冲动，如何有效遏制这个冲动？应该更加清晰地明确文化建设不是靠大跃进方式发展，而是靠时间的积淀，产业发展也是如此。这就要求必须确立科学的文化发展观，这是一个很关键的问题。从中央到地方，在借鉴过去几十年经济发展的经验时，往往带来文化发展过多诉诸于有形建设，硬件思维方式制约影响较大。重有形文化设施建设，轻文化内容的创造。对于文

---

[1] 高宏存：《基地命名后的产业发展之惑——以中关村创意产业先导基地为例》，《文化创意产业》2009年第2期。

化管理者，要更好地掌握文化发展的规律，按规律办事，这才能使文化发展兴旺，否则可能带来不可再生的建设性破坏。1992年，世界仅有的哥特式火车站"远东第一站"山东济南火车站被夷为平地。2012年，始建于1906年的英国驻济南总领事馆也被强行拆除，"泉城"这个往年历史名城的城市记忆还在吗？今日，中国文联副主席、中国民协主席冯骥才在接受记者采访时表示，古村落文化是中国最大的文化遗产，堪称中国文化中的万里长城。他指出，中国村落消失速度惊人，2000年全国约有360万个自然村，到2010年，自然村锐减到270万个，平均每年消失9万个村落。[1]这个现代化、城镇化村落文明消失的特例典型地折射了文化建设中的症候。

（二）文化产业园区的实质和内核

《文化部"十二五"时期文化发展规划纲要》中明确规定，"十二五"期间，国家级文化产业示范园区将严格控制在10家左右，而且对国家级文化产业示范区设立了退出机制。这是国家层面上对既有国家文化产业示范园区的一种规范与激励，也是对其他园区的警示，即命名之后并不是一劳永逸，有些地方政府命名了之后却没有形成产业集聚。这是我国文化产业园区管理机制迈出的一大步。文化产业园区"名"与"实"相统一，含纳文化产业园区的内核，必须充分具有多方面特质。

1. 文化产业园区必须把握既有禀赋资源以传承历史文脉

建设文化产业园区来发展文化，首先要保护、传承既有文脉，这是一个城市的灵魂，无论是物质形态还是无形的文化内容创造，都要放在长远历史发展的开阔视野下考虑，如何继承我国的既有文脉。文化力代表真正的竞争力，现阶段我国文化经济发展过于急功近利。文化产业园区对传统文化资源积累的运用、文脉的传承有一个理念，即因"园区"而异。作为文化产业园区最早提出者，英国学者德瑞克·维恩在考察了当时英美一些城市文化产业发展状况后撰文指出："文化园区指的是在特定的地理区位将一个城市的文

---

[1]《冯骥才：古村应活化保护》，《齐鲁晚报》2012年6月6日。

化与娱乐设施进行集中，整合文化生产、消费、工作、居住、休闲等多种功能。"[1]

文化产业园区种类繁多，有的是以文化旅游为主，比如深圳华侨城；有的以创意设计产业为主、艺术产品交易为主，比如潘家园古玩艺术品集聚区等；有的以音乐产业为主，比如平谷音乐产业园；以戏剧表演产业为主的，目前中国还没有，但上海和北京正在打造"戏剧谷"或演艺产业区，美国的百老汇就很典型，中国的张家界、四川九寨沟也已初步形成演艺产业集聚。根据国内的划分也把以信息设计为主的创意产业园区认定为文化创意产业园区，有的软件园就涵盖着数字娱乐产业内容。多种类型的文化产业园区，对文脉的传承也是不同的，有的需要讲究对文脉传承利用，有的则不需要，这个问题实际上是多面性的，但资源依托型文化产业园区必须注意对文脉有效的传承。资源依托型文化产业园区，诸如旅游产业，比如开封宋城，就依托了传统宋代都城的文脉——拥有很多历史文化古迹，比如西安曲江新区，这都是成功的典范。再比如四川绥宁市的"中国死海"项目，过去本来是以工业生产为目的的盐卤池，现在把它打造成中国的"死海"，开展文化旅游和娱乐，成为中国目前该领域独有的唯一主题型4A级景区。

第一类资源依托型，特别针对的是生态型园区，比如：张家界、丽江、曲阜、平遥等都是这样的情况。贵州的雷山千户苗寨就是以村为主的展示苗族文化的生态园区，这是中国苗族最集中居住的地方，现在已经开发出来，国家民族博物馆在那儿还建了一个分馆。这就是集文化旅游、生态保护、度假休闲等功能于一身的综合性生态博物馆，它对资源的依托不言而喻，因为这是活态的文化展示。在我国，类似这样的少数民族文化产业园区不计其数。我国在2011年开始对这一类的文化生态保护区进行试点，在保护的同时发展产业。活态的文化展示在传承过程中也启动了文化产业发展，借旅游这一载体，将文化的内容表现出来。

第二类是创意引领型。这一类文化产业园区也涉及文脉的传承，但可能

---

[1] 李兰：《文化产业园区建设：一个文献综述》，《瞭望》2010年第9期。

要经过功能转换。起初只看到资源某一个侧面，经过独特的创意催化就会焕发新的活力，内容依然存在继承性。最典型的就是"死海"项目以创意激活了文化内容。

第三类是非继承文脉型。文化园区建设从无到有，完全是无形创意主导。最典型的例子即横店影视集团，这已经成长为一个影视产业集聚区。过去的一个荒僻之地，没有什么文化影视资源，开始只建成了一个影视拍摄基地，最终形成一个影视产业链条。现在不仅提供电影拍摄服务，而是提供影视产业链等各个方面服务内容，运营公司也已经参与到影视内容的生产制作，比如2011年横店影视集团就斥资上亿投资由王姬主演的《寻龙夺宝》。

2. 借空间集中形成产业集聚和产业集群

哈佛大学迈克尔·波特在《竞争优势》一书中明确提出产业集聚和竞争优势与国家竞争力的关系，认为"产业集聚支配着世界经济版图"。建设文化产业园，就是以产业集聚的方式来推动文化产业发展，这是各个地区建设特色文化产业集群的必由之路。"所谓产业集聚是指在一个较大的区域范围内，大量产业联系密切的企业以及相关的支撑机构，高度密集地集聚在一起。产业的空间集聚形式能够发挥很强的群体竞争优势和集聚发展的规模效益，进而极大地促进产业的形成和壮大，提升区域竞争力。产业集聚有三个特点：一是以某种专业产品为主导，二是以某个地理区域为集聚地，三是有相当数量的企业按照产业链条的联系集聚于此。美国加州的葡萄酒产业集聚、意大利萨索尔洛的瓷砖集聚、硅谷微电子产业集聚、浙江义乌小商品集聚等都是产业集聚的典范。"[1]

文化产业园区的成熟，最重要的标志就是从产业的空间集聚到产业集群形成的转换，包含骨干企业与相关中小企业的协同作用。集中于产业链的不同层面、不同阶段，都要明确、专业化分工，并在产业链的统领下将统一服务关联起来，这样才能形成真正的产业集聚、形成具有竞争性的产业集群，充分体现在龙头企业和中小企业间的密切合作协同作用中。在文化产业园区

---

[1] 牛维麟：《产业集聚与文化产业园区建设探析》，《中国高等教育》2010年第21期。

的发展中，多种产业相配合、融合，主导产业的溢出效应、产业带动效应不断深化，随后形成创意城市。产业园区若能达到这种程度，具有竞争性的文化产业园区才称得上真正形成，文化产业才真正具有竞争力。"企业简单在地理上的接近并不能保证集聚效应的产生。要产生集聚效应，既要看集聚的企业数量的空间集中性，也要看集聚的企业之间的产业关联性和协同性。分析产业集聚不仅要关注'集中'特性，还要考虑'聚合'效应。从目前国内外对产业集聚效应的各种研究可以看出，产业的地理集中性、产业的关联性和产业的集约度是判断一种产业集群能否产生集聚效应的三个关键要素。"[1]

3. 主导产业与多业态融合

要加强文化产业园区的协同效应，促进主导产业与多业态融合。主导产业，即文化产业园区中起主导作用的产业，指那些产值占比居多，产业关联度强，对其他产业乃至整个园区发展都具有较强带动作用的产业。对于文化产业园区来说，主导产业如同"名片"。在园区成立之初，主导产业的明确更是对吸引相关企业起到至关重要的作用。主导产业与其他产业间的多业融合，更是形成综合性文化产业园区必不可少的条件。同时，主导产业与其相关配套设施和关联产业也应保持适当比例。一些园区获得了命名，但由于没有形成集聚效应，而且园区中各个企业之间毫无关联，难以形成整合效应。在产业园区里，不同企业间要实现完备产销一体化与多功能复合发展，领军龙头企业与各类专业化公司关联共生，充分发挥骨干企业在资本、技术、人才、管理等方面的溢出效应。

文化产业园区，特别是政府主导型文化产业园区，本身的形成过程就是由政府主导、政府规划、搭建平台，吸引企业入驻，形成产业园区。如果是以企业为主导，即嵌入式的模式，企业自发形成然后政府介入提供服务，市场机制在产业自身规律发挥中往往比较大。而政府主导型产业园区，首先要明确主导产业，便于吸引相关企业，形成产业集聚，这是一个前提。没有主

---

[1] 陶琳、张春河、麻颖智：《我国文化产业园区有效集聚形态》，《河北联合大学学报（社会科学版）》2012年1月（第12卷第1期）。

导产业,在吸引什么企业入驻的时候可能就不太清晰,这是第一个层面。形成主导产业之后不能局限在园区内,要突破限制实现多业融合。

园区是一个多功能的空间,这个理念在文化产业园区发展过程中还未被很好地确立。韩国的产业园区就是复合型的,不仅具有生产功能还融合生活、消费、观光、休闲、旅游等功能。文化产业园区首先是文化的场所,但现在我国的文化产业园区和制造开发区没什么区别,这方面就体现一个多业融合不足的问题。国外成功的园区都是多功能的,比如:百老汇,除了戏剧还有休闲、娱乐、观光、旅游。伦敦西区、韩国的很多园区也是这样。韩国在注重一体化、复合型园区方面很值得我国借鉴,数字技术展现新生活,把生产、展示、演艺、会展、节庆、娱乐、休闲等结合到一起。当游客来到园区时,甚至觉得不是一个园区而是一个很时尚、现代的休闲场所。主导产业明确后其他行业的融入就肯定只是配套。比如:我国的798,主导产业明确。截至2011年,798有将近500家机构,博物馆、主题餐厅、咖啡馆、画廊、创意书店等这些都是完整产业链条上必不可少的部分,没有生活空间就不完整。

多业融合、经济功能、辐射和带动功能不能仅仅局限于园区,而是要突破园区,对城市经济转型、产业升级发挥作用。典型的是广州市T.I.T创意园,这就能体现它的产业升级,对整个城市经济布局都有一个带动作用。它带动整个广州乃至华南地区的产业转型,特别是把传统制造业转化为以创意设计、服装设计等为核心的文化创意产业,对整个服装的生产、制造、销售都有巨大带动作用。园区不仅仅要实现资本、人才、管理的溢出,一件公共文化作品也让大家感受到浓厚的文化艺术气息,这样不仅仅培育园区的骨干,甚至对整个城市经济结构都有很大的带动作用。[1]

4. 多元管理形态与政府市场互动

关于文化产业园区的规范发展问题,近十年来,虽然我国文化经济政策体系逐步形成,但是对于文化产业园区的规范发展目前还没有出台一个统一的办法,只有文化部在2010年出台过一个文化产业示范园区的试行管理办

---

[1] 高宏存、李珺:《T.I.T创意园:老厂房变身时尚创意梦工厂》,《中国文化报》2012年8月25日。

法。目前，我国文化产业园区管理模式最突出的问题就是管理形态过于单一，整个园区的管理亟需管理形态实现多样化。

文化产业园区有企业主导、政府主导之分，主导产业的形成也因"政、企"主导而异。以企业为主导，即嵌入式文化产业园区，是企业自发形成后由政府介入提供服务与帮助，这类文化产业园区对产业自身的发展规律要求较高，即在尚未形成文化产业园区之前，主导产业已经形成，随之相关企业逐渐融入其中，形成文化产业园区。

目前管理形态多为政府主导，形式是由政府成立一个国有或国有控股公司运营。政府主导型文化产业园区是由政府主导、规划并搭建平台，即在政府建立文化产业园区后，确定主导产业，随之吸引相关企业，形成文化产业园区。只有明确主导产业才能凸显竞争优势，并吸引更大、更多的产业集聚。也有少数是市场化管理模式，企业主导，遵照市场规律，让市场更多地发挥作用。比较典型的例子是吉林市东北亚文化创意科技园，园区管理形态独到，不是由政府主导，而是完全由市场主导，由园区产权所属单位的企业来实现管理。这类园区在广州也有一些。针对市场化管理的文化园区，政府为园区的发展提供空间，在空间聚集方面发挥引导作用。

政府应该进一步降低门槛，降低、减少准入限制，吸引更多的社会力量。文化产业园区管理形态应该引起重视，不仅是管理人才的问题，首先是管理模式问题。要在尊重市场规律的过程中，确定好政府和市场之间的边界，强调引导、引领价值。文化管理应加强法制手段，而不是以行政手段为主，以第一层级的部门规章、法规为主，这对我们文化的长远发展都是制约，对政府管理部门提出了更高要求。

（三）文创园区优化城市空间布局与功能

创意产业是发达国家进入后工业社会，完成了产业转移和结构调整后在城市出现的一种新经济形态，文化经济发展成为城市竞争力提高和可持续发展的"推进器"与新引擎。在我国，文化创意产业正成为金融危机后转变经济发展方式和实现城市可持续发展的有效途径，而且作为一种区域经济动力，依托创意产业的发展还改造了城市既有空间结构，形成了新的空间布局，创意产业发展的宏观区位选择和微观区位调整逐步和谐互动，一种新型魅力创意城市逐步形成。

以首都北京为例，建设世界城市正在成为北京市发展的新目标和迎接全球化世界城市竞争面临的任务，北京文化创意产业的发展，既奠定了北京全国文化创意中心城市的区位优势，也不断改造着传统城市空间的格局。发展文化经济的战略决策和生动实践更是提高了城市能级，形成了新的文化亮点，成为中国文化走向世界的国家通道和世界看中国的代表性城市，北京正在以国际创意之都新秀的形象迈向世界城市行列。

1. 产业转型因素促成城市发展典范转移

创意产业作为一种国际性的新兴产业，随着一些发达国家城市复兴和产业升级的大背景和发展态势，获得了蓬勃发展。全球化趋势的深化使得全球的信息流、资金流、人才流空前频繁流动，资源配置和产业链分工已不可能局限在单一民族国家内，环境促使不同国家发展经济必须利用国内国际两个环境和两种资源。作为全国率先进入发达地区行列的区域，北京在经济战略转型过程中必须参与国际高端产业的国际竞争，因此，北京提出发展文化创意产业，是在世界经济趋势的判断和把握中作出的前瞻性和战略性的抉择，作为国家首都，北京市正积极探索在世界城市版图中的身份和位置，明确未来发展的战略选择。

从国际经验来看，发达国家经济中心城市的产业结构在1960、1970年代已经建立起以第三产业为主的新型产业结构体系，其产业结构演变的一个基本特点是由低到高的不可逆性，纽约、伦敦等城市的复兴计划要点都是推动第三产业内部结构的优化升级。而北京市从"九五"以来的结构调整目标也因为文化创意产业的强力推动而获得了实现转型。到2012年，北京GDP达到17801亿元，比2011年增长7.8%。人均GDP也到达13797美元。人均GDP突破1.1万美元后，将进入发达阶段。人们会产生更高层次的精神文化消费需求，消费结构升级也为创意产业发展提供了成长的空间。由以往看重有形物质产品生产和制造的阶段转入更加注重精神感受的舒适和心理满足的无形环境塑造和产品服务供给的阶段，软性指标的评价将更加重要。

总之，北京市发展文化创意产业，既考虑了文化创意产业与首都历史文化名城身份相适应，也凸显了文化产业发展中"核心创意"的价值，强化科技引领组织形式变革将成为北京文化创意产业发展的最大推动力。文化创意产业发展突破了原有的行业壁垒、部门壁垒，打破了条块分割的瓶颈，冲击着传统行政管理中的分隔管理的问题，动员了众多行业投入创新型城市组织建设，在传统体制机制下赋予管理机制以活力和灵活性。围绕文化创意产业发展，不论是决策酝酿，还是政策推动以至各种扶持优惠举措的实施、具体优先发展的产业类型等不同的问题，都充分发挥了政府部门、科研机构、社会力量等群体和整合的力量，推动了整个产业的发展。

2. 文化创意产业助力世界城市的定位塑型

早在"九五"时期北京市就具有了发展文化产业的战略思路，但还没有走向一种与城市定位紧密融合的经济文化社会发展战略系统。2005年1月27日，国务院批复了《北京城市总体规划（2004—2020年）》，北京城市发展的目标定位在四个方面：国家首都、世界城市、文化名城和宜居城市。由此带来北京的城市空间布局作出重大调整，改变了原来单中心发展结构，构建"两轴—两带—多中心"的新城市空间格局，通过对城市空间结构的调整解决中心城区过度聚集带来的诸多问题，促进北京城市综合竞争力的提高，并且保持城市发展同资源环境的协调，对城区生产力布局和不同地区的城市功能分工都体现出了新的内在约束。

创意产业因其附加值高、不污染环境、可持续发展等特点得到政府的大力支持，在都市中蓬勃发展。政府扶持创意产业，一方面是出于经济的目的，倡导一种可持续性的增长模式填补由于工业退出而产生的"产业空心化现象"，另一方面则由于文化艺术家们的存在丰富城市文化，使城市的精神文化层面具有多元性，城市个性形象也更加鲜明，成为吸引人的一个重要文化符号。因此，世界各国都以产业战略的高度来推进创意产业的发展，北京大力发展文化创意产业既将北京大文化优势转化成了经济优势，也解决了传统工业产业转移后的城市空心问题，意义巨大。

此外，产业结构的升级是城市更新的推动力，因为产业转移而带来的城市更新为创意产业发展提供了成长的空间，文化资源的利用和产业布局成为了城市竞争力的一个重要指标，以往被忽略的文化因素在城市发展中的价值地位逐渐为人们认识，不仅过去工业时代制造业主体的空间会获得新生，而且整个城市空间结构都可能会被打破。随着城市中心区的价值成本升高，许多工业企业从市区迁往郊区，因此遗留下来的大批工业建筑，在传统产业外迁后仍能保持较好的结构形态。因此，这些建筑遗产天然地成为以创意为核心的创意产业的肥沃土壤。创意产业在老工业区的聚集发展将工业区转化为文化区，带动了本地区经济发展经济文化复兴。文化资源的利用和产业振兴带来了城市空间结构的变化，物理空间和文化创意产业良性互动，同时文化创意产业的发展更是直接带来城市新形象生命的变革。

3. 文化创意产业集聚绘出城市空间新布局

世界城市一定是世界的一个创意之都，无论是管理制度、组织形式、产业发展、生活环境等，处处体现出了创新的灵魂，发展文化创意产业是北京市建设世界城市的必要步骤。欧洲最具知名度的文化创意咨询机构创始人查尔斯·兰德力认为："过去十五年来，无数城市已经发生戏剧性转变，而中国城市的崛起，更是这场蜕变的象征。各地大大小小的城市，都面临着主要因全球化卷土重来的活力浪潮的冲击和世界性城市位次的大调整而导致的脱胎换骨期。……如今城市利用自身有形的硬性资产和无形的软性资产来相互竞争，同时适时地对他们加以协调，但很少有城市了解这点。"[1]北京市的文化战略决策就是站在全球竞争的制高点上，以发展创意产业和建设创意之都的策略步骤逐步实现具有竞争力的世界城市目标。

北京市借助发展文化创意产业的新战略，明确提出了发展的远景目标、具体的产业布局，梳理了北京的文化积累和优势产业门类，以一种新的文化发展观念创造性地改造传统地区，使一些传统地区因新型文化创意产业内容的加入而焕发新的光彩，改变了原有的城市空间结构布局，因文化创意产业

---

[1] [英]查尔斯·兰德力：《创意城市》，清华大学出版社2009年版，第1—2页。

发展而让北京文化特色与风貌更加凸显。

其中，文化产业园区建设和传统地区的文化内容改造，赋予了老城区新的活力，也成为形成城市空间结构新格局的主要体现。北京市在发展文化产业探索中，"十五"期间就已经开始建设文化产业园区，但还停留在工业园区和高科技产业园区建设的惯性思维和传统路径下，对文化产业自身规律和培育孵化文化经济的独特性没有认识清楚。文化产业园区建设以及后来因自发集聚获得政府认定授牌的文化创意产业集聚区，改变再造了城市的空间格局，文化创意产业集聚发展与原有文化生态环境、人们的生活方式很好地结合了起来，逐步凸显了北京市文化创意产业的区域特色与城市魅力。

目前我国文化创意产业还处在发展的上升期，以北京、上海为代表的东部国际化大城市的文化创意产业肩负着建设创新型国家，参与下一轮国际竞争的重任，具备了与中等发达国家竞争的基础与实力，在国内文化产业发展和管理机制创新上走在前列，区域特色正在逐步形成中。北京文化创意产业打破了地域（区域）的界限，全市各区（县）都将文化创意产业放在本区工作的重要位置上来予以规划，并根据区县实际，寻找和创建发展重点和产业特色，构建了具有竞争优势的产业集聚区。全市统一规划，形成了区县各具特色又错位竞争的局面。不同的文化创意产业集聚区，扩大了首都北京的国际影响力和文化形象，文化软实力得到了前所未有的提升，有的文化创意产业集聚区甚至成为了一个新的景观区，城市的布局和空间结构也在产业的集聚过程中得到优化和提升。最典型的莫过于高碑店的古典家具和民俗文化旅游区以及798艺术区。

位于酒仙桥大山子的798艺术区的前身是几个生产无线电产品的旧厂房，是工业文明时代的遗存物，因为北京市的产业结构调整与产业转型而逐渐衰落，一度被要拆除的命运笼罩。发展创意产业给予了这个区域以新的生命和活力，使它成为国际世界认识了解中国文化的一个重要窗口。工业类历史建筑是城市文明进程的见证者，但在城市更新中若将其作为文物进行原样保护，却既不现实也不利于文物多重价值的实现。在此地落户的设计师们为了扩大作品的影响力和知名度，经常自发地举行各种发布会和展览活动，区内的文化、商业氛围越来越浓厚，甚至名牌产品专卖店也在这里安家落户，原来荒芜的工业区因此而充满人气，地价也因此而上涨，当地的经济状况也由衰败走向复苏，城市价值因为文化创意产业的发展带动而获得提升。2012年798艺术区成为境外游客来京旅游的首选旅游地，仅798艺术节就迎来70余万的旅客数量，它已经成为北京市的一个重要旅游目的地，成为文化北京的名片和载体，成为北京走向世界的窗口。

4. 世界创意之都建设的系统支撑

北京市在"十一五"文化创意产业发展规划中就提出了创建全国文化创意产业中心城市，甚或更长远的世界创意都会的宏伟目标蓝图，这为我国各具文化特色的创意城市建设探索提供了参照。建设文化创意城市必然要结合城市定位和文化创意产业的实践来规划筹策，比照国际经验和标准逐步完善。

首先，建设世界创意之都或创意城市，必须满足很多发展的指标与条件，不仅仅在发展创意产业一途。目前，创意经济在现代城市经济中的崛起，使许多世界性城市将创意城市作为未来的发展目标。国际著名创意城市的发展呈现出诸多鲜明的特点，这对我国发展创意城市有着十分重要的启示，几乎所有的国际性大都市都将创意城市作为未来城市的发展目标。伦敦2003年提出要维护和增强伦敦作为"世界卓越的创意和文化中心"的声誉，成为世界级创意城市，并指出伦敦的目标主要体现在4个方面：一是卓越性，即增强伦敦作为世界一流创意城市的地位；二是创新性，即把创新作为推动伦敦成功的核心；三是可参与性；四是效益性。新加坡早在1998年就将创意产业确定为21世纪新加坡的战略性产业，将城市发展目标确立为"新亚洲创意中心"、"一个文艺复兴的城市"、"全球文化和设计业的中心"。由此可见，发展创意经济、建设创意城市必将成为创意经济时代的趋势，并且与创意产业和文化经济的发展关联密切。国内学者盛垒和杜德斌也就国际著名创意城市提出了一些标准：（1）发达的创意产业。（2）密集的创意阶层。（3）强大的技术创新能力。（4）宽松开放的创意氛围。（5）众多知名的大学。

（6）高效的知识产权保护体系。（7）完善的制度结构。[1]

客观说来，北京市要打造创意之都就必须关注这些国际通行的评价指标，在发展创意产业的过程中逐步完善，正如美国学者弗罗里达在《创意经济》一书中的观点，创意阶层的崛起是"世界磁石城市"的基石，没有创意人才就不可能有创意产业，更不可能产生创意城市，他据此提出了"三T"标准。在创意时代，形成一个具有多样性、宽容性和具有创意氛围和环境的城市才能够吸引更多的创意人才，促进城市的经济繁荣和增长，这显得尤为重要。世界创意城市建设，需要一整套的城市发展策略，是一个系统性的工程。

其次，实现文化创意产业发展，塑造城市文化符号的认同和推广过程中，文化政策支撑是最重要的条件。一个城市发展不仅有目标，产业的跟进才能够奠定坚实基础。在北京第十一次党代会上，北京明确了未来五年的发展战略，开启了全力推动首都科学发展、努力建设中国特色世界城市的新航程。究竟怎样的城市是"世界城市"？这和我们着力打造的创意之都有着怎样的关联？保持二者之间的互动必须要有畅通的机制和渠道作为支撑。

世界城市具有国际大都市的高端形态，对全球的经济、政治、文化等方面具有重要的影响力。目前公认的世界城市有纽约、伦敦、东京。其具体特征表现为国际金融中心、决策控制中心、国际活动聚集地、信息发布中心和高端人才聚集中心5个方面，并具备以下6个支撑条件：一是一定的经济规模，二是经济高度服务化、聚集世界高端企业总部，三是区域经济合作紧密，四是国际交通便利，五是科技教育发达，六是生活居住条件优越。[2]

实际上，文化影响力和高度发达的教育科技，都要依托于文化的原创与积累，在中国的现实条件下，从已经进行文化创意产业发展的地区来看，只有北京市拥有这个条件，北京将责无旁贷地扮演着中国创意之都的历史使命和现实责任。这些年，北京市不断进行政府管理创新，文化经济政策逐步完善，已经全面从金融、财政、税收领域入手切实培育文化产业，加快文化经

---

[1] 盛垒、杜德斌：《创意城市：创意经济时代城市发展的新取向》，《经济前沿》2006年第6期。

[2] 2010年北京市《政府工作报告及计划报告、财政报告名词解释》。

济法规体系建设，政策创新的力度和成效很大，这些政策保障了文化创意产业的大发展，且大有引领示范全国之效。

再次，要壮大北京市文化经济的国际化影响力，扩大城市文化资本实力和国际影响力，把北京创造的文化产品输出到西方主流文化市场。文化创意产业的发展模糊了各种文化类型之间的界限，传统文化、精英文化、主导文化、民间文化、大众文化构成了一国文化整体格局的不同要素。文化创意产业也不断模糊着世界各国之间的文化边界，但能够转化为产业的文化资源却依赖于科技、创意、资本等现代产业经济的重要元素，按照产业化的形态发展，都成为文化创意产业成长的关键。中国文化创意产品和服务在世界上广为接受的未来远景的实现，才是创意之都得以完美转身的时刻，因此强力推动文化产品和服务贸易，在很长时期内都将是文化经济部门的重要任务，也是世界创意之都建设的必要过程。

（四）让"跨界"成为文化产业集聚发展趋向

文化建设不仅是中国特色社会主义事业的重要组成部分，而且对其他建设具有重要的支撑作用。经过十余年的发展，我国文化产业已经成长为国家战略性、先导性产业。文化产业的发展壮大，不仅将提升我国经济的质量和水平，而且还能够改变经济发展的落后模式和方式。但文化产业自身的发展重点必须作出适当的调整，特别是要更加注重文化产业发展"边界"的突围，力促文化产业与其他产业的融合，不同文化产业门类之间的渗透交叉，突破行政疆域限制壁垒，从而深化行政管理体制，迎接"十二五"文化产业发展的繁荣。

1. 要更加注重不同行业间的融合

从文化产业发展的阶段性和在我国经济整体中的实力和分量来看，虽然在"十一五"时期获得了长足进步，在中心城市和部分发达省份，文化产业已经成长为战略支柱产业。但从国家产业战略格局整体而言，文化产业还处于发展成长阶段，仍需要大力培植扶助的新兴产业。"十二五"时期，要强化引导，促进文化产业与其他产业的融合渗透，实现产业文化化，从而提升传统产业的品格和质量。

第一，要支持和鼓励文化产业与制造业、现代服务业和新农村建设融合。增加制造业和现代服务业产品的精神文化价值，发挥文化产业对第一、二、三产业的带动提升作用，提高中国制造的文化附加值，发掘传统产业中的文化因素，创造跨界性新生产业，比如观光农业、工业旅游等。特别是以创意设计为核心的文化创意产业将为传统产业升级增值，为制造业产品的外观造型、包装设计、形式构造、品牌咨询等提供艺术设计性的应用服务，因此就增加了产品的吸引力和竞争力，从而彻底改变我国文化产业发展的"纽扣现象"困局。

第二，要强化文化产业与传统服务业之间的融合。促进文化与旅游、商贸、通信、会展、教育培训、健身休闲等行业的融合发展。文化内容和服务创新能够给第一产业带来吸引力和崭新的体验，扩大了产值，拉伸了产品线，创造了新的价值增长空间。作为内容产业的文化产业也要跟上"三网融合"下各种数字内容信息服务业的渴求步伐，让文化内容成为推动各种新型服务业态和消费业态发展的体验对象和服务内容。

第三，要注重文化行业之间的渗透融合。延伸产业链条，真正实现文化产业化。金融危机曾经对劳动密集的文化产品制造业冲击较大，同时，为内容服务的文化产业门类，如广告产业、出版产业低端（如印刷业）、会展产业等，也受到较大影响。而内容主导型文化产业受危机影响则最小，如电影、互联网、动漫游戏等内容行业在2009年呈现出逆势上扬的"全线飘红"局面。动漫电影《喜羊羊与灰太狼之牛气冲天》票房超过1亿元，在整个收入结构中票房和播出收入占30%，70%来自于衍生产品的授权，创意产业带来的增值效应非常明显，产业文化化得到了市场认可和完美演绎。文化产业实践生动演绎了文化的价值提升和增值效应，文化赋予产品制造业以巨大的市场经济效益和文化品牌效益，也由此铸造了产品的竞争力。

因此，为了促进产业融合发展，增加中国制造的文化附加值，政府要支持企业加大创意设计投入，建立专业化的文化创意设计机构，促进艺术设计在纺织、轻工、包装、服装等制造业中融入文化元素，鼓励扩大创意设计向家具、家电、家纺、家饰生产设计延伸，推动文化创意衍生品生产。同时，要引导资助民族民间工艺品和技艺型非物质文化遗产项目生产，转移农村人口，推动文化产业融入新农村建设。

2. 要调整自身结构并转变发展方式

文化产业必须更加注重内生增长和发展方式的转变，进一步提升文化产品和服务品质，实现文化产业从内部结构到产品形态、组织形式的结构调整和优化，模糊不同文化产业的边界，实现融合创新。

第一，要推动集约化经营发展。文化产业发展要实现从规模化、数量扩张到集约化、品质发展的转化，改变散、小、乱现象。因此，要鼓励跨地区、跨行业、不同类型企业联合、兼并、重组，实现骨干文化企业的区域整合和跨地区经营。引导产业集聚，形成完备的产业集群，培育专业化文化服务企业，打造文化产业特色城市和地区。特别是对资源优势突出的西部民族地区，要努力形成文化旅游、民族演艺和民族工艺品生产的特色文化产业集群和基地，建设特色文化产业集镇，依托文化节庆平台，建设融文化旅游、商贸、文化体验、展演等综合性文化景观或园区，培育专业性的关联企业群，壮大文化产业。

第二，要构建复合型产业链，实现文化创意和品牌的多形态开发，延伸和拓展产业链条。我们要充分利用数字化、网络化等虚拟技术，对文化产品创意进行多重开发，推动同一文化产品多形态类型的系列化开发。同时，依托传统文化产业转型升级和文化生产、传播方式的变革，多平台、多渠道扩散延伸文化产业链，推动促进形成复合型、交叉性的文化产业类型。

第三、遵照不同文化产业类型、不同行业门类、产品形态和服务方式，探索与文化产业发展规律相适应的多样化文化企业组织形式。对标准化、规模化的文化产品生产制造的大型企业或企业集团，适合采用集约化产业组织形式。对产业关联度密切的文化产业，采用合资合作、相互参股或收益分成等多种模式合作，鼓励文化专业公司与文化机构、私人创作者工作室，寻求分工合作，采用定向委托、"公司+个体生产者"等合同管理模式，实现产业或产品价值。但在演艺业、文化娱乐业等领域则实行弹性化企业组织方式，鼓励项目制等松散的文化合作模式。

第四、针对具有民族特色的民间文化技艺，在保护优先基础上，推进民族工艺产业化，实践环保低碳生态文化产品的生产创造理念，鼓励个性化生态文化产品生产。政府要采用资金扶持或产品补贴等形式，做好产业化孵化，搭建好营销平台。在艺术品和工艺美术行业，更加注重中国文化元素和精神的融化，鼓励个性化生产服务，力促不同级别的非物质文化遗产技艺实现生产化转化。

此外，以提高产品的质量和水平为重点，增强文化原创能力，彻底改变目前我国文化产业整体缺少文化名品、文化名牌和服务名牌的窘境，要把培育民族文化品牌，作为推动文化产业优化发展的重要任务，实现文化产品制造和规模经营的倍增价值。

3. 要突破行政区域限制，注重区域协调联动

我国文化产业发展的区域不平衡性和结构性矛盾突出，文化产品和服务的供给存在数量与质量不平衡、城乡不平衡、地区间不平衡。因此，文化产业发展必须考虑区域之间的协调、分工、联动问题。

第一，不同区域要根据国家主体功能区划分和地区文化资源特点，确立重点发展的文化产业领域，加强区域产业布局，明确产业重点和优势行业。根据我国东中西部资源能力、开发潜力和经济布局，促进文化产业梯度发展、优势互补和良性互动。东中部及优先重点开发主体功能区，要重点支持具有技术、资本、人才优势的动漫、网络游戏、会展、网络文化、产品数字制作等产业，建设产业园区和基地，发展产业集群。同时引导中西部及限制禁止开发的主体功能区，依托文化资源和人力资本，发展民族演艺、文化旅游、艺术品、工艺美术等产业，建立民族文化产业示范区，促进文化产业资源保护和特色发展。

第二，促进跨区域产业协作，推动区域间文化产业对接、联动和转移，实现优势互补共同发展，加快城乡产业协调发展。在目前国家七个综合配套改革试验区建设文化产业发展示范区，开展项目审批、市场准入、外资进入和人才流动等方面的试点，探索加快文化产业发展的新途径。通过建立跨区

域的发展实验区、示范区、文化生态保护区等文化产业协作平台,突破传统的行政区划疆界,中小城市可以寻求文化产业发展融入中心城市的策略,借力地缘区位优势,推动文化产业跨区域转移、流动和聚集,壮大区域文化产业竞争力。要尽快建立区域性共同文化市场,促进跨区域人才、资金、劳动力以及其他生产要素的自由流动。

第三,在可能的条件下,逐步推进两岸四地共同文化市场建设。建立两岸四地共同文化市场有利于四方文化产业合作共赢、协调发展,有利于促进我国文化产品走向世界,扩大文化软实力。比如,国务院《关于支持福建省加快建设海峡西岸经济区的若干意见》提出"努力使海峡西岸经济区成为全国重要的文化产业基地",为两岸四地文化产业协作发展确立了方向,推动文化产业差异化协调发展。

案例1 文化新地标 T.I.T 创意园:老厂房变身时尚创意梦工厂

T.I.T 服装创意园从诞生到发展,既展现了国家工业变迁的历史,产业振兴发展的新要求,也是工业文化遗产借助文化驱动而焕发新生命的生动体现。

广州市 T.I.T 创意园,位于海珠区新港西路397号,地处广州新城市中轴线的核心位置。这里原是一个以纺织为主业的传统老工业生产区域,如今却变成了以现代服务业为特点的创意园区,以服装设计研发、流行趋势发布、品牌推介展销结合为主的纺织创意中心,实现了"退二进三"的完美变身,成为珠三角地区经济转型升级的典范。

从老厂房变身转型

T.I.T 服装创意园的前身是成立于1952年的广州纺织机械厂,是当时全国100家重点纺织机械器材企业之一,鼎盛时期,工厂职工人数达到1400人。但自1998年之后,纺织机械厂连续亏损3年,到2007年时,广州纺织工贸企业集团根据广州市"退二进三"产业结构调整政策,纺织机械厂全面停产,轰鸣了50多年的工业时代,退出了历史舞台。

也正是在这个时期，处于改革开放最前沿的广州市，正面临着城市产业结构调整的新课题：如何在既有的优势工业产业基础上，寻找适合的替代产业，让城市的空间发展更为优化？而对广州纺织工贸企业集团而言，如何实现从加工工业向生产性服务业——文化创意产业的转型，产业的升级和转型路径何在，文化创意人才和资源的基础在哪里，如何将占地近10万平方米的老厂区利用起来，成为决策者们面临的重大课题。

因为当时纺织机械厂所在区域早已被纳入城市中轴线的规划范围，毗邻的广州新电视观光塔也将成为重要的城市地标，不能建高层建筑，纺织工贸集团决定将纺织机械厂旧厂区打造为专门以服装创意为主题的时尚产业园。"那是我们已经意识到服装行业应该要从'产品经营'向'品牌经营'，设计将会成为服装行业发展先导的必然趋势。"纺织工贸集团副总经理吴家声表示。

与国内其他创意产业园不同，T.I.T创意园的诞生贯穿了周密的规划，它是广州市落实"退二进三"的标杆典范，也是广州市重点建设项目。作为广州市旧厂房改造项目的样板，T.I.T创意园是唯一一个由企业自行策划、主动开发的创意产业项目。2006年12月，T.I.T创意园在广州市发改委作了备案。2007年，广州纺织工贸集团联手深圳德业基集团，改造开发这块富有纺织文化底蕴的宝地，创意园打破了以往靠房产盘活土地的单一思路，走出了旧厂房改造的新路子。按照"修旧如旧、建新如故"的原则，经过3年完成了一期工程。2010年8月6日，T.I.T服装创意园正式开园。

精心打造服装时尚创意园

2008年，国家通过了《珠江三角洲地区改革发展规划纲要（2008—2020年）》，为落实这一区域发展规划战略，广东省明确提出了产业和就业人口"双转移"的战略目标，尽快实现经济结构调整和发展方式转变。在产业转型过程中，如何更好地营造适宜的文化生态环境，借助市场的力量发掘文化资源，提升城市文化生产力，成为城市管理者和决策者的重要任务。

在广州纺织工贸集团董事长李志新看来，一个纺织服装企业，如果依旧从事传统制造业的话，在广州可发展的空间已经非常有限，产业如果不升级不转型就会陷入无路可走的境地。当今服装产业的发展，已经从以销售产品到销售文化、销售创意发展。实现经济发展方式的转变，这个转型期是比较痛苦的，从工业制造、研发，逐步向品牌、时尚、创意服务业出发，这是必须走的一条路。

李志新带领他的团队通过考察调研北京的"798"和上海的"新天地"，决心走自己的路，描绘自己的新蓝图：既不像"798"旧工业厂房原封不动，也不像"新天地"的全新规划。纺织工贸集团于2007年与深圳德业基集团合作开发，成立了广州新仕诚企业发展有限公司，全力负责园区的开发、营运工作。合作开发的过程中特别注重处理好这样几个方面的问题：一是创意园是发展的需要，定位明确，方向坚定，合作伙伴不仅要有实力，也要有对创意园项目既定主题的认同感，还要具有深厚的文化底蕴。二是创新合作的模式，纺织工贸集团既是物权的主人，同时又参与合作经营。三是充分发挥民营合作伙伴的专业特长和市场特性，使项目规划得到进一步提升并加快进行。

T.I.T创意园占地面积近10万平方米，改造后规划总建筑面积约4万平方米，改造后容积率仅0.4，称得上一个名副其实的"公园式创意园"。T.I.T创意园定位很明确，主打纺织服装，继续原来纺织工业的老本行。

纺织服装一直是广州的优势产业，附近的中大布市是全国闻名的纺织商圈。以服饰、时尚、创意、文化、艺术为主题，旨在打造为设计师、艺术家、专业模特、时尚人士所向往的梦工场，定位为一座以设计研发、产品发布、信息交流、专业培训等多功能服务为纽带的多元型创意产业园。走出了一条高集聚、高科技、高效益、低能耗的科学发展之路，对带动和影响珠三角的纺织服装产业升级有极大作用，并对中国的创意产业形成示范作用。

李志新认为："通过以文化推动产业发展，不仅盘活了'老厂房'，实现'退二进三'目标和要求，在获取较佳的经济效益的同时，T.I.T创意园从过往亏损的老纺织机械厂摇身一变成为以集多家知名服装服饰企业于一身，年产值超150亿元人民币的大型经济综合体。"

如今传统产业在广州的发展空间正日趋狭窄，正确引导技术、工艺水平落后产业及衰退产业向后进地区转移，腾出空间、资源，促进高新技术产业和包含文化创意产业在内的现代新型服务业发展，就成为提升广州整体产业竞争水平的必然选择。

完善服务提升经营效益

目前，T.I.T创意园已吸引了近百家入园企业，服装时尚企业达70%，文化艺术等企业达30%，其中总部落户于海珠区的企业共38家。年产值从改造前的1130万元激增到150亿元，增幅达1300多倍，成为广州市旧厂房改造的成功典范。T.I.T创意园成为全国唯一的一个"中国纺织服装时尚创意基地"。

正在规划的创意园二期，将设立纺织服装博物馆，集中展示"广绣""香芸纱""潮绣"等具有广东特色的非物质文化遗产的代表作，充实和丰富园区的历史文化内涵，提升园区的层次，使时尚服装与创意设计、岭南文化相结合。

创意园还提供以文化为载体的多元化增值服务和由专业机构提供金融、法律及其他管家式的增值服务。如开展文化艺术展览、服装服饰潮流趋势发布、设计师和营销总监的深度培训、服装服饰时尚企业的战略咨询与策划、品牌推广、创意论坛和专家学者的顾问服务等，为园区企业提供智力方面的支持和服务。

此外，创意园拥有自主经营的4300多平方米的时尚发布中心，配置顶级、专业的灯光音响设备，为设计师、服装企业提供一流的发布场地及餐饮、酒店配套服务。按照一场SHOW平均费用达60万元来计算，一年150场SHOW，时尚发布中心将带动经济收入近1亿元，此外园区的餐饮、酒店的配套经营更是带来营业额达4000万元的收入。这不仅仅创造了经济效益，更为城市社交环境的改变，生活品质的提升起到了推动作用。[1]

存在问题与未来发展的思考

广州纺织工贸集团积极应对瞬息万变的市场形势，充分把握时代机遇，着力打造"广州T.I.T国际纺织城"，努力实现战略转型。T.I.T服装创意园是"广州T.I.T国际纺织城"重要组成部分，为服装产业提供了公共服务平台。在产业实现转型升级的过程中，如何更好地发挥政府、市场、企业的作用，还有很多问题值得探究。

如何更好完善政府服务角色的实现？政府在新的产业环境中扮演的角色

---

[1] 高宏存、李琤：《T.I.T创意园：老厂房变身时尚创意梦工厂》，《中国文化报》2012年8月25日。

对提升城市竞争力举足轻重。实施市区产业"退二进三"是广州市推进"中调"战略,优化城市空间结构和产业布局的主要举措,也是改善城市环境,实施"青山绿地、蓝天碧水"工程的重要组成部分。企业搬迁后,原址土地如何处置?根据两个《实施意见》,原址土地原则上应纳入政府储备用地;在符合城市发展总体规划、土地利用总体规划的前提下,经有关部门批准,也可利用原址从事除房地产开发以外的第三产业,但不得改变原址土地的用地性质、权属和扩大建筑面积。这个政策引导了广州的产业升级。政府不再是被动的角色,其所制定的"好"的政策对城市空间重构及未来发展方向有极大的指引作用。

城市空间重构实质上是以政策创新为触发机制,以体制创新和知识技术创新为先导的城市结构重组和功能演进的决策过程。在此过程中,城市竞争力的提升必须在市场竞争导向的同时,注重政府决策、制度组织等作用,必须有"好的"制度环境支撑其组织过程。按 Kresl 的观点,城市竞争力的高低决定于两个因素:经济因素和战略因素。其中经济因素包括生产要素、基础设施、区位、经济结构等;战略因素则包括政府效率、城市战略和制度弹性等。"战略"要素决定"经济"要素发挥作用的空间和方式。在一定意义上可以说,竞争力是制度的产物,制度环境是提升城市竞争力的关键变量。[1]

但在经济转型过程中,如何寻找替代产业,借助市场的力量实现产业转型的良性循环和可持续发展,就需要政府制定更加完善的政策体系来作为支撑。特别是广州市对文化产业在经济转型中作用发挥的认识方面,还缺少更加主动的认知,从而借助文化驱动变革城市空间功能,寻求文化遗产资源的有效保护和合理使用,既保留城市记忆和文化个性,又能够推动城市发展。

如何把握政府扶持的方向和对象推动文化创意产业发展?近年来,世界级城市纷纷提出建设"创意之都"的发展目标。如纽约提出了"高度的融合力、卓越的创造力、强大的竞争力、非凡的应变力"的城市精神;伦敦确立了"世界卓越的创意和文化中心"的发展目标;东京制定了"充满创造性的文化都市"的发展战略。广州为增强文化创意产业在区域经济发展中的辐射

---

[1] 何建颐、张京祥、陈眉舞:《转型期城市竞争力提升与城市空间重构》,《城市问题》2006 年第 1 期。

力、影响力和引领力，正在倾力打造"创意之都"。城市创意产业的定位不能盲目跟风，应根据城市特色与优势条件，展现独特的城市形象，融入普通市民生活，才能促进创意产业的蓬勃发展。在广州市旧城改造和"退二进三"政策出台的契机下，原来分布在城区内大大小小、形态各异、功能不同的旧厂房又迎来了春天。旧厂房沉淀几十年的浓郁历史气息，让它们成为创意产业的最佳孵化地。创意产业园悄然入驻，仿佛一夜之间，创意产业园区纷纷挂牌成立发展壮大起来。

随着广东省《关于加快提升文化软实力的实施意见》、《广东省建设文化强省规划纲要（2011—2020年）》等重量级政策的相继出台，广东省文化产业发展呈蓬勃之态。据统计，广州地区建设的文化产业园区有30多家，珠三角地区多达100家。广东未来5年将投入250亿元推动文化强省建设。在这股建设文化强省热潮中，文化创意产业也必将获得快速的发展，但政府的扶持资金如何投入，方向和方式怎么把握？如何更好地对接创意与市场？对像T.I.T服装创意园一样的更多由创意设计人员组成的文化产业园区，政府的扶持除了园区建设，可否向更多地扶助设计师创业倾斜，因为政策的倾斜和资金的扶助能够帮助他们不断成长？特别是政府要通过推动整个服装设计文化建设，搭建各种活动平台，比如举办一些免费的展览会、免费的义演、大型的聚会，借助于服装时尚文化的营造来推动这个产业的发展。产业园区打造出来了，推动文化发展就要多做一些公众化的推广活动，把创意融入渗透到人群生活中，才能给产业带来实实在在的影响和发展。此外，政府还要积极引导行业内各种自主性组织或联盟等社会机构的建设，形成行业合力，完善产业链条，推动整个行业持续发展壮大。

如何完善政策配套来推动文化创意产业发展？如今，T.I.T服装创意园已经以良好的发展态势赢得了社会和市场的认可，但发展中还存在着很多问题和困难需要破解。特别是对于已经在园区入驻的企业来讲，要获得长远发展，还需要办理一系列具体规范性手续。人大代表李灿佳为广州市十三届五次会议提交的议案（2156）《关于广州T.I.T纺织服装创意园加快建设的建议》，就提出了两个迫切需要解决的问题：一是尽快明确该项目所在区域规划定性问题。T.I.T创意园地处广州新城市中轴线南端，《广州新城市中轴线南端及珠江后航道沿岸地区城市设计竞赛》方案 3 规划该区域为绿化用地，目前市里在此基础上进一步优化设计。鉴于 T.I.T 创意园为"退二进三"的成功典范，具有较高的工业文明保护价值，并与广州新城市中轴线景观相协调，与广州新电视塔文化旅游观光氛围相配套，建议将 T.I.T 创意园所在区域规划为创意产业带，以解决项目的规划问题。二是请市里出台配套政策解决"退二进三"办证难问题。目前，广州市政府出台了"退二进三"的有关政策，但就"进三"项目手续办理并未明确。"退二进三"项目用地来自于原工业厂房，为工业性质，无法按"进三"的要求进行消防报建、环境评估等工作，有关部门也无法予以验收，造成新进驻的第三产业无法办理开业登记手续。如将工业用地性质厂房改变为临商性质物业进行处理，手续繁琐，办理时间长，临商期限不确定，极大地挫伤了投资者的积极性。建议市里出台配套政策，允许"进三"项目在工业性质用地上直接进行第三产业要求的消防报建、验收和环境评估等工作，验收合格后直接给予办理第三产业相关证照。[1]

案例 2 "喜羊羊"文化品牌集群发展与财富效应

最近一些年，珠三角地区形成了一些知名文化品牌和优势行业，在动漫行业中，2010 年，广东省动漫行业在全国居于领先地位，以 168.67 亿元的产值位列中国动漫产值排名第一的地区，远高于排名第二的上海（产值为 50.90 亿元），其中广州市在广东省动漫产业格局中，居于最重要的位置。同时，也拥有行业内在全国知名的动漫企业，比如广东原创动力、奥飞动漫、咏声动漫、酷漫居等一大批动漫产业群体，声势浩大，各自在寻找着独特的运营模式和品牌塑造之路。本案例中，我们将以广东原创动力文化传播有限公司"喜羊羊"动漫产品的系列化开发和"喜羊羊"品牌的精心锻造为中心，借此研究中国动漫产业的成长和存在的问题。

1. 原创动力和"喜羊羊"品牌

动漫产业在中国是伴随着文化产业的跨越发展快速增长而突飞猛进的。

---

[1] http://www.gz.gov.cn/business/htmlfiles/gzgov/s6981/201006/523563.html

近年国家出台了一系列扶持性政策，比如《国务院办公厅转发财政部等部门关于推动我国动漫产业发展若干意见的通知》（国办发[2006]32号）、《文化部关于扶持我国动漫产业发展的若干意见》（文市发[2008]33号）、文化部"原创动漫扶持计划"等，促进我国漫画、动漫演出、网路动漫原创作品和原创人才扶持计划。依据艺恩咨询资料，2012年动漫产业规模达320亿元，其中播映市场为101亿元，衍生品市场220亿元，动漫产业仍将保持高速增长，但是相比于日美韩等动漫大国，我国动漫产业规模与影响力尚偏弱，仍处于弱势地位。

（1）"喜羊羊"之父与原创动力。广东原创动力文化传播有限公司于2004年成立，是一家集影视制作、卡通动漫创作于一体的专业影视制作公司，致力发展、制作中国新一代的原创卡通，多元化业务包括节目发行、广告代理、人偶剧制作及专利授权的经营，拥有创作、设计、制作、发行的开拓实力。迄今已经推出一系列中国原创卡通，包括：《宝贝女儿好妈妈》、《喜羊羊与灰太狼》、《蹴鞠小英雄》、《小宋当家》、《宠物小飞龙》及百集公益卡通短片，少儿卡通教材、儿歌卡通音乐电视（MTV）等。"羊和狼"是如何诞生的？电视剧集是怎样火起来的？电影版的上映都历经了怎样的坎坷？原创动力的未来计划是什么？

"喜羊羊之父"卢永强创立原创动力公司。1990年代初，一直在香港娱乐圈做编剧的卢永强，因为看到内地影视业刚刚起步，具有巨大的发展空间，决计到内地发展，此前他已经因写歌词、创作影片剧本而小有名气了。1993年，卢永强正式来内地工作，进入影视制作行业。编剧出身的卢永强从小就喜欢漫画、动画，到内地创作了多部影视剧后，一心想往动漫方向发展，2004年他成立了原创动力文化传播公司，正式开始了原创动画制作之路。当年原创动力的第一套作品《宝贝女儿好妈妈》播出后，在北京、上海等地的收视率仅次于《新闻联播》，取得了很大的反响，原创动力取得了初步的成功。

主题确立与"羊狼"形象的诞生。公司创立初步打开局面后，就计划打造一部更为成熟的动画作品，但新的动画作品主题是什么、用什么做形象、故事如何设定，成了创作人员最初面临的几大难题。创作团队通过充分的市场调研，决定把主角定位为动物，因为这符合小朋友的喜好，而且有利于开发产品。同时，团队分组设计形象，并到幼稚园去让小朋友给初步设计的动画形象打分，最后确定了"羊和狼"这对主角，得票数最多的就确定为主角，"喜羊羊与灰太狼"就这样诞生了。

（2）从电视动画到系列动画电影。原创动力在创造属于自己的品牌过程中，先是从擅长的电视动画片入手，积累了足够的影响力和受众群体后，就开始从动画电视走向动画电影，把原创内容的效力发挥到最大。

电视动画片创造了"喜羊羊"品牌。2005年6月，《喜羊羊与灰太狼》电视版正式在全国推出。简单的人物角色、好玩的情节设计、幽默搞笑的剧情，赢得了低龄儿童的喜爱。动画片先是在10多家电视台播出，随后扩大到30多家，最后有超过60家的电视台都播出了《喜羊羊与灰太狼》。北京、上海等城市的最高收视率一度高达17.3%，大大超过了同时段播出的境外动画片。至今，《喜羊羊与灰太狼》动画片已经播出了530集，成为民族原创动漫作品的代表之作，确立了喜羊羊这一国产动画品牌。2007年，《喜羊羊与灰太狼》电视动画片荣获国家广电局颁发的"年度优秀国产动画片一等奖"，获得了官方的充分肯定。

电视动画片《喜羊羊与灰太狼》受到欢迎并不是偶然的，一是围绕低龄儿童群体作了准确的定位，在连续数年的播出中逐渐形成了稳定的受众群体。二是在动画内容上，动画人物形象有生命力，兼之老少皆宜的情节，引人入胜。三是打破了传统说教模式，欢乐的故事、健康向上的主题，符合国内小朋友的心理，借助剧情发展把小观众带入思考的空间。四是在早期播出过程中，努力探索可持续的盈利模式，主要采取了电视媒体播出和广告贴片等手段来回收投资，扩大产品影响力。

从电视到电影的探索与跨越。在做电视的过程中，原创动力公司就有制作电影的计划，但考虑电视和电影观众群的差别，在经过了三年电视动画片连续播放，培养了第一批观众群后，2008年初，原创动力公司找到上海文广新闻传播集团。当时的动画市场，只有一部《风云决》的票房达到了3000万以上，发行方就是上海文广新闻传播集团，它在动画电影的行销和发行上有丰富经验，双方共同确定了制作电影版的计划，由电视版《喜羊羊》改编的动画电影正式进入了制作阶段。由此组成了由上海炫动传播股份有限公司、广东原创动力文化传播有限公司和北京优扬文化传媒有限公司共同组成的团队，2008年上半年剧本和新形象设计就完成了，6月份之后影片正式开拍，从此拉开了大电影《喜羊羊与灰太狼》系列作品的大幕，也为每一年贺岁档电影增添了新的品种和内容，赢得了市场巨大的回报和影响。2009年推出了《喜羊羊与灰太狼之牛气冲天》，出乎意料获得了空前成功，周末3天票房便突破3000万大关，很多地方出现了影院爆满、拷贝不足的情况，片方只得临时向全国追加100个拷贝，这在国产动画片中尚属首次。2010年推出《喜羊羊与灰太狼之虎虎生威》，总投资1400万，在我国当年近两亿国产动画电影中，有近1.28亿元票房来源于该片，600万人观影，近2万场次，成为2010年第一部票房突破亿元的国产影片。2011年推出《喜羊羊与灰太狼之兔年顶呱呱》，也获得了1.427亿元的票房收入。几年下来，"喜羊羊"这个品牌创造的延伸财富，也如电影一样雪球越滚越大。但就观众的反应来看，也有一些持续发展的问题值得关注。《喜羊羊与灰太狼之开心闯龙年》也于2012年1月12日登陆全国院线。

　　思考系列动画电影取得的成功，原创动力公司相关人士认为原因有三：首先，影片的故事内容有趣、主题积极向上，十分符合低龄儿童的心理，这样的故事在以前国内市场是个空白，但需求却一直存在；其次，三年多电视版的播出，培育出固定的观众群体，他们成为贡献票房的中坚力量，"我们没有明星，没有票房号召力，必须有广大的观众群体（电视群体）的支援"。再者，发行公司运用了多种行之有效的宣传手段来推广这部电影，比如在全国的卡通频道播放电影宣传片、看电影送礼品、聚集口碑效应、组织各种活动等等，均起到了很好的作用。

2."喜羊羊"品牌成长中的烦恼

　　不论是持续性地推出电视动画作品，还是制作动画电影，原创动力公司在成长中既感受到中国动漫行业快速的成长势头和收益，也真切地遭遇到动漫行业"成长的烦恼"，即使是这样一家原创能力非常强的公司，也受到目前动漫产业发展环境不完善的制约。

　　问题一：中国动漫产业生存环境亟需完善

　　动漫产品生产作为一个完整产业链的重要环节，需要投入大量的资金制作，但收益来源却更多地存在于其他环节。因此，作为原创动漫公司，原创动力一直致力于民族动漫作品的原创。由于不同市场环节的作用不同，内容提供者（SP）的收益只是市场收益的一小部分，好作品并不能够必然带来与它的成功相匹配的市场收益。从做动画的角度来讲，国内电视台官方垄断性质的一种播出平台，就必然导致了做内容制作的动画公司投入和产出间的不平衡。这几年国家政策投入很大，地方政府也很支持，整体生存环境有改善，但是总体市场环境还是不容乐观，因为市场环境不是完全由市场配置资源、分配利润和收益，很多垄断性市场环节破坏了市场环境的公平性，这些非市场性因素的影响非常大，整个市场环境不是公平性的竞争环境。

调研中，原创动力公司的相关负责人认为，作为中国原创动漫企业的一员，到目前为止他们看到整个产业的发展还是很艰难，外部的生存环境还不算是一个特别宽松的生存环境。一方面有电视台的压力，动漫片的压力，另一方面从出版到影视都有一定的压力，第三点就是到衍生产品的推广问题，依然困难重重。

同时，市场环境不规范，盗版严重，不利于衍生产品授权的正当收益。特别是对于从事内容原创的动漫企业来讲，核心价值和核心竞争力就来源于原创的内容，智慧财产权保护不力，侵权盗版严重损害了企业的市场利益，正当的收益获得不了，增加了原创企业投入的市场风险。等到"喜羊羊"品牌在全国有了影响力，市场上立即就出现了很多盗版"喜羊羊"，包括冒牌食品、药品、对儿童不健康的网站等等。这些产品不但侵蚀市场，而且对品牌造成恶劣影响，成为原创动力面临的最棘手问题之一。

问题二：原创动漫企业收入结构待改善

作为一家原创动漫企业，原创动力公司的收入来源很多，但对比较成熟条件下的动漫产业而言，侧重内容原创的动漫企业收入来源要更加多样化，实现收入结构更加合理。

第一，原创动力的多元化收入来源。目前，就原创动力公司的整个收入来源进行分析可以发现，公司的重要收入首先是影视版权的收入。一是来源于电视台播出收益。最近几年，连续性的500多集电视动画片在全国各地电视台播出，形成了公司稳定的收入来源，即使电视台的垄断播出管道地位，使得内容提供者和电视台谈判时不是处在同一个对等的地位上，播出收益远不能满足公司巨大的投入。二是动画电影的票房收益。连续三年来，《喜羊羊与灰太狼》系列动画电影都赢得了很好的市场效果，也为公司带来了相当的收益。据公司负责人介绍，电影行业也存在垄断性的资源，院线和放映公司要拿走票房的60%到70%，假如有三个亿的票房收入，两个亿是要归院线和放映公司的。因此，每年原创动力、上海文广和北京优扬三方合作制作动画电影，票房收益除掉院线和放映公司的，剩下的扣除成本，扣除税收等费用，再和合作人分配，获得的收益也就相当有限了，不像外界人认为的票房一高收益就来得快。其次，政府部门给予的扶持性资金和各种奖励，比如公司获得"南粤创新奖"，政府奖励了五百万元。再次，动画衍生产品的开发。早在2006年原创动力就推出了动画衍生品，由于当时电视市场的局限性，并没有取得理想的效果。刚开始衍生品授权的种类有30多种，包括毛绒玩具、童装、雪糕、音像制品、图书等等。2009年电影版的巨大成功，使"喜羊羊"品牌在更大范围内得以传播，市场获得进一步成熟，品牌影响力遍布全国。现在品牌价值被开发后，每个行业都有进一步挖掘的空间，目前"喜羊羊"衍生产品的品种有1500多个种类，公司授权的厂家有300多家到400家左右。婴幼儿的授权产品明显比较多，集中到低龄儿童的玩具、文具等方面。公司负责人介绍说，他们没有1500多个门类产品的收入，有的就是给总代理的授权费的收入。所有收入大概比较持平地分为三部分，一部分是影视版权的收入，一部分是这个授权的收入，一部分是政府给予的各种扶持的资金和一些其他舞台剧演出、音像制品的输出的收入，各占三成左右。

第二，要进一步拉伸产业链，完善公司收入结构并开拓收入来源。根据国外成熟的动漫产业发展的价值链完善情况，靠电影电视内容来提升品牌价值，但真正赚钱的都是衍生产品，做动漫主要是靠衍生产品来赚钱。有一半甚至70%的收入是衍生产品，但必须是很注重版权的国家才会有这样的收入模式，而在中国还很难实现。往往影视产品提高了收视，但是赚钱的是盗版商，而真正的产品反而就是市面上的那两层，严重影响了公司正常收入。

问题三：衍生产品开发要利用好珠三角地区制造业发达的优势，培育巨型产业链中国动漫产业还处于发展的初级阶段，无论是产业模式或产品内容，都存在解决市场定位、整合行销、技术制作等各种问题。任何一家原创动漫企业都必须找到公司短期的盈利模式和长远目标，才能够获得可持续发展。

目前在国内动漫产业领域，持续性盈利能力强的动漫企业，往往是以做玩具等衍生产品为主的企业，比如奥飞动漫公司，不少动画片成了"产品广告"，出现了产业链倒挂现象。这是我国当下动漫产业发展背负的一种悖反宿命，毕竟市场法则面前生存是第一位的。从剧本的创作到影片的宣传发行，从档期的确定到衍生产品的开发。喜羊羊团队在开拓中创新行销模式，在探索中完善中国动漫产业链，艰辛中执著前行。

未来，像原创动力这样的公司，还必须进一步扩大产品线，丰富原创内容的开发路径和方式，着力打造拉伸产业链，形成更加丰富的收入来源。一是要充分利用珠三角地区制造业发达的传统优势，借鉴类似于酷漫居公司等的方式，把传统制造和文化内容结合，切割更大的市场利润空间。目前公司已经跟广东家具行业开展了合作，在地板和家具领域，但也还是一种授权方面的，要探索进一步前置合作方式。二是加大舞台演出、嘉年华等方面的探索。在每年推出一部喜羊羊电影的同时，也同步开展了其他专案。原创动力正计划每年推出一套新的喜羊羊人偶剧，长期进行全国巡演。三是做乐园方面的一个探索——嘉年华。它是卡通动漫从电视荧屏、电影银幕走到地面，给儿童提供一种能够真正接触的娱乐形式。

原创动力的产品已经"借船出海"走向世界。2010年公司跟迪士尼做了一些合作，让迪士尼频道在海外52个国家地区播放，包括英语在内有十七种当地语言。在中国动画史上以当地迪士尼频道这么强势落地的国际卡通频道在亚太地区进行落地，那是意义完全不一样的。据了解，目前原创动力也已经有了建立一个主题公园——"喜羊羊游乐园"的未来计划，集卡通人偶舞台表演、巡游、摊位游戏、电动游乐设备、亲子乐园、产品销售于一体。正如媒体人所称的"中国迪士尼"的梦想离我们不再遥远。

文化资源 城镇化 区域发展

【内容提要】文化资源是能够作为资产,应用于文化生产活动并产生社会和经济价值的文化积累,尤其是能够进行规模化运作的文化因素。区域文化特色和文化积累形成的文化生态圈是文化资本转化的空间载体,利用特色文化资源可以发展特色文化产业,为新型城镇化注入文化动力。文化资源产业化利用,要避免过于功利和短视,缺乏创意催化和差异,造成文化资源不可持续利用和破坏,必须遵循市场经济和文化发展规律,借区域特色文化产业发展为区域特色经济塑型。

文化资源是人类在社会活动中智力劳动的创造物,它以各种有形或者无形的内容表现出来,可以作为文化生产的原材料或文化生产所必需的条件,经过各种形式的生产或经营活动为人类带来物质财富和精神财富。

(一)经济视阈下的文化资源属性

"文化资源"有着丰富的内涵,不同学科视野下的"文化资源"有着不同解释,我们主要放在经济科学研究视野下进行思考。

1. 为"文化资源"定名

关于"文化资源"内涵的界定主要有这样两大类观点:一种观点将文化

资源的概念大致等同于文化，认为文化就是资源，只要是为了满足人类生存发展需要而产生的，包含文化因素的所有产品和精神要素都属于文化资源。这个文化的范畴包含了人类作用于自然和社会创造出来的各种物态化或精神化的产品，可以说是构成了整个社会的文化网络，如手工制品、建筑物、文学艺术、科学技术、社会制度和社会关系等。文化资源就是人类所创造的一切物质文化、制度文化和精神文化遗产的总和。

如吴圣刚的《文化资源及其利用》所说："文化资源指的是人类生存发展所需要的、以一切文化产品和精神现象为指向的精神要素。"[1] 米子川在《文化资源的时间价值评价》中也指出："文化资源是指凝结了人类无差别的劳动成果的精华和丰富的思维活动的物质的或精神的产品或者活动。"[2] 在这里，只要是体现人类追求和满足人类精神需求的产品或活动，均被划入了文化资源的范畴。由于人类社会生活的方方面面无不体现着文化的痕迹，都蕴含了丰富的文化特征，所以这种文化资源的概念几乎无所不包。

另外一种观点将文化资源限定在文化生产的范围之内，指出"文化资源是人们从事文化生产或文化活动所利用或可资利用的各种资源"[3]。这一观点认为，文化资源就是可作为文化生产原材料，能够用于文化生产活动的各种要素的集合。它将所有可作为文化生产和经营活动原材料的各种物质要素和精神要素，及其所必需的各种环境要素都包括了进来。由于文化生产所需的要素既有自然要素也有社会要素，所以文化资源相应被分为自然方面和社会方面。这种观点没有将文化产业与其他产业的共性资源区分开来，也就是没有把文化资源与自然资源区分清楚，将自然界天然存在的自然资源物质如土地、森林、矿藏等都纳入其中，不能够体现出文化资源的独特性。

笔者主张将文化资源的概念纳入产业发展理论的框架之中进行界定，这种对文化资源的界定包含着几层意思：

---

[1] 吴圣刚：《文化资源及其利用》，《山西师大学报（社会科学版）》2005年第6期。

[2] 米子川：《文化资源的时间价值评价》，《开发研究》2004年第5期。

[3] 程恩富：《文化经济学通论》，上海财经大学出版社1999年版，第37页。

第一，文化资源首先是一种资源，根据《辞海》对"资源"的释义，它是"资财的来源"[1]，《现代汉语大词典》则将其界定为"生产资料或生活资料等的来源"[2]。资源是人类从事一切生产和生活活动所必需的各种物质、精神原材料和环境条件，它是生产要素的重要组成部分，是经济学概念系列的核心内容。以往人们对资源的认识往往将其局限于"天然"的物质存在，但是现在人们已经越来越多地意识到财富不仅仅是由自然界的物质资料创造的，人类社会活动的产物同样可以作为财富的来源，它不仅包括物质形态的社会存在，也包括非物质形态的社会存在。

作为经济学上的资源，具有数量的稀缺性和质量的差异性。这种稀缺不是指绝对数量的稀缺，而是指它相对于人们的需求来说是稀缺的。由于它的稀缺性，获取它是要付出一定代价的，也就是它是"有价"的。文化资源作为资源的一种并不是取之不尽、用之不竭的，从质量上看，由于各个地区地理位置的差异、历史文化沉积程度、赋存密度的大小等的不同，其分布是不均衡的，存在着差异。整体来看，如果开发利用不合理，会导致文化资源的衰退、丧失甚至消亡。所以也要求我们在使用它的时候不能是无限度的，必须予以合理配置，充分、有效地发挥它的效用，使它能够更好地满足人们的文化生活的需求。

第二，与自然界天然存在的资源不同，文化资源上铭刻着人类社会活动的烙印，是人们在社会历史实践过程中所取得的物质的和精神的成果的总和。每个民族在长期的生产和生活过程中会不断地通过劳动创造出各种物质及精神产品，它是人类在历史演进过程中提炼出来的智慧凝结。这些成果既体现在有形的物质方面，更体现在无形的精神方面，比如饮食、服饰、建筑、生产工具等就属于物质文化的内容，而语言、文学、哲学、宗教、风俗、节日等则属于精神文化的内容。这些人类智力资源的结晶是前人对一切可利用资源加以利用的结果，是人类在历史活动中创造的财富，同时又可以为后人所

---

[1] 夏征农主编：《辞海》，上海辞书出版社1999年版，第1738页。
[2] 《现代汉语大词典》（缩印本），现代汉语大词典出版社1997年版，第6003页。

用，成为创造新的社会财富的源泉，所以和自然资源一样，文化资源也是人类生存发展需要的重要条件。但是与自然资源主要生产物质财富不同，文化资源所创造的财富更具精神因素，尤其在价值观念、风俗信仰、审美情趣等方面表现得尤为鲜明。

第三，并不是所有作为人类智力活动结果的思想要素和产品都可以成为或适合成为用于产业化开发的文化资源，文化转化为文化资源还需要存在与之相适应的影响因素和相关条件。这种文化资源主要指能够作为资产，应用于文化生产活动并产生社会和经济价值的那部分文化积累，尤其是能够进行规模化运作的文化因素。探讨文化资源产业化开发问题，更多关注的是具有经济潜质和经济职能的文化资源，主要的研究对象是能够给社会带来经济效益的那部分文化资源。它是可以由人们进行产业化开发的对象，是文化生产中所利用的核心生产要素。它能通过文化企业的具体操作，进入现代产业化经营，如果被有效地转化和运用就可以带来丰厚的经济回报。

2. 文化资源的性质和种类

文化资源既能以抽象的观念形态存在，又可以以实物形态存在，但是它的本质是以精神、理念等观念形态存在的一种动态的、非独占的、具有持续性的精神财富，与其他物质资料不同，它更多属于一种"观念上的财富"，这些特点也决定了文化产业可以服务于经济的可持续发展。

（1）文化资源的性质

文化资源具有如下四个主要属性：

第一，动态性。文化资源是动态的，"世界上没有孤立存在的文化。没有任何文化能够形成一个封闭存在的整体。所有的文化都受到其他文化的影响，反过来也影响着其他文化。世界上也没有静止的、不变的文化。在内力或外力的作用下，所有的文化都处在不断的运动变化之中"[1]。世界上任何一种文化资源均承载着一定的精神内容，而这个内容绝不是一成不变的，而

---

[1] 联合国教科文组织世界文化与发展委员会：《文化多样性与人类全面发展——世界文化与发展委员会报告》，张玉国译，广东人民出版社2006年版，第16页。

是处在不断发展的过程中。一般而言，一个国家或民族的文化资源大都经过从初创到发展、成熟的动态变化过程，它必然会随着人类的进步、时代的变迁、社会的变革而不断衍生和变异，逐渐构成有自身特色的基本文化形态，最终形成自己的特质。

从纵向来看，任何文化资源都是一种历史的积累，它是经过人类一代一代的努力，随着历史的演进而不断生长、不断递进的。人们的生产和生存方式在不断变化，相应地，价值观念、人文精神和审美情趣也在改变。每一代人都是在学习、吸收前人智慧的基础上来丰富前人的智慧并创造新的智慧，只要人类思维和创造活动不停止，人类文化就会不断丰富、发展、创新，并产生新的特质。一个民族的核心精神和文化，就是一个民族在长期的历史发展中逐渐形成的，随着时代的进步，人们也在不断丰富它的内涵，这其中同时存在着传承与发展创新的问题。

从横向来看，由于交通及通讯技术的发展，各个国家和地区之间信息的传播、人口的迁移规模的扩大，以及世界市场的形成，都在推动地区间文化资源的横向交流与融合。如果一个地区的文化系统是封闭的、自我禁锢的，必然会因缺少与外界的交流和联系而丧失生命力，最终弱化直至消亡。各种文化都处在相互渗透和相互交融的过程之中，将民族优秀文化与世界优秀文化相融合可以形成更高的文化形式，这也是发展文化资源，实现文化资源创新的一个主要途径。

总体来看，"每一种现存文化都是有生命力的，若它要存活的话，就需要实践与更新。正是这种保存独一无二的个性特征与融合变化之间的平衡保证了各种文化的蓬勃生命力"[1]。

由于文化资源具有动态性，决定了文化产业对文化资源的开发和利用也必须是动态的、辩证的，在利用文化资源的时候要把握好它的变化，一方面要坚持传统的精髓和自身的特色，另一方面也不能固步自封，而是要不断吸收新的因素，要在新与旧、内部与外部的冲突与融合之中发挥出它的最大效能。

---

[1]联合国教科文组织：《世界文化报告2000——文化的多样性、冲突与多元共存》，北京大学出版社2002年版，第177页。

第二,强大的再生功能。对有形的自然资源来说,它的使用过程便是其消耗过程,如水资源、矿产资源、森林资源等,其数量是有限的,而且在不断递减,所以人类对其开采和使用得越多,它们的数量就越少,而且对于某些不可再生的自然资源来说,若过度开发,还可能造成这一资源的永远灭绝。但是对作为精神现象的文化资源如果开发和利用方式适当,不但不会使其越用越少,反而会越用越多,逐渐递增。对文化资源的开发过程,本身也就是对文化的一种传承,因为学习、普及、使用文化资源的过程也是一个创造新文化财富的过程,它不仅不会耗损文化资源,而且可以通过开发,将文化资源培育得更为彰显、丰富、强大。

文化资源有很强的自我发展和再生能力。文化之所以能够成为一种资源,就是因为其有悠久的发展过程,是历史的积淀物。文化资源本身就是靠学习、传承、模仿前人而保存下来的人类智慧。一种文化资源,只要人们认为它对人类有用,便可以被永久地传承下来,它不会因为使用它的对象多,使用的频率高而枯竭、而灭绝。相反,一种文化资源使用的人越多、频率越高,不但不会导致它数量的减少,而且还可能促使这种文化资源数量上的增长,并丰富它的内涵,产生新的文化特质。优秀的文化资源往往是被不断地循环和重复利用,一代人使用之后,后代人仍然可以重复使用,可以世世代代为人类造福。使用的人愈多,愈能显示其价值和生命力。

第三,附着力极强。文化资源的附着力就是说文化资源虽然有其独立的形态特征,但又常常依附于其他的物质而表现出来,并且更加生动、鲜明,它可以不断与其他事物结合,创造出各种新的形式,扩充其本质特征,并拥有新的"含金量"。文化资源虽然也会以可感的物质化、符号化形式存在,但是其实质核心因素存在于思想化、智力化、想象性的形式之上,应该是依附于这些物质载体之上的观念、思维的东西。比如一幅油画的价值主要不在于它使用的画布、颜料等的成本,而是取决于创作者的艺术水平和创造力。

作为文化资源本质的无形的抽象观念形态,虽然形态上表现得比较隐蔽,但又是最具活力、最具张力的形态。它的不稳定性、可塑性强而又活跃的特点,使它可以作为渗透性因子,附着于各种物质载体之上,使这些物质材料不再是单纯的、具体的物品了，而是成为表征某种意义和价值的符号，具有了所指和能指的双重含义。以迪斯尼创造的卡通形象为例，它可以附着于多种多样的形式之上，以千姿百态的造型存在。在迪斯尼专卖商店里，各种玩具、食品、礼品、文具等，无不以卡通图案的附加值而带来丰厚的利润，并成为其文化理念的体现。再如风靡世界的《哈利·波特》，不仅直接刺激了图书出版、影视、广告等产业的发展，同时更扩散到了旅游、服装、网络游戏、玩具、餐饮等众多行业。世界上最大的三家玩具商：丹麦乐高（Lego）、美国的美泰儿（Mattel）以及孩子宝（Hasbro）分别以4000—8000万美元不等的价格获得了将《哈利·波特与魔法石》中人物、棋盘等做成玩具、纸牌、纸牌游戏等产品的权利。[1]美国的电子艺术公司获得了电子游戏的版权，创作出了角色互动游戏，"哈迷"们可以像哈利·波特那样拥有魔法，并按自己的喜好与兴趣自由变幻各式各样的东西。

文化资源的这种强大的附着力使其具有很强的辐射性和带动作用，它具有覆盖各个行业和部门的多方面网络的能力和产业关联效应，能有效地带动前后向上下游产业一同实现价值增值。

第四，正外部性。在市场经济中，一个市场主体的行为所产生的结果不是由该主体自己独自承受，而是由其他主体共同承受，叫做外部性。一个主体的活动如果对他人或公共的环境利益产生的影响是好的溢出效应，就叫做正外部性。文化资源的生产和消费过程就具备很强的正外部性，它客观上可以为服务对象之外的其他社会成员带来益处。文化资源也存在产权归属，但它所带来的效益往往并不是由产权拥有者完全独占独享，所以很多文化资源都作为人类共同的精神财富而存在。当一个消费者消费某种文化产品时，其他人可以同时消费此种文化产品，如果消费者数量不超过一定容量，并不会增加提供此种文化产品的成本，比如一个人在收听音乐的时候，也可以使附近的人同时得到美的享受。文化产业和其他物质性产业相比具有很强的范围经济效应，使用的人愈多，范围愈广，其效能就越大。

---

[1] 杨育谋：《〈哈利·波特〉的赚钱"魔法"》，《中华商标》2007年第9期。

另外，文化产品是精神产品。精神产品与物质产品的一个根本不同之处就在于，精神产品具有强烈的、持久的外部影响。物质产品消费之后，其物质形态就逐步消失了。而精神产品消费之后，虽然其物质形态消失了，但其精神影响仍然要持续较长时间。文化资源的利用过程也是一个将人类积累的文明成果通过各种形式传授给社会的过程，它在潜移默化中传播先进的文化理念、陶冶健康的情操、培养积极的人生观，可以让人们了解人类发展的历史、创造的文化，起到开启蒙昧、增进知识、提高素养的作用，对国家和民族核心价值观的培养有着积极的作用。

（2）文化资源的种类

区分不同类别的文化资源，有助于我们认识文化资源所包含的具体内容，文化资源按不同的标准可以形成不同的分类体系。

从文化资源是否以实物性形态存在可以将之分为：有形文化资源和无形文化资源。有形文化资源是指依据一定实物载体而存在，通过一定的物质形式得以记录、表现和传递的文化资源。人们常常将观念的文化用系统的符号形式记录在某种物质载体上，如将文字、图画等记录在纸张、石块、金属、布匹上，使之得以保存和传承，这些载体连同其身上负载的文化符号一起构成了文化资源。这类文化资源的具体存在方式多种多样，如历史遗址、文物、特色民居、民间乐器、服饰等。科学技术的不断发展也在不断为文化提供新的材料和载体，比如随着电子及数字技术的发展，磁带、磁盘、光盘、移动存储器等都成为了重要的文化存储载体。无形文化资源（也称非物质文化遗产）是以非物质形态存在的那部分文化资源，它们主要以人的活动为载体，是依赖人的声音、形体动作、表演等行为而得以表现的文化形式。语言、音乐、舞蹈、风俗、民族节庆等都属于这类资源。

从历时性的角度可以将其分为：文化历史资源和文化现实资源。文化历史资源主要是指前人创造的文化的凝聚，也就是古代文明留给今天的财富。它承载着丰富的历史信息、历史材料和历史文化内涵，它往往能够体现一个地区或民族文化的灵魂和精髓，具有无可替代的地位和作用。文化现实资源与当代人的智力运作相关联，主要是以现实知识和智力形式存在的人力资源。

文化产业的发展离不开强大的人力资源支撑，它的一个重要特点就是要依靠当代人的创新和创意来创造社会财富。人才的原创力是决定"文化内容"优劣高下的生命线，只有富有独创性思维和实践能力的现实人力的投入，才能将传统的文化资源转化为现实生产力，在产业运行中创造新价值，实现价值的增值。

从文化资源所属产权主体不同可以将其分为：公共文化资源和私人文化资源。公共文化资源的产权主体是全体公众，它为社会大众共同所有，是全社会的共同财富，所带来的效益由所有社会成员共享。比如文物，《中华人民共和国文物保护法》规定："中华人民共和国境内地下、内水和领海中遗存的一切文物，属于国家所有。古文化遗址、古墓葬、石窟寺属于国家所有。国家指定保护的纪念建筑物、古建筑、石刻等，除国家另有规定的以外，属于国家所有。"私人文化资源的产权归属于个体，它的使用权、收益权和转让权被划分给特定的个人或团体所有，具有一定的排他性，可以在市场上按照自由交换的原则进行交易，并给其所有者带来收益。

另外还有各种纷繁的划分方法，根据文化资源分布的区域不同可将其分为城市文化资源和乡村文化资源；从统计评价的角度还可将其划分为可度量文化资源和不可度量文化资源；从宗教的角度可分为佛教文化资源、道教文化资源、原始宗教文化资源等；从行业的角度可分为农耕文化资源、商业文化资源、工业文化资源等，这里不予详述。

3. 文化资源开发的经济属性和社会属性

文化资源的开发价值体现在两个方面：经济价值和社会价值。文化资源的社会价值体现在它能满足人们对文化、精神和心理的需求，并对人们的思想、意识和观念行为产生深远影响。它的经济价值表现为：文化产品的生产、交换和消费是社会经济生活的重要内容，能够产生促进经济增长、吸纳就业和扩大内需等经济效益。如果在使用过程中主要利用的是文化资源的社会和审美教育功能，形成的就是文化事业；如果主要利用它的经济功能，则会形成文化产业。文化事业和文化产业是文化资源利用的两种不同的路径，是文化资源两种属性的不同体现，它们具有不同的开发主体、目的和手段，研究文化资源的开发问题就需要理清二者之间的关系。

自新中国成立以来，我国的文化活动多是被当作一项事业来对待，一直缺乏文化产业经营的观念。2002年11月，党的十六大报告第一次把文化事业和文化产业作为两个概念并列提出，指出要"积极发展文化事业和文化产业"。报告指出，国家既要"支持和保障文化公益事业，并鼓励它们增强自身发展活力"，又要"完善文化产业政策，支持文化产业发展，增强我国文化产业的整体实力和竞争力"。这是我国在文化事业和文化产业认识上的一个重大突破，给文化产业的发展提供了重要机遇。

文化事业与文化产业都是文化建设的重要组成部分，它们都利用文化资源来提供文化产品和文化服务，但是两者利用的是文化资源的不同属性。文化事业具有公益性，不以营利为目的，侧重于利用文化资源的社会职能，以丰富和提高人们的审美、道德水平和思想才智，优化社会风气、规范价值取向为目的；而文化产业主要利用的是它的经济功能，具有较强的经营性和营利性，它按照价值规律和市场化运作的模式，以赚取利润和发展经济为目的，追求最大经济效益。

文化事业的实施主体是国家和社会团体，它主要依托国有文化事业单位开展活动，这些文化事业单位通常是政府部门的附属单位，以行政方式进行管理。由于文化代表着一个国家和民族精神发展的水平，国家总是要直接掌握和提供一部分文化产品和服务，使其成为公共产品，以满足社会发展的基本需要。同时，公共文化产品和服务的提供也是公民实现文化权利的重要社会保障。我们国家在2003年3月和10月，分别加入了联合国《经济、社会和文化权利国际公约》和《公民权利和政治权利的国际公约》，这两个公约内容中的很多条款涉及文化权利。比如，《经济、社会和文化权利国际公约》第十五条集中而全面地对文化权利提出了规定：

"一、本公约缔约各国承认人人有权：（甲）参加文化生活；（乙）享受科技进步及其应用所产生的利益；（丙）对其本人的任何科学、文学或艺术作品所产生的精神上和物质上的利益，享受被保护之权利。

二、本公约缔约各国为充分实现这一权利而采取的步骤应包括保存、发展和传播科学和文化所必须的步骤。

三、本公约缔约各国承担尊重进行科学研究和创造性活动所不可缺少的自由。

四、本公约缔约各国认识到鼓励和发展科学与文化方面的国际接触和合作的好处。"[1]

而要保障公民文化权利实现的重要途径就是必须大力发展惠及所有公民的公共文化事业。文化事业是以非营利资金（如政府投资及社会基金、社会捐赠）支持为主，国家和社会为其提供生产投入的经费，包括人力、资金和物力等各种资本，由政府主导，也常常辅之以社会资金的投入，国家可以采取行政命令的方式直接调控。在现代社会中，这类文化活动的目的不是营利，而是以满足全体社会成员的基本文化生活需要为目标，是每一个公民都应该享有而且能够享有的文化生活，所以，它是一项重要的公益性事业。其效益不能仅仅以市场的大小、经济效益多少来衡量，而是以寻求最高社会效益为原则。

比如各个国家和地区都会设立图书馆、博物馆、科技馆、文化馆（站）等文化机构，它们面向社会，为公众提供公共文化产品或服务，着眼于提高公民的文化素质和文化水平，虽有一定的经济收益（如门票收入等），但单纯依靠自身力量很难支撑下去。再如代表国家和民族水平或一定地方特色的学术研究和文艺创作等，其经济收益不能完全体现其价值，国家往往会给予财政上的支持或补贴以维持其运营和发展。

文化产业是将文化资源用于产业方式运作的活动，这种经营性文化产业与公益性文化事业不同，它注重文化活动本身的"产业"属性，即经济性，是社会经济生活的重要内容。它的发展必须遵循市场规律，通常依靠私人资本的注入，主要通过市场手段开展经营，以追求利润最大化的企业为核心。比如影视娱乐业、广告业、旅游业、演出业、会展业、咨询业、策划业等都

---

[1] 转引自毛少莹：《公共文化政策的理论与实践》，海天出版社2008年版，第33页。

属于文化产业。文化产业能够创造极为可观的经济价值，起到增加就业、刺激消费、涵养税源等重要作用，也被称为21世纪的黄金产业。各国都在打造自己的文化产业平台，文化产业已成为许多发达国家的支柱产业。

文化企业是文化产业运营的主体，这些企业是从事生产和经营活动的独立核算的经济组织，以追求利润、产品的价值补偿和增值为目标。在市场经济条件下，一条以企业为主的协作链条把不同的参与者连接起来，通过分工协作，艺术家、经纪人、生产商、销售商等以市场为舞台，将文化价值转化成为商业价值。这些文化企业的生产和经营活动以市场需求为导向，主要关注个人的享受和发展需要层面的文化需求，专门以具有购买能力的群体或个人为主要服务对象。政府在其发展过程中主要通过宏观经济手段起到间接调控的作用，一般不会直接干预企业的经营活动。

当文化活动的社会效益与经济效益相矛盾的时候，与事业机构把社会效益放在第一位不同，文化企业必然要考虑的是自己的利润目标和承受能力。文化产业所生产的产品具有较明显的商品性，并形成了相关的文化市场。各个主体在市场上展开竞争，优胜劣汰，力图以最少的经济投入获得最大的经济产出。在产业化的过程中，很多企业依靠标准化生产和管理模式，生产出批量的文化产品，在提升企业竞争力的过程中，不断提升文化生产和经营的效益。

文化产业和文化事业是市场经济条件下文化发展的两种形态，我们既不能把两者混为一谈，也不能将其完全割裂开来。两者相互依赖、相互促进、共同发展。公益性文化事业是文化产业发展的重要基础，而文化产业的发展也为文化事业的发展提供了经济保障和物质支持。文化资源产业化主要针对的是对文化资源的产业化利用与开发，也就是主要关注文化资源的经济属性，但也要坚持经济效益和社会效益统一。

（二）特色文化资源为新型城镇化注入动力

从文化角度来思考，文化资源、文化产业与城镇化建设有一种什么样的内在联系？从国际视域对此给予解释和说明，不仅是一个很有意思的话题，而且对当前我国推动城镇化建设也有一定的借鉴意义和参照价值。

1. 新型城镇化：文化资源的角色定位和功能

城镇化建设中，强调文化规划和文化服务是城镇化建设重要内容具有很强的现实针对性。随着我国房地产行业的快速增长，房地产行业扮演了国民经济支柱性产业的角色地位，占据 GDP10% 强的比重，因此正确理解城镇化中文化的功能地位和活化功能，尤其具有针对性。城镇化建设不是人为的"造城运动"，而是一个产业发展带动相关元素集聚的自然过程。我国工业化率对于城镇化率的贡献远低于发达国家，除了城乡二元乃至于城市本身的二元结构制约外，归因于房地产开发的硬件设施建设并没有与产业发展、资源环境、生态保护、文化服务等因素密切结合发展，由此在地方上出现了很多的"鬼城"、"死城"和"睡城"。城镇化最重要的是人的城镇化，文化设施的规划建设、文化内容和服务提供、文化消费的引导等都必须作为推动城镇化建设的必选项加以考虑，没有文化环境营造，没有文化活动内容，没有文化传播与形象塑造，没有文化发展创造的城镇化，就不是新型城镇化，也不可能建设成宜居的城市。

2. 新型城镇化需要建立一种新的文化生态平衡

我们要建设的新型城镇应该实现人口、资源、环境、生态和文化等各方面的相互平衡，把城镇从工业经济时代的生产功能转变成知识经济时代的服务功能，把城镇由生产空间变成生活空间和文化集镇。城镇化建设必然会带来一种新的文化空间布局的塑型，生成一种新的文化范式。因此，如何传承原有文化，催化创造新型文化内容，维护一个新型市镇和社区的活力，是推动城镇化建设过程中必须予以解决的课题。文化生态是一种结构性存在，既包含由于历时性发展所积淀下来的文化传统、习俗和有意义的场所，也包含凝结着时间价值形成的空间关系，特别是一些有形文化建筑的空间布局。这种文化因素的时空布局具有稳态化特征，城镇化建设中很可能对既有文化生态造成毁灭性破坏，这种文化遗产一旦遭到破坏就难以复原。由于文化生态的破坏，建设性破坏成为了城市建设的致命伤，也成了文化发展的灾难。"千城一面"成为当代我国城市化进程中的败笔，城市生命个性模糊了，失去城市记忆和历史厚度的都市迷失了发展方向，也失去了城市的魅力和吸引力。

怎样协调发展与保护的关系？发展中如何保护好当地环境和地域文化传统及特色？正因为没有文化空间布局的考量，城市宜居成了奢望，西方工业化时期城市生产性功能弱化不断变迁发展的进程，到了我们的城市化进程中却得到了放大性强调，城市服务功能不足，没有成为一定区域文化服务、信息聚集传播的中心的角色，城市文化创造和活力不足，制约了发展内生动力的成长。比如在文化产业园区的规划建设中，各地秉承了工业经济发展的惯性思路，产业进园区的发展模式，更加注重建筑本身的建设，然后招商引资，实行房东式管理模式，园区也仅是一个生产性空间，功能单一。而没有很好地与社区结合、与文化消费结合、与时尚生活结合，难以产生一个文化产业园区成为文化活动场所，没有成为生产空间、文化艺术空间、生活空间，因此活力不足，难以对城市文化创造和传承带来活化作用。这就是典型地忽略了文化园区建设与既有文化禀赋传承嫁接，融入并产生新的文化生态环境的结构性问题。完善的文化产业园区必须实现多功能复合价值，成为城市文化生态链条的一环，文化功能区空间布局的新的组成部分。在二十世纪六十年代日本开始的"新乡村再造运动"中，基于恢复美丽乡村，就是依托于文化资源保护传承基础上给予完善建设，接续历史时序中的文脉。在城市化过程中，利用好生产、生活和生态资源，探索实现新兴产业引入，传统产业形态转化，从而推动全面可持续发展的城市化进程。城市化进程除了大都市和城市群（圈）建设之外，也要关注小的城镇建设，而其中文化因素和文化资源的活化与激活就往往成为了城镇复兴的重要动力，也是把隐性文化生态唤醒的一个重要载体和依托。

3. 特色文化资源应成为新型城镇化的动力支撑和实现途径

文化是新型城镇化的重要方面，依托地方文化资源和特色文化产业是城镇化的发展动力。城镇化必然伴随着人口的转移和新的聚集，尤其在村民变市民、农村变社区的快速城镇化进程中，既要保持原有文化的连贯性，又要及时注入新的文化内容，迅速建立并保持原有地域性"亚文化"、传统文化与现代文化的融合和新文化生态平衡。要关注并利用好不同的文化元素，发展联系紧密的文化产业,让特色文化成为培育特色城镇和社区的引导性社会力量。从这个意义上说,文化对人和城镇起着奠定基础、创造条件的功能作用。国外有很多依托移民文化,打造特色移民社区城镇,从而激活当地经济社会生活的实例。比如在1980至1990年代,美国马里兰州蒙哥马利郡的惠顿,这里是华盛顿地铁的终点站,因为对移民多元文化的重视和利用,惠顿成为多元种族文化中心,协助移民建立社会服务体系从而促进了城市中心地区的振兴。

知识经济条件下的新型城镇化,如果借助于文化资源,特别是特色文化产业,可以解决城市产业升级或转型出现的产业空心化问题。1970年代的英国,因为很多传统产业转移到海外,或者产业自身升级的影响,很多过去产业类型较为单一的城市出现了衰落和产业空心化问题。如何寻找合适的替代产业重振经济,如何带来城市更新的内在动力和发展活力,就成为后工业时代发达国家城市管理者的现实命题。英美等国都从文化经济中找到了部分解决问题的答案。借助于艺术文化产业的不同类型,英国通过培育社会公众的创造力和审美力,发展创意产业,实现了工业经济向文化经济的转型,获得了城市更新复兴的新动力,古老英国向活力新英国华丽转身。如今,英国的创意产业已经成为创造产值仅次于金融业的第二大产业类型,成为提高国家文化软实力的最重要载体。

发达国家如此,对于我国这样一个快速城镇化的新兴发展中大国,城镇化应选择怎样的产业发展?在城镇化中挖掘利用好文化资源,借助于特色文化产业作为产业发展的方向,增强城镇特色和个性,在新一轮城镇化浪潮中建立我们的新兴文化名城,这既符合发达国家文化产业发展的一个趋势,即中小城市文化产业日趋专业化特色,产业分工出现了区域化特色,也符合我国进一步扩大服务业发展的方向和要求。国务院2012年12月发布的《服务业发展"十二五"规划》明确提出:支持文化产业公共服务平台建设,建设一批产业特色鲜明、创新能力强、产业链完整、规模效应明显的特色文化产业基地,加快特色文化城市建设。这一点在中小城镇更具有实现的基础和可能,在中西部民族地区,很多历史形成的专业性特色文化村镇,就可能在推动城镇化发展中演变成特色文化产业集中的城镇,在保留延续传统文化特色的基础上拥有了新兴产业的发展,进一步推动文化、人群、信息的汇集,走上发展产业和推动城镇化的良性轨道。

(三)文化生态圈是文化资本转化的空间载体

文化资源产业化开发的区域战略是建立在对文化资源的区域特点和优势分析基础上的发展战略,是为了在区域文化产业竞争中获得长远发展而制定的整体规划。每个地区不同的历史及现实人文景观和文化积淀,构成了各个地域独具特色的文化资源优势,它们都蕴含着巨大的发展潜力。深入挖掘本地资源的文化内涵,探索最适合本地特点的文化资源产业化开发模式,因地制宜地发展有地方特色的文化产业,是制定区域文化资源产业化开发战略的重点。目前我国发展文化产业的实践过程中,文化产业的空间集聚和区域布局已经初步形成了一些现实特点和昭示未来趋势的端倪。"从整体上说,在未来的15年里,中国的文化产业将呈现出专业化、区域化和特色化的布局特征,引导我国不同区域文化产业走向差异互补,协调发展的合理状态,是我国文化产业发展需要解决的一个重要问题。"[1]因此,各地在发展区域文化产业时,不应面面俱到,而是应该有所为、有所不为,需要在优势资源分析的基础上进行战略规划,并落实到具体的发展模式上。要将自身得天独厚的文化资源优势转化为产业优势,就必须遵从文化产业的发展规律,选取具备产业发展特征的优势文化资源板块进行产品项目开发。

1. 文化资源的空间差异性

从文化资源的空间分布看,它具有相对独立性和空间差异性。每一特定地域内的文化,都是由一定地区范围内的历史遗存、文化形态、社会习俗、生产生活方式等构成的。由于文化有着历史延续性以及现实发展不平衡性,各个地区的居民都在积极调整自身与外界客观环境之间的关系,逐渐形成了

---

[1] 祁述裕主编:《中国文化产业发展战略研究》,社会科学文献出版社2008年版,第122页。

各自的文化现象,使文化资源呈现出鲜明的地域性特征。我国幅员辽阔、历史悠久,存在着许多相对独立却又混杂在一起的地域文化单元。复杂多样的自然地理环境、民俗风情以及政治经济情况等,使得各地的历史和现实文化资源的差异性极为明显。

比如西南部地区的特色是其多样化的少数民族文化资源,各民族在不同的环境内繁衍生息,演绎出了众多的具有浓郁地方特色的语言、服饰、节日、宗教等民族文化。其绚丽夺目的民族服饰、民族工艺,丰富奇特的文献艺术,多姿多彩的民族民间风情等,形成了积淀深厚的民族文化资源差异性优势。

中原地区的历史文化资源博大精深,星罗棋布,可以说是"举手触摸秦文化,抬脚踢倒汉砖瓦",令人叹为观止。中原文化构成了华夏文明的主脉,国务院公布的历史文化名城在中部就有20座,中国古代的四大名楼黄鹤楼、滕王阁、鹳雀楼、岳阳楼都在中部地区。河南就是一个文化资源大省,它是华夏文明的主要发祥地之一,被史学家誉为"中国历史自然博物馆"。中国七大古都河南就有其三,其地下文物居全国首位,地上文物居全国第二位,馆藏文物占全国的八分之一。[1]中华民族的主体文化、根脉文化、源头文化几乎都可以在河南找到深厚的渊源。山西是国家级文物保护单位最多的省份,宋、辽、金以前的木结构建筑占全国的70%以上,湖北、湖南的楚文化也是源远流长,有炎帝神农文化、楚国历史文化、秦汉三国文化等,国宝级文物曾侯乙编钟、越王勾践剑、郭店楚简、云梦秦简等享誉海内外。这些无可比拟的历史资源成为其发展特色化产业的基本条件。

而一些新兴沿海城市发展文化产业的突出优势则是丰富的文化智力和创意资源。如深圳原本只是我国南部一个边陲小镇,以前一直被认为是"文化的沙漠"。但由于其毗邻香港,中外文化交汇的区位优势,使其文化融合与创新速度较快。这个移民汇集的新城市,虽缺乏传统的继承,却具有极强的现代性、开放性和兼容性。虽然没有其他老城市的历史积累,但依靠其良好的规划,加上移民城市特有的创造力,聚集了大量的设计及创意人员,形成

---

[1]叶取源、王永章、陈昕主编:《中国文化产业评论(第5卷)》,上海人民出版社2007年版,第217页。

了文化产业优秀的智力资源。并且新规划兴建了具备现代国际都市文化风貌和城市标志水准的现代文化设施，比如社会集资15个亿新建的锦绣中华、中国民俗文化村、世界之窗、华夏艺术中心，都充分显示出其个性特征。

也有的地区的文化资源具有综合性，如北京，作为历史文化名城和世界著名古都，3000多年的建城历史和800多年建都史，使它拥有了在国内首屈一指的传统文化资源，这些资源之密集，类型之丰富，知名度之高，其他地区只能望其项背。据统计，北京文物资源总量为3550处，居全国首位，其中世界文化遗产6处，全国重点文物保护单位60处。[1]同时，它也拥有全国最多的高等院校和科研院所，这又使它成为国内最重要的人才培养基地，荟萃了大量优秀的现代创意和科技人才队伍以及高水准的研究人员创意人才。大山子798艺术区、宋庄"原创艺术群落"更是因聚集了前卫艺术的代表，而享誉国内外艺术界。它们汇集了大批艺术名流和优秀艺术机构，展示了中国当代文化的特质，成为展示中国先锋艺术的窗口和与世界艺术交流的平台，并以其新颖性、别致性成为著名的参观景点，也成为了展示北京市文化新形象的名片。

2.特色文化资源与区域文化经济

地域文化作为特色文化资源能够转化为文化资本，形成地方文化产业。区域文化资源存量的盈缺，对文化所在地产品的开发、生产和营销至关重要，它是整个地区文化产业发展的基础。它和其他发展要素一起，并影响其他发展要素，形成区域分工中具有优势地位的专门化部门和支柱产业，并在塑造各个地区的特色产业、特色产品、知名品牌过程中起着基础性作用。

（1）文化生态圈是区域特色经济的必要依托

"所谓的区域文化，是以空间为前提的复合文化的分布，是类型文化在空间地域中的凝聚和固定，是研究文化原生形态和发展过程的，以空间地域为前提的文化分布。"[2]区域文化资源往往以某一地域空间为复合载体，在

---

[1] 王树林：《软实力：北京发展经济的比较优势》，《新视野》2005年第5期。

[2] 叶取源、王永章、陈昕主编：《中国文化产业评论（第5卷）》，上海人民出版社2007年版，第225页。

纵向上，贯通古今，积淀着各个历史时期的文化底蕴；在横向上，融合各个专项文化类型，形成复合文化体。不同社会政治经济结构和发展水平孕育了不同的文化生态圈，形成了各不相同的地域文化。区域文化具有整体性、关联性、相对独立性和空间差异性。

差异显出优势，优势形成特色。资源的合理配置与优选利用是经济学的基本原则和要求，一定的资源底蕴会产生相应的生产模式和产品形态。由于区域文化差异的存在，形成区域文化产业的比较优势。一个国家或地区不可能在所有的资源方面都具有优势，可能仅仅在某些方面有优势，在另一些方面就显出劣势，所以，要想在产业开发中获得成功，必须要找到自己的优势资源，扬长避短。要合理确立区域文化相对优势，在优势方面优先发展，做大做强，做出地域特色。

由于地理环境、区位、民族和经济发展状况以及文化传统等诸多方面的差异，各个不同地区，乃至同一个地区的不同村寨，其文化资源的类型和特点都会有所不同，很难简单模仿和套用固定统一的开发模式。因此，各地区必须结合区域文化情况，探索、构建具有区域特色的发展道路。要对文化资源进行分类评估，区别对待，探索不同的开发利用模式。

很多地区在发展的过程中都积累起了自己独特的文化品牌，历史文化资源类的品牌有广西的"刘三姐"、山西的"晋商"、山东的"孔子"、河南的"少林寺"、河北的吴桥杂技、杭州的"勾栏"、广西南宁的民歌等；现代艺术与创意品牌如：北京的"798"、湖南卫视的"超女"、浙江横店影视基地等，它们都成为具有一定区域垄断性的文化资源，是其他地区无法替代的，为当地特色文化产业的发展提供了肥沃的土壤。

由于区域文化经济存在的一般前提是文化资源的空间依赖性，即要依托于一定的地域空间，这种不同地域空间的自然禀赋的差异使每个区域自成特色。受地域文化资源类型及数量的影响，区域有着不同的产业选择，要合理调整产业结构，促使形成有特色的产业。在区域经济竞争中，如何通过文化资源整合来形成地域文化特色，将关系到当地文化产业甚至整个经济发展的前途和命运。

（2）区域特色文化经济

区域特色经济指一个国家或地区在经济发展过程中，依据本区域现有的社会、经济、文化状况、资源禀赋和生产力水平，能最大限度地扩张经济总量，结构合理且主导产业优势突出，经济效益显著，能确保可持续发展的具有鲜明区域特点的经济模式。也就是说，"某区域依托当地具有比较优势的资源，构建并发展具有市场竞争力的主导产业或支柱产业所形成的有鲜明特色的区域经济体系。特色经济以特色产业和特色产品为核心内容，并由于其独占性、效益性、辐射和扩散性以及可持续性，成为提升区域产业竞争力的主要内生力量"[1]。

区域特色经济的塑型。区域特色经济的形成是区域利用、发挥比较优势，形成和发展经济优势的结果，它以区域为空间载体，以分工理论和优势理论为基础。从经济学的角度看，在经济增长告别短缺，普遍进入生产过剩阶段后，同类产品的竞争在质量、用途已基本不存在差别的条件下，具有地域特色的文化含量成为其产品竞争成功的关键因素之一。产品差别化原则使相互竞争的各个地区所生产的产品之间具有了相当程度的不可替代性，即本地区向市场提供的产品或销售产品过程中的条件，与同产业内的其他地区相比，具有一定的垄断性。

区域特色文化经济正是以区域文化差异为依托，这种差异包含资源分布的不均衡性和稀缺性。区域发展总是在一定的空间条件下进行的，地域空间的不同，不仅意味着自然条件和地理位置的差异对经济社会发展模式的影响和约束，而且意味着不同的社会文化传统对发展模式的约束。

经济全球化已经成为当今世界发展的主流和趋势，这一浪潮之中，不同社会制度、价值观念、历史文化传统、发展水平的国家都身不由己地被纳入到统一的全球经济体系之中。这必然会促进国家之间经济上的相互交往以及政治上的相互合作，从而也就进一步加深了文化间的交往与合作，也相应地带来了文化的一体化和同质化现象。但同时，经济全球化过程中所伴随的生

---

[1] 曹阳、吴燕、金石：《论产业价值链与区域特色经济价值实现的战略途径》，《商场现代化》2008年第12期。

产经营的跨国化以及世界市场竞争的加剧，也推动了世界市场多元化格局的形成，在铺天盖地的商品的海洋中，只有保持自己的特色，与众不同，才能在市场上占有一席之地。

以特色文化产业作为支撑，对于推进区域的经济增长和经济发展至关重要。特色原则是指发挥"唯我独有"的文化资源优势，充分体现本地区、本民族的特色，开发出独特个性的产品或服务项目。这些项目的文化内涵与消费者原有的文化差异越大，吸引力就越大，这样就能够获得市场的认同，产生经济效益。

各种产品因为有差别才有存在价值，如果没有差别将丧失其存在的必要性。文化市场上这一现象尤为明显，特色是文化产品生存的根本。在这一背景下，保持区域文化的独特性显得愈加重要，其多样性、差异性、独特性、稀缺性和原生性等文化特征，在文化经济中显现出强劲的竞争优势。所以，文化生产与服务的全球化并不应该是以一种统一的文化取代各民族文化，而应该是各民族文化的生产、服务与消费的全球化，也就是在各民族文化的相互交融中创造新的文化成果。在这一历史条件下大力发展有特色的区域文化经济也显得尤为重要。

区域特色文化经济的发展途径。地方特色文化资源的独特性正在成为各地培育特色文化经济的必由之路。当前，区域竞争焦点已经由一般的发展要素竞争向稀缺性、独特性和唯一性的生产要素竞争转移，地方特色文化资源将成为未来区域特色产业形成和发展的核心要素。地方特色文化资源需要与现代经济社会发展相融合，在一般趋同中寻求文化差异，以文化的特色支撑起产业的特色，从而达到传统与现代的有机融合、经济与文化的有机融合，这将是发展文化产业的主要途径，也是地区经济发展壮大和实现历史性跨越的必然选择。

根据自身文化资源特色进行有特点的产业空间布局，形成各具特色的具有一定跨区意义的区域主导产业，并以此来带动其他产业的发展，从而促进整个地区的经济和社会发展，是区域特色经济的基本途径。

各地在制定开发战略时，关键是要立足自身基本情况，考虑本区域文化资源的基础和潜力，用经济的眼光审视和梳理自己的文化资源。在做好充分调查研究的基础上，实现区域生产要素的合理配置，将优势条件转为经济优势。在进行生产布局时要选准突破口，找准切入点，集中自身优势，争取在若干个适合本区域的、基础较好的、有发展潜力的产业领域取得突破。认清特色和优势之后，结合自己丰富的文化资源进行差异性竞争，在开发过程中最大可能地突出区域资源的特色，对现有文化进行选择性开发。

在选择具体的开发重点和开发模式时，要充分考虑地区之间的文化差异性和经济不平衡性，真正做到人无你有、人有你优、人优你特，切忌人云亦云、盲目跟风。依托区域的优势条件，通过对优势要素的优化配置，逐渐形成优势产业，乃至主导产业。由于主导产业本身所具有的强大凝聚性，可以对相关要素产生强大的吸纳力。这样就能逐渐塑造、优化区域的产业形象，诱导同类产业的区域集聚，进一步增强区域经济特色。在此基础上可以巩固和增强区域竞争优势，使潜在优势逐渐显性化，形成以优势产业或主导产业（群）为核心的区域优势和区域产业特色。

为了在新的历史条件下将现实优势不断延伸，各地还需要通过充分挖掘新的比较优势，并在此基础上启动和完善本区域的文化产业集群战略。可以根据自身条件建设一批机制灵活、运作高效的产业化基地或文化产业园区，形成优势产业群，发挥产业集群效应，凝聚产业链，壮大文化产业规模。通过产业集聚和产业链的经营建立品牌效应，可以增强区域核心竞争力，从而使这些地区转化为富有艺术魅力的个性地区，用文化内涵吸引人们眼球和资源，使文化艺术成为当地为之骄傲的资本和名片。

（四）区域文化资源利用的问题与困境

我国是世界文化资源大国，各地都拥有丰富独特的文化资源，但很多地区文化资源的利用度和整合度都还不够高，文化元素处在一种分散游离的状态。文化资源利用中普遍存在只注重短期利益，缺乏长远眼光，不注重文化资源保护，使得原本具有重复和可持续开发潜能的资源变成了一次性资源。如何保存好资源的文化根性，引导文化资源向文化产业方向合理转化，是将文化资源转化为经济发展优势时需要重点考虑的问题。文化资源开发利用中存在的主要问题有：

1. 缺乏整体规划布局，资源利用不能实现有效整合

区域文化资源开发散乱，缺少整体的规划布局，不能对资源予以有效整合，特别是对整体文化生态环境的保护缺乏足够的重视。在文化产业发展热潮的鼓舞之下，有些地区丧失了应有的清醒，似乎恨不得在一夜之间把一切与文化沾边的东西都弄成能够立足市场的产品，在文化资源没有得到全面盘点与评估的前提下，就不惜人力、物力、财力，忙于做一些不切实际的规划，盲目上一些缺乏市场前景的项目。由于缺乏整体布局，其结果是得不偿失，文化资源配置效率低下，不但造成了资金和人员的浪费，而且在很大程度上对文化资源造成了破坏和浪费。

在特色文化资源的认识方面，没有用科学的手段、严密的布置将文化资源纳入考察视野。目前我国还没有相应的围绕文化资源、文化产业发展变化动态的信息采集、监控系统，因此也就缺乏全面完整的文化资源数据库，或者信息资源滞后。由于对资源存量普查摸底不够，对资源的品种类型、数量价值等底数的总体把握都不足。

进行科学布局和结构调整的力度不足，所以资源优化整合的效果不大，难以系统开发、充分利用，致使特色资源的强势聚集与优化配置进展缓慢，转化率和利用率不高。区域特色资源结构调整的重心和主导不突出，特别是很多民间文化资源丰富、独特，但也相对分散，由于没有得到良性整合，放任分散。资源配置不够合理，分散经营缺乏竞争力，这些都降低了文化产业的存活率和增长率。

比如山西戏曲资源极其丰富，它是中国戏曲的源头，剧种丰富。地方剧种多达54个，占全国的六分之一。"大戏"中就有人称"山西四大梆子"的蒲剧、晋剧、北路梆子和上党梆子，还有诸多地方小戏：道情戏、秧歌戏、碗碗腔、弦儿戏、拉呼戏、平陆高调、万荣清戏、晋城目连戏等，广泛流布于山西各地。但由于这些小剧种主要集中在农村地区，资源太分散，很多都处于闲置和浪费状态。演出和欣赏多局限于本地，缺乏对外推介和宣传意识，

很多剧种的生存空间逐渐萎缩甚至消亡。云南的民族节庆资源情况也极为类似，它所拥有的民族节日在我国各省区内数量最多，各民族传统节日有200多个，但由于民族分布以及交通等因素制约，这些节日无论从规模到影响力，都极为有限。

从北京旅游业的发展来看，也存在这一问题。它虽然拥有包括历史遗存和人才资源在内的丰富文化资源，但除了故宫、长城、颐和园、天坛等有限的几处旅游景点具有世界范围影响外，其他绝大多数旅游点尚未得到充分开发。有这样一组数据：外国人在香港停留的时间平均是7天到10天，在美国迪斯尼乐园所在地奥兰多平均停留时间是15天到20天，而在北京停留的时间平均只有3天半。从消费规模来看，国内游客到欧洲人均消费3000欧元，到澳洲人均消费2500澳元，在香港人均购物3000港币，但抵京后人均消费千余元人民币，人均购物350元人民币，在名胜古迹人均购物1.61元人民币。[1]这一组对比数据对于北京这样一个资源大市来说实在是值得深思。旅游者有消费能力和消费欲望，北京也有着无与伦比的文化资源，但缺乏有吸引力的文化品牌的产品和服务，这是一种文化资源的空置和浪费，具有创意的"文化经济提供物"的丰富和实现才是消费需求驱动下文化资源的合理利用和转化的最终动力。

当然，对区域文化资源优势有一个明确清晰的把握，调动各个方面力量，把各种相关元素组合聚集起来，重新集中典范化产生一个能够表现区域文化精神的载体，带动文化经济的跃升发展，近些年涌现出的最典范的成功个案莫过于集中展现晋中晋商文化的灵石县的"王家大院"和榆次的"常家大院"了。在我国各地民间都存在着一些巨商大贾的豪宅深院，作为过去特定时代文化凝固下来的一种文化遗存而保留了下来，不见得保存特别完好，但完全可以借助于就地保护和异地保护等多种手法的运用，使那一个区域的文化精神得到最集中的表现，王家大院和常家大院在保护开发过程中就创造性地运

---

[1] 沈望舒：《从文化规划的内容缺憾谈中国文化产业走出去的竞争力》，载陈忱主编：《中国民族文化产业的现状与未来——走出去战略》，国际文化出版公司2006年版，第27页。

用了文物保护的各种办法。

明清时期,晋商几乎独占全国金融资本并称雄全国商业资本,开创了晋商的鼎盛时期,而且执全国商业牛耳达三四百年,创造了中国商业史上最灿烂的一页。晋商的事业如日中天,贸易活动享誉京师、连通四海、远涉国外,在全国近百个大中城市设有商号400多个,大量的财富涌入晋中,"山西太谷县孙姓,富约两千余万,曹姓、贾姓富各四五百万,平遥县之侯姓,介休县之张姓,富各三四百万……介休县百万之家以十计,祁县百万之家以数十计"。这些晋商巨富在赚得金银后便在家乡起房盖屋,精雕细刻,营造一个人间乐土,一个理想化的家庭乐园。当年作为灵石县县长的耿彦波具有先见之明地认识到这些晋商民间文化遗存的独特价值,出于个人对文化的自觉意识和尊重热爱,创造性地恢复开发了这个充分展现晋商文化精神的"民居博物馆"。耿彦波的做法是:

"先请专家们制定修复规划。然后把老百姓从中请出来。动迁之后决不是大兴土木除旧更新,而是分门别类地进行修复:

对保存尚好的民居,加以精心修复。修复的原则是整旧如旧,木质部分决不图漆加彩,以保持历史的时间感和岁月的沧桑感。

对残损的民居进行修补,但不使用新材料。缺失的零件与构件,从其他同类并残破的民居中取下补齐,以恢复其原貌与全貌。

将50年代以来新建的民居拆除。拆除后空缺的地方,从这一地区其他村庄中寻找同时代、同品类、同风格的民居搬迁过来,以使整个建筑群达到完整和恢复如初。

通过以上三种针对不同情况而采用的不同的修复方式,最终达到了整体的一致性,即该建筑群在时代性、地域风格和社会层面上的一致。"[1]

正是仰赖于作为地方领导的耿彦波的文化远见和对晋商文化的整体考量,兼之正确科学的修复,才打造出了这个民居博物馆式的"王家大院"和"常家大院",而后者则是他调任榆次地委书记后的另一件文化保护开发的

---

[1] 冯骥才:《灵魂不能下跪——冯骥才文化遗产思想学术论集》,宁夏人民出版社2007年版,第270页。

大手笔。正是因为有了这些晋商文化精神的最为集中体现的文化遗存,围绕着它们的相关文化产品的不同层次的开发延伸,进一步扩大了包含乔家大院在内的山西晋中古民居文化旅游的热潮,成为丰厚区域文化品牌和文化产业的重要载体。"借娱乐节目轰动效应打响品牌成为企业营销成功的捷径,一部电影可能带动一个产业,一个地区的经济发展,这已经有很多成功的实践案例。影视剧《乔家大院》的播映使山西乔家大院成为一个旅游胜地,2006年五一黄金周期间乔家大院每平方米的收入超过3000元,而十年前却是每平方米3元钱,十年收入翻番1000倍,可以说是一个文化经济的效应奇迹;张艺谋《大红灯笼高高挂》的拍摄地王家大院,也因为电影的影响力名声远播,成为旅游热点,赚足了旅游者的钱撬动了当地经济的发展。"[1]晋商文化资源的这些有效开发,实际上都是建立在最初建立民居博物馆的初衷和行动基础上的。

而在现实中也有一些地方对区域文化资源的分析审视由于缺乏整体性考虑,地区之间缺乏互动合作,没能形成集约化和产业化开发的主体模式。交流联合少,造成一体化程度很低。而且会使同一产业链条在不同地区和部门间游离发展,发展参差不齐,削弱产业的竞争力。各自为政,遍地开花,同质重构现象严重,每个地区受各自利益驱动常常会造成无序竞争,并引发矛盾。

2. 缺乏长远发展理念,处理不好资源保护与持续利用的关系

在文化资源的开发中,由于缺乏长期规划与效益评估,普遍存在着急功近利、拔苗助长的现象。很多地方缺乏长期和可持续发展意识,短期利益驱动导致大量的过度开发和掠夺式开发。一些地区发展文化产业将文化看作经济的背景和附属物,在开发中不惜以牺牲文化资源为代价而追逐短期经济效益。

尤其是文化遗产资源在这种开发中面临严重的威胁和损害,文化生态环境出现严重的退化和恶化情况。轻视对资源的科学保护,毁损文化遗产的本真样态、原始风貌和损害其整体生态环境;另外漠视一些民间非物质文化遗产资源,未能及时对散失、濒危的民间文化资源进行抢救性挖掘和整理保护,

---

[1] 高宏存:《"黄金甲"掀起商业狂潮》,《中国商界》2007年第1期。

致使其严重流失。这不仅会损害所生产文化产品的品质，还会对传统文化资源的永续利用造成灾难性的影响。由于很多历史文化资源是不可再生的，一旦破坏就无法恢复，让人惋惜痛心。

很多地区对历史文化资源的保护意识较弱，甚至不少地方存在人为破坏的现象。比如各地对古城的开发与保护之间存在的矛盾就较为突出。由于缺乏长远性考虑和"可持续发展"理念，开发的盲目性大，在部分地方，一些文物古迹和建筑在开发名义下遭到了严重破坏，有些甚至是毁灭性的破坏。之前的泰山索道扩建，把著名的景点日观峰炸掉三分之一，周围树木砍伐殆尽，造成不可弥补的损失，引起众多非议。一些古迹、文物在开发过程中也被改头换面，重新包装，失去了原貌。于1994年被联合国教科文组织列入《世界文化遗产名录》的武当山道教古建筑群里，前些年竟然出现了一个由古建筑改建而成的三星级宾馆。武当山文管所在它规模最大、保存最完整的道观——复真观内大兴土木，对部分古建筑按三星级宾馆标准进行改造装修，建成了"太子养生堂"。它对外提供吃、住、游、购、娱全方位服务，虽然现在已经被勒令拆除，但已经严重破坏了古建筑。另外在曲阜，标志性旅游景点世界历史文化遗产"三孔"一度被有关部门交由旅游公司管理，由于不懂文物保护的基本规律，管理者胡作非为对文化遗产任意处置。在2000年12月中旬，"三孔"管理部门为了以新面貌迎接中国孔子国际旅游股份有限公司成立，对孔府、孔庙、孔林进行全面卫生大扫除，孔府、孔庙、孔林惨遭"水洗"，致使古建筑木结构进水，壁画、殿堂彩绘、金箔脱落，石碑的石隔内渗水，对展室文物字画和金属器物的安全造成潜在威胁，一些古建筑大面积彩绘已经模糊不清，古建筑均有不同程度的油漆彩绘脱落现象，其中孔庙最为严重，"三孔"文物遭到大面积严重破坏，造成损失难以估量。[1]

另外对无形文化资源的庸俗化开发同样是对文化遗产的损害。比如由于近几年东巴文化在国内外享有盛名，一些投机商在木料上随便刻几个似

---

[1] 高宏存：《文化资源产业化研究》，国家行政学院出版社2010年版，第121—123页。

是而非的图案就当"东巴文字的艺术品"出售,这种做法无疑是对传统资源的破坏,影响到可持续开发。一些民间舞蹈、仪式、风俗习惯在开发过程中也被庸俗化、简单化,失去原有的神韵。很多历史文化和文学经典,也在被人以恶劣的方式挪用、滥用、超容量开发,使其面目全非。在对民间文学作品进行改编、整理、传播、署名时,常出现移花接木、张冠李戴的现象,或故意忽略原创民族、原创地,使民族传统文化知识变成"公用"知识。再就是无节制地表现和夸大人的本能欲望,使开发呈现出一种全然世俗的甚至庸俗的文化景象,这种开发势必导致文化资源的衰退乃至整个社会的文化贫血。

开发不是资源的消耗机器,而应该是资源再生的工作母机,只有保护好这些资源,才可能实现经济和社会的长远发展。

3. 缺乏文化深度和创意催化,导致开发方式粗放

由于对文化资源的内涵认识不足,对其利用仅停留在肤浅的表面的开发,资源利用率低。这一点主要表现在文化产品的附加值和科技附加值不高,或者生搬硬套。开发方式单一,资源雷同导致的产品同质化现象突出,热闹有余而内涵不足,缺乏创意。在缺乏现代化生产技术和手段,创意能力不足的条件下,生产出来的文化产品多属附加值较低的初级产品,必然要浪费、埋没一些市场潜质极高的文化资源,并且还很有可能失去再度开发的机会。而且这种低层次的开发,易于相互之间的复制模仿,导致竞争加剧,容易形成恶性循环。

有些文化资源因存在发掘、消化、吸收、艺术性创新的难度,少有人深究。表演展示、影视出版等产业低水平运行,平庸雷同作品充斥于市,精彩文化产品与服务明显不足。不少是借某些文化资源的皮毛概念的泡沫式商业喧嚣,并不是对文化的理性开发与弘扬。各种文化资源要素得不到市场确认、无法进入产品链和营销整合,难以完全转换成产业资源。文化产品特色不鲜明、品种不丰富、包装不时尚,缺乏主题吸引物,难以实现二次开发。文化产品结构过于单一,内容陈旧,缺乏竞争力,与国际上高层次产品细分、多样、专项、灵活的特点有相当差距。

比如很多影视作品对传统资源的开发就缺乏深沉的历史厚度。在内容和形式的选用上未经认真思考，题材陈旧，制作粗糙，缺乏较深的内涵和打动人心的深层文化力量。它们大多只是从传统文化中寻找出几个支离破碎的符号，断章取义几个文化片断，却丝毫不注意文化元素组合的合理性。另外，高科技和数字化技术的应用环节薄弱，制作、加工和欣赏还大多停留在传统技术的水平之上，这都制约了整个产业的发展。

在动漫界，由于中国原创动漫起步较晚，而且市场一直被日本、欧美、韩国动漫所占据，中国的动漫人无论是创意还是画风都深受洋动漫的影响。本土动漫生产机构中真正有独立创作、制作能力的企业很少，绝大多数制作公司只是加工企业，长期处在外包产业链的下游，自身产品研发制作能力不高。再加上自主产品的生产制作周期加长，缺乏市场运营能力和竞争力，难以适应需求，无法打开市场。

很多地方在开发旅游项目的时候，热衷于建一些假古建筑，搞一些主题公园，不顾客观实际，大投入、大手笔、大蓝图地建造人工景点，比如红色基地、旅游度假村、惊险漂流等。再东拼西凑、胡乱包装，编造各种民俗传说、故事，硬贴上各式解说，或围绕名胜古迹和旅游景点依靠编几本书、做几个工艺品、卖几张门票等来做文章，而不是站在更高的理性层次上进行文化内涵和文化创意的挖掘。结果往往是刚开张时热闹非凡，过几天就门可罗雀。旅游产品的展示方式陈旧，解说词乏味、苍白无力、信息量不够，致使浓郁的文化内涵无法传递给消费者。开发内容片面，开发形式单一，并且缺乏互动，使它们都无法取得良好的效益。

4. 缺乏创意熔炼催化，资源重复开发严重

有的地方把其他一些地区开发较为成功的项目作为"典范"，不加思考地模仿其做法，从而丧失了本地的特色。

在杭州，"宋城"出现后，作为杭州旅游业的补充内容，仅第一年就接待了近300万游客，经济效益明显。一些地方便纷纷仿效，在缺少客观周密调查和可行性研究的情况下，一哄而上，人造景观几乎泛滥成灾。全国范围内就有限的产业资源进行争夺，出现了人造景观的同质性和相似性，资源的

分散带来了很多不利影响。由于缺乏自身特色，根本无法吸引消费者的眼光，以至于投资者苦苦经营，难以为继。

比如曹雪芹笔下的《红楼梦》中的大观园在华东就一下子冒出了7座，吴承恩笔下的《西游记》中的游乐宫全国竟有近40座，各类民族文化村（宫）等主题公园更是数不胜数；无锡、武汉、河北、成都、山东等地都投资开发了"水泊梁山"（水浒城）；继深圳之后，广州、杭州、长沙、上海等地也投资建设"世界之窗"。而这类重复投资、重复开发、重复建设、批量生产的景点往往支撑不了多久，几乎"全军覆没"。尤其是随着近几年人们崇尚自然热潮的兴起，人造景观进入了衰败时期，前期建起的人造景点纷纷由于生意冷清或关闭或转型。如成都的"水泊梁山艺术宫"开张不到半年便转手开夜总会；北京动物园"西游记宫"早已被爆破拆除；福州市也拆除了"西游记宫"改还绿地。

这一点在各版权产业的发展中也有鲜明的体现，电视剧、电影的创作跟进式、一窝蜂现象严重，艺术水平尽停留于模仿、复制、翻版阶段，加工制作层次低，缺乏超前、独特的视角，形似而神非，经不住时间的考验。电视节目中真正自主开发的原创题材不多。抄袭国外流行题材，虽然花样繁多，种类齐全，却都是照搬或是移植，没有一个是原创栏目。虽然有可能短时期内获得一定成果，却不利于整个行业创新能力提升和长远发展。电视剧也是跟风的作品居多，宫廷戏、古装剧、抗战题材剧、公安剧、社会情感剧都是可以以潮涌来形容的。这些年古装戏一窝蜂争上荧屏的现象直接导致了观众严重审美疲劳，收视率节节下滑。

（五）区域文化资源产业化四原则

通过发展各具特色的区域文化产业促进经济结构的调整和布局的优化，已成为国家超越传统产业，实现产业升级更替的重要战略选择，文化资源产业化开发需要遵循一些基本原则。

1. 整体规划布局与分阶段相结合

资源的产品化、价值化是一个逐步推进的过程，要允许各地根据实际情况进行探索，逐步寻找到最适合自身资源类型和特点的开发利用途径，从而有计划、有步骤地开发文化资源。

第一，做好文化资源的发掘与整理。文化资源要成为具有吸引力的文化产品，就必须经过人的认识和发掘，特别是对散落于民间的文化资源进行系统化发掘考证，揭示文化资源的深层内涵。各地要从对文化资源的界定入手，对本地区文化资源的种类、性质、现状、特色进行充分的调查研究，认真梳理和归类，准确把握各类文化资源的特性。在梳理、归类时，尤其值得注意的是要用市场的眼光、经济的眼光来审视文化资源，分析哪些资源具备产业化开发的潜力，为开发途径的选择打下基础。

第二，科学评估。需要从资源的文化要素、价值要素、效用要素、发展预期和传承能力等角度，本着客观性、可行性、可比性和数量化等原则对各种文化资源分别进行科学的有效的评估。不同的文化资源其价值是不一样的，要对开发价值、市场前景等因素进行全面分析和评价。尤其需要注意以前瞻性的资源价值眼光，发现具有象征性的、规模化的地方文化资源。在评估时既不能似是而非，又不能空想臆断，可以参照这样几个标准体系：文化资源的珍稀度、奇特度、规模度、完整度、审美度、可整合度来考察文化资源的可开发空间有多大，产品市场半径和容量究竟有多大，并且据此确定开发投入力度以及发展规模。

第三，确立差异化开发规划。在做好充分调查和评估基础上，根据物质文化和非物质文化的不同特点，结合各地区文化差异，区别对待，探索不同的开发利用模式，根据文化资源的不同价值发挥其自身作用。为各类资源寻找适合各自表现形式的载体，并制定可行的开发方案。对文化资源进行相关性分析，对各要素进行综合性的平衡组合，形成最佳的空间布局态势和内容上的分层开发，使资源开发发挥最大的效益。开发项目要坚持经济性原则和社会性原则相统一，应该以市场为导向，优先开发资源需求旺盛的文化资源，并且创意新颖，才能有旺盛的生命力。

另外要做出系统的关于文化产业发展战略、文化产品和市场营销、文化设施和服务、文化管理体制等方面的发展规划。在制定规划时，要根据自身的经济实力，分期分批、有重点地进行开发，不能不讲效益，盲目投资。根据本区域资源优势和文化的闪光点来确定以何种形式为主要发展方向和重点开发目标，找到一个切入口，集中人力物力，重点布局，同时辅助开发与此相关的产品来向外界推广其特色文化。首先推出精品，通过精品的推广，带动周边产品、资源、工艺方面的需求，使产业链变粗变长，实现经济效益最大化。在这一过程中逐渐摸索经验，孕育和构建完善的发展模式，使发展模式步入演进路径，不能盲目式地一窝蜂跟进，这样就会收到较好的投资效益，比如晋商文化的产业开发。

2. 激活文化元素整合放大效应

很多地区从整体上看文化资源具有极大的经济和市场价值，但从具体单个文化类型来看，无论是物质文化资源还是非物质文化资源都还处于一种零散、分散的原生态状态，只有将这些独立存在文化资源的不同要素、不同优势有效地整合起来，使其建立起有机联系，才能激活它们，使分散、呆滞的资源变成系统、有活力的现实经济优势，就如同由单兵种作战向集团军作战转化。

整合就是使系统内各种资源在保持其性质特点的前提下，通过一定的方式和手段，与其他因素一起共同构成一个有机的、完整的整体，通过相互联系、渗透、互补、重组等综合起来，形成合理的结构，实现整体优化、协调发展，从而发挥整体的最大功能。这种整合之后形成的互补效应和协同效应能将分散的人、财、物、力汇集起来，有助于形成文化资源的整体合力。它能避免同类资源的重复建设和雷同开发，而且共同进行包装和市场宣传促销，更容易引起人们的注意，取得单独进行市场宣传无法取得的效果，可以更有效地进行项目的推介。

整合不是把各种资源的简单相加和重复组合，而是将它们有机地结合起来，从而产生 1+1>2 的整合效应，也就是整合以后构成的系统，可以产生各要素单独存在时所不具备的新品质和价值。"所谓系统整合，就是对系统的各要素进行相关分析，然后搭配，包括好坏、大小、先后、不同性质要素的搭配等。但是一个成功的系统整合，不是各要素特性的简单集合和线性相加，而是通过系统结构的作用，使系统的整体性优于各要素部分性能之和。"[1]

在整合资源的同时还可以实施联动战略，也就是在把握资源的布局、结构的基础上，研究区域文化产业的互动、合作、联手的动态发展机制，加速资源的整合和优化配置，形成和打造区域文化中心。《云南映象》项目开发成功的一个重要因素就是它走了资源整合的模式。它将来自彝族、藏族、纳西族、白族等民族的舞蹈、音乐、服饰、宗教、生命的感受加以整合，将来自不同地区田间乡村的不同年龄、性别的演员和艺术学校、专业舞蹈团队的演员再加上已经成名的具有品牌效应的杨丽萍聚合在作品中，各尽其妙。它在国内外的大量巡演，不仅创造了直接的经济效益，还宣传了云南民族文化，激起各国各地区人民对云南的向往，带动了云南旅游、手工艺、服饰、饮食、住宿等的全面提升。

另外现在很多旅游项目也在走整合路线，培育主题突出的黄金旅游线路。如果没有主题，随心所欲，难免使人眼花缭乱，只有建立突出的主题才能给人留下鲜明的印象。比如山西借助电视剧《乔家大院》的热播，将晋商文化资源的代表王家大院、常家大院、乔家大院、三多堂整合后成为当地旅游的一大品牌。山东也出台措施，重点支持和开发水浒文化旅游线等4条线路，并从单个景区"一票通"开始，逐步尝试推行区域旅游"一票通"，最终实现全省旅游"一票通"，希望通过对资源的整合，打造具有竞争力的旅游精品景点，扩大资源规模。

北京"百工坊"是集中展示民间手工艺非物质文化的旅游景点，它有近百个艺术门类，百余位工艺美术大师在此设立特色工坊及大师工作室，它们经行业特准，可以边制作边展示边销售。景泰蓝大师张同禄、玉雕大师李博生、郭石林、泥人张传人张昌、料器大师邢兰香、工艺美术大师李邦秀、剪纸大师徐阳等，京城和国内顶级工艺大师和民间艺人汇集于此，有着千年历史的中国传统手工工艺在此得到了精彩呈现。现在它是继承、保护、弘扬传

---

[1] 罗剑：《论地方特色文化资源的产业化经营》，《贵州民族学院学报（哲学社会科学版）》2006年第6期。

统工艺美术的一个重要研发生产基地,成为面向世界的首都人文新景观,也是北京市政府向外国领导人推荐的京城5个参观景点之一。

3. 实现文化资源可持续利用

"可持续发展"理念随着关于人与自然关系的讨论被提出,也就是做到经济、社会、资源和环境保护的持续、协调发展。文化资源虽然不像自然资源一样存在资源的枯竭问题,但也同样存在可持续发展问题。传统发展模式把经济增长视为核心目的,忽视人的全面发展。文化经济时代的发展观将人的不断完善和全面发展当作发展的战略旨归,强调发展在生态上、经济上和社会上的综合性与持续性,它要求人类从以破坏自然为代价向人与自然及社会的和谐发展转变。

资源可持续开发原则要求在资源与经济发展之间建立起良性循环机制,具体来说,就是在产业化开发过程中,既要做到物尽其用,充分发掘其潜力,让有限的资源发挥出最大的文化经济效益,又要用发展的、可持续的眼光来对待文化资源,立足未来,做到代际共享,保证后代所获得的福利不少于当代,实现文化资源的永续利用。

文化产品是意识形态领域的特殊商品,只有在成熟的理性精神引导下,将文化资源的经济价值和社会价值统一起来,才是实现可持续发展的有效途径。要科学利用,使文化资源优势转化为产业和竞争优势,在利用中注意珍惜和保护,不能只图眼前短期的经济利益,掠夺性地对文化资源加以破坏,甚至毁灭。

除了注重保护传统资源之外,还要有鼓励资源再生的能力和机制,能够不断创造和再创造新资源,并善于开发、利用现代新资源。现代社会发展过程中在不断创造新的文化形式、文化内容和文化媒介,新技术的迅猛发展和广泛应用也给文化活动的创新提供了极大的现实可能性,这些都是文化产业的新资源。作为文化资源产业化的开发者,一定要跟上时代的步伐,善于研究新资源、开发新资源、发展新业态。另外要实施好文化产业发展的人才战略,要以长远的、战略的眼光对待人才,既要重视对技术型人才与创意型人才等重点人才的培养,又要为其创造优良的环境和生活条件,防止人才流失,并逐步将吸引凝聚人才和自主培育人才相结合，形成智力资源可持续利用的良性发展机制。

4. 文化资源的保护与创新兼顾

文化产业要长久持续发展，一方面要做好文化资源保护工作，特别是要加强和重视对无形文化遗产的保护工作，另一方面也不能受保护束缚不敢变通，死守传统，而是要将传统资源融入到当代文化与生活之中，使之有机结合，满足当代消费者的需求。资源是可以不断被提炼的，我们对其属性的认识处在不断提炼和升华过程之中，如何激活它们未被认识的那部分价值，令其散发出现代魅力，这就需要创新活动的介入。文化资源产业化本身也是一种满足当代人需要的文化保护传承方式。

文化传统是因其仍有用于现代人的生存，能促进当代社会的发展而"活"在当代的。它是一种活生生的传统，只有在不断变革与传承的现代活动中，经后人不断做出取舍和重新创造才可能继续存在，才能保持其特性和活力。保护传统文化就必须保持它的现代活力，不断开采它的现代价值，以为保持传统就是保持原样的想法并不可取，也是对传统的误解曲解。

在开发利用文化资源时，要有一种开放的目光和创新的意识，不能墨守成规，要善于把文化资源保护与创新有机结合起来。创新是文化发展的根本动力和本质特征，没有创新的文化，必然会走向萎缩。一味固守传统文化，不知变通，不在内容和表现形式上有所创新，以适应发展了的审美心理和市场需求，这种资源就会沉眠于地底，缺少现实的强劲动力。

丽江古城因为代表了少数民族聚居的自然布局类型而受到世界范围的广泛关注，被联合国教科文组织纳入世界历史文化遗产名录，成为旅游热点区域。但是今天的丽江古城并不是历史上遗留下来的原貌原样的旧古城，而是在1996年大地震以后重建的新古城。旧古城的民居是民用住宅，面积有限，采光也不充足，不能满足发展旅游业的需要。重建的新古城增加了旅游开发的功能：新民居大多是两层以上的多层建筑，面积宽敞，现代化的供水供电设施齐全，可以经营较高等级的旅舍或宾馆。新古城的街道更加宽敞，青条石路面积极为平坦，商业区、生活区与旅游景区的分布合理。在其他一些民族文化同样深厚独特的地区,由于没有现代化的住宿饮食和公共卫生设施,往往难于留住游客,旅游开发效益不明显。新建的丽江古城正是克服了这些不足之处,在发展现代旅游业的过程中保留和更新了民族传统文化的精华,才获得了飞速发展。

"女子十二乐坊"也是传统文化保护与创新的一个著名实例。它将传统的民族乐器演奏与现代时尚元素结合,由十几个靓丽女孩将一种全新的民乐面容展露在世界面前。演出依托清一色的民族乐器,以民族音乐元素为动机,但融入了极强的现代理念、意识和营销手段。演奏者打破了传统民乐演奏正襟危坐、含蓄内敛的静谧模式,代之以站立表演,身体还随着音乐的起伏颤动,动感十足,可谓离经叛道。服装设计也是既有东方韵味,又有西方的前卫时尚,要么是清一色的黑色长襟,要么是绚烂的大红外衣或白色轻纱,甚至超短裙、露背装,并采用现代高科技的声、光、舞美等手段提升舞台感受,达到了视觉与听觉的双重效果。观众从这种音乐中感受到了传统民乐从未有过的活力和新鲜,以及洋溢着青春的动感和魅力。

"女子十二乐坊"以其具有感染力的音乐和充满震撼力的表演及富有创新精神的民乐组合,叩响了通向国内和国际市场的大门,并且红得一发不可收拾。它风靡亚洲、北美等国家和地区,引领着中国民乐的世界流行风潮。2004年止,在日本的专辑销量超过了200万张,持续高居日本专辑榜榜首,并在日本举办全国巡回演奏会,吸引观众多达10万人次。此后以3000万的身价加盟EMI,开拓美国市场,首张专辑《东方动力》(Eastern Energy)连续5周获得美国唱片工业协会国际类销售排行榜冠军,创造了亚洲民族音乐唱片有史以来在美销售的最好成绩。

此外,区域文化资源产业化,还要遵循经济发展阶段适应性原则等,文化经济的发展和开发模式与当地整体经济发展水平和阶段相适应,结合当地文化资源的积累和特点,采用适当的产业化开发模式。在我们这样一个幅员广阔的国家,分处不同经济发展水平的地区,经济发展水平和阶段差距巨大,必须在现有经济发展阶段上发展文化经济。

附录：市场化对位与宗教文化价值的错位
——我国宗教文化产业发展问题的思考

中国宗教门类齐全，既有世界三大宗教，也有我们国家土生土长的道教、白莲教等。国务院公布的三批国家级文物保护单位中，宗教名胜古迹就有150多处，全国与宗教有关的名胜古迹也有3000多处。在各地文化建设的热潮中，宗教文化成为了发展文化产业开发利用的一种重要资源，但存在着各种短视和急功近利的行为，市场化利用中背离宗教文化宗旨和价值的趋向，违背了宗教文化合理利用的规律和尺度，忽略了宗教作为一种特殊精神性文化的价值考量纬度。

一、经济视阈下的宗教文化经济实现方式

在全世界，60%的人口是各种具有宗教信仰的宗教徒。因此，存在着一个围绕宗教信仰者的独特经济生活领域，虽然影响经济增长的因素是多维度的，但宗教因素、宗教偏好是影响经济的一个重要因素。古典经济学家亚当·斯密曾将宗教供给者视为收入最大化者，并从其声誉和人力资本的角度探讨了宗教的供给与需求、市场结构与经济增长的关系。马克斯·韦伯则从伦理角度分析了新教与经济增长的内在联系。当代西方经济学家则研究了宗教与经济增长的互动机制，借助实证性分析开创了经济增长理论的新领域。但是据劳伦斯·亚纳肯对美国的考证，"美国国民信教比例从独立战争时期的17%，上升到19世纪中期的34%，而当代的比例则超过了60%；有40%的美国人参与礼拜活动；宗教捐献占到美国慈善捐献的一半以上。这表明，即使在发达国家，宗教的影响力并没有随着经济的发展而下降，反而有所增强"[1]。受市场化影响而加剧的宗教世俗化倾向和趋势，并没有减弱宗教活动和宗教文化的社会影响力，而是发挥了更大的作用。

在我们国家，很长时间以来，寺院和宫观经济都是宗教经济生活的重要内容，宗教信仰虽然瞩意在缥缈的天国，处于神圣与世俗之间的世界，但宗

---

[1] 郭熙保、孔凡保：《宗教与经济增长：一项研究综述》，《国外社会科学》2006年第5期。

教组织和各种宗教活动却扎根在现实熙来攘往的滚滚尘世。比如道教作为我国本土宗教，道教宫观既是弘扬和传播道教信仰的场所，也是宫观经济的发生地，从历史上看宫观经济的状况往往对道教的发展与传播产生重要的影响。

另外，源自宗教内部和宗教场所所产生的宗教经济活动，与宗教自身的发展之间处于一种相对自发的状态，而宗教作为一种信仰精神形式，价值目标主要投诸人的心灵，作为一种文化内容的表现形式，对这种文化内容的产业性开发，必须依托恰当的载体和平台，没有宗教文化传播的平台载体，就难以实现宗教文化产业化利用。目前，宗教文化的产业化利用形式主要有这样一些方式。

1. 旅游服务型开发。文化和旅游具有天然的、本质的、内在的关联性。文化是旅游的灵魂，是旅游活动消费的内容之一，是旅游产品的核心竞争力。旅游是宗教文化走向市场、实现产业化的最重要载体和途径。国际上许多国家都非常重视宗教文化旅游资源的开发和利用，世界上著名的宗教圣地如沙特阿拉伯的麦加（伊斯兰教克尔白圣殿）、耶路撒冷（基督教耶稣圣墓教堂、伊斯兰教阿克萨清真寺、犹太教所罗门圣殿）、伯利恒（犹太教古以色列大卫王的故乡、传说中耶稣降生之所）、意大利的罗马、梵蒂冈（世界天主教的中心）都是世界旅游业最发达的地方。中国历代宗教发展中留下了很多的宗教遗迹，如建筑类寺庙宫观、石窟造像、雕塑壁画等，都是文化旅游中观赏、体验和思考的重要内容。中国古代宗教建筑包括道教、佛教和伊斯兰教建筑，现存最多的要数佛教建筑。作为佛教活动场所的寺院，是安置佛像、经卷，且供僧众居住以便修行、弘法的场所，很多著名寺院如洛阳的白马寺、西安的法门寺等，都是佛教徒向佛祈祷的圣洁之地。不同的宗教在发展过程中不仅形成了宗教建筑所特有的风格，而且相当多的名寺或道观都坐落在自然名胜处，这些建筑与风景名胜有机地结合，形成了自己的文化特色。比如武当山道教古建筑群就坐落在道教发祥地湖北省武当山，当地沟壑纵横、风光旖旎，道教宫观的设计达到了建筑与自然的高度和谐，为游览者提供了宗教人文景观与自然景观相结合的绝好去处。

石窟、佛塔、壁画等也是宗教建筑的重要组成部分，现存石窟主要分布在新疆地区（古代的西域）、甘肃西部（古代河西地区）、黄河流域和长江流域地区，在南方也有一些零星分布。从规模或艺术成就而论，敦煌莫高窟、云冈石窟、龙门石窟和麦积山石窟堪称其中之最，它们都是世界闻名的石雕艺术宝库。莫高窟是世界现存规模最宏大、保存最完整的佛教艺术宝库，是中华民族的历史瑰宝，人类优秀的文化遗产，融建筑、彩塑、壁画为一体的综合艺术，内容涉及古代社会的艺术、历史、经济、文化、宗教、教学等领域，具有珍贵的历史、艺术、科学价值。

围绕着各种宗教文化遗存的宗教旅游是宗教信仰旅游和宗教文化旅游的总称。根据旅游活动的目的，有学者把它区分为五种宗教文化旅游形式：（1）宗教圣地文化古迹观光游；（2）宗教圣地朝觐游；（3）宗教文化体验游；（4）宗教圣地修心养性度假游；（5）宗教节日民俗娱乐游。[1]虽然这种分类并不是在同一个标准下科学的类别界定，但涉及到了不同的宗教旅游的群体类型和参与旅游活动的侧重点和目的差异。

2.宗教文化主题公园。围绕宗教文化历史和相关故事题材，规划建设不同宗教主题的公共休闲空间，把宗教文化内容做成新的休闲和度假胜地，而宗教文化只是一种文化符号，集合区域内分散、孤立的宗教文化元素，形成一个新的宗教文化主题园区，成为人们旅游度假体验的对象。目前，国内最为知名且市场运作成功的宗教文化主题公园的代表是三亚南山佛教文化苑。南山文化旅游区分为三大主题公园：南山佛教文化苑、中国福寿文化园和南海风情文化园，主体部分是南山佛教文化苑。它依托南山独特的山海形胜和丰富的历史文化资源开发建设，是建国以来中央政府批准兴建的最大佛教文化主题旅游区。作为展示中国佛教传统文化的园区，佛教文化苑主要建筑有南山寺、南海观音佛像、观音文化苑、天竺圣迹、佛名胜景观苑、十方塔林与归根园、佛教文化交流中心、素斋购物一条街等。目前已形成一寺、一苑、两园（慈航普渡园、吉祥如意园）、一谷（长寿谷）、一湾（小月湾）的旅游景观群。南山佛教文化苑面朝南海，碧波千叠，与南海之滨的蓝天碧海、阳光沙滩、山林海礁等自然风光和黎村苗寨的文化风情融为一体，伫立南海之滨高108米的"一体化三尊""南山海上观音"，更是被誉为"世界级、世纪级"的佛教造像工程。佛教文化主题公园，现在已经成为到三亚旅游度

---

[1]郭鹏：《试论我国的宗教文化旅游》，《前进》2007年第4期。

假休闲者必到的去处,借助文化主题旅游开发发展文化产业,主题公园是一个文化消费的汇聚点和有形载体。

3. 文化节庆与会展。每一个宗教都有一些围绕宗教人物、重大事件等形成的节日,用于纪念宗教形成过程中的特别宗教人物,或强化纪念具有特殊意义的事件,或表达某种神圣性的宗教情感与思想。如佛教的佛诞节、盂兰盆节;基督教的圣诞节、复活节;伊斯兰教的古尔邦节、开斋节;道教的燕九节、本名之神日等等,没有什么宗教没有自己的特殊纪念节日的。宗教节日延续至今,有的早已经渐渐消退了原初的神圣性内涵,渐趋演变成了一种宗教民俗,甚至成为一些国家和地区最重要的公众假日,产生了很好的经济拉动效应。宗教节日已经成为了集结宗教、娱乐、健身、旅游为一身,演变为旅游休闲节日,成为宗教节庆会展活动。还有一种宗教节庆平台,那就是中国传统庙会。这是具有中国特色高度世俗化的产物,以寺庙宫观为核心依托,融合了休闲娱乐、文化旅游等诸多功能为一体。2001年国庆长假,广州市举办的"中国古代珍奇佛像展",参观民众达到了10多万人,因市民的强烈要求佛像展比计划延长了一周时间。另外,据湖南长沙最大的佛教圣地开福寺统计,传统的三大庙会和假日经济所带来的经济收入在不断增加,市场规模逐步扩大。开福寺香火旺盛,尤其是大年30日,以及2月19日、6月19日、9月19日,即观世音的3个生日,形成了每年旅游者的4个高潮。在此期间的日最大游客量超出10万人次,一般也有七八万游客,最大瞬时客流量达两万人次。近年来,境内外游览人数,尤其是港、澳、台的香客人数逐年上升,仅寺庙的年收入就达上百万元。[1] 这种寺庙文化经济活动,在历史上也是长期存在的,例如,唐人杜光庭在《道教灵验记》中记载,唐末五代时在四川成都道教宫观周围出现的"蚕市",就是依托道教节日和重大法事活动形成的商贸集市,这种集市性的经济与文化活动,既增加了宫观的经济收入,也扩大了道教对社会的影响力。总之,依托于宗教场所举行的一些文化节庆活动和传统庙会,都是宗教文化资源产业化转换的重要形式。

4. 宗教体验服务和文化休闲服务产品开发。宗教文化内容资源在实现

---

[1] 王凯、魏敏:《宗教旅游资源深度开发模式探讨——长沙市开福寺宗教民俗旅游区开发个案研究》,《云南地理环境研究》2003年第15卷第4期。

产业化转换过程中，关键的环节是完成"产品化"的转换，在产品化转换中精神文化价值内容的服务性产品消费形态应该是产品化实现的重点和主导形式。我国的禅宗和道教都存在很多独特的生命智慧性文化思想资源，这对非信仰型人群是富有吸引力的核心元素，做大宗教内容产业，这是关键环节，难度不小。最重要的条件是实现从宗教文化的价值形态到产业形态的转换，利用这个核心价值进行商品性的休闲产品和体验产品的创造和复制，进而获得相关宗教文化产业的发展。

近年来，一种体验参与式宗教文化旅游发展很快，吸引了大批对宗教文化有兴趣的人群，体验本身也是一种宗教的学习实践方式，借助体验参与让宗教更加贴近个体人生的世俗生活。一些宗教团体和机构，结合度假、观光等人们喜闻乐见的旅游方式，组织短期宗教体验学习班和夏令营，吸引旅游者选择到宗教圣地进行度假。让参与者在佛教圣地坐禅听钟、吃斋念佛，在道教圣地沐浴神光、修丹练气，养生休闲，放松身心。如河北柏林禅寺的"生活禅夏令营"活动，九华山"做一天和尚撞一天钟"活动，都已经产生了很大的品牌效应。这种宗教休闲体验旅游产品，推动了对特定群体的宗教情感培养，把宗教要素与旅游要素结合在一起，宗教世俗化力量推动了非宗教徒加入到了宗教体验者的行列，在世俗性和神圣性之间体验宗教的文化魅力。

目前，单就旅游群体来看，宗教文化旅游者业已成为文化"复合消费"的最大群体。据国家旅游局2001年入境旅游者抽样调查资料显示，在不同目的的入境旅游者中，以观光度假、宗教朝拜和文体科技交流为目的的旅游者平均形成要长于其他目的的旅游者，其中以宗教朝拜旅游者一次游览四座以上城市的占26.5%，而且停留时间最长，消费金额最大。[1]总之，宗教文化资源的合理使用，应该结合现代人不同的文化需求，满足不同类型群体分层的需要，创造性开发丰富的宗教文化产品，尽可能满足宗教旅游者的需要。

二、"新造神运动"与宗教产业化的症候

宗教文化旅游已经成为我国文化产业发展的一个非常重要的领域，特别是在宗教文化资源丰富的产业发展资源依托型的中西部地区，宗教旅游市场

---

[1] 张桥贵、孙浩然：《宗教旅游的类型、特点和开发》，《世界宗教研究》2008年第4期。

规模大、需求稳定，宗教文化旅游成为推动地方经济发展的一股重要力量。

以创建于东汉明帝时期的洛阳白马寺为例，它被称为"中国第一古刹"，迄今已有约2000年的历史。白马寺是佛教传入中国后由官方斥资营造的第一座寺院，在我国佛教史上享有独特的地位，被尊为"释源"和"祖庭"。现在已接待数百个海内外佛教团体和近千万中外游客，成为洛阳对外开放的重要窗口和旅游业发展的精品景点之一。

伴随着旅游经济的逐年升温，宗教文化旅游中也凸显暴露了很多的问题和失衡性错误趋向。

1. "新造神运动"成为发展旅游产业的幌子，掏空了宗教文化的精神内核。宋人赵抃《次韵范师道龙图》三首之一云："可惜湖山天下好，十分风景属僧家。"俗语也有"天下名山僧占多"之说，自古以来佛寺所选之地多在风光旖旎处，得山水之胜，有园林之趣，佛教与自然山林关系密切。不仅佛教，道教亦然。道家也多选择山林环境建设宫观，寻求幽静清寂之自我解脱、自我净化的场所修炼悟道。在我国公布的前三批119处国家级风景旅游区中与宗教有关的占了47.9%，其中第一批44处中宗教景观有29处，占到了65.91%。因此，一些后起的山水名胜也希望借助修建佛寺道观来增加点文化的底蕴和内涵。本来各种文化旅游形式中都或多或少熔炼存在着吸引旅游者的宗教因素，因此各地在利益驱动下，在建设开发旅游文化园区和度假区过程中，掀起了修寺庙建道观造佛像的热潮，形成了一股新的造神运动。

在这股造神运动中，都争相把各种名头的神仙拉来，烟台有南山大佛，无锡有"五方五佛"，南海有海上观音，建设工程一家比一家浩大，佛像一家比一家巨大，镀金一个比一个耗费多，镀金过百公斤者见诸报道的很多，都号称全国之最。这些新建宗教造像，大多是符号，是装饰，与宗教文化较远，也没有多少真正宗教精神的传播和培养，仅仅是发展旅游经济的招牌和幌子，意欲搞旅游经济抬高地方GDP的各种决策者眼中是只有旅游经济效益而没有宗教文化精神的。

因此，这股造神运动因旅游经济而存在，完全背离了宗教作为一种文化的精神内核。

2. 优秀宗教文化产品少，开发形式单一。各种独特性强、艺术性高的宗教文化产品，往往能够受到宗教徒和不同层次人群的青睐。宗教文化产品既包含有形固态化文化产品，例如南山佛教文化苑就开发了一系列具有南山佛教文化底蕴的宗教文化产品，如南山心灵音乐、南山吉祥心经、南山精品佛珠系列、南山合成水晶制品系列、南山三面观音、南山泥塑工艺品等等，特色鲜明，品质高档，设计精美高端。另一个方面，宗教文化产品也包含围绕着宗教文化内容开发出的服务性、体验性的内容文化产品，特别是结合宗教文化旅游发展的趋势，积极引导从"游而不教"到"游教并重"互动深化迈进，在生态游、体验游、休闲游中提供丰富的宗教文化服务产品。作为价值形态的宗教文化最适合最恰当的产业利用方式就是这种文化服务产品类型的开发，转变以往文化产品单纯注重物质形态产品的消费，而不注重服务性产品消费的倾向。

结合社会发展的趋势，注重挖掘宗教文化核心精神中的被当代人认可和借鉴的文化内容，并实现产品化是宗教文化产业化开发的核心。比如道教的内家拳术和养生功法就是一个极为值得推广且易于产品化的内容。历代道教养生家总结了大量养生理论和方术，体现了道教热爱生命、渴望永生的美好愿望和力图把握人体生命奥秘的探索精神。道教养生以天人合一、形神相依、众术合修、积善立功等作为修养准则，在方式方法上包括守一、存思、导引、吐纳、胎息、服食、外丹、内丹、起居等等。[1]如果能够将道教养生大师的道教养生功法，或开办各种形式的道教养生班，或制作成光盘、视频等影音材料，就既可以发展道教养生的文化产业实体，也能够把道教养生功法向世界推广，更加扩大我国道教的世界影响力，也是扩大中华文化软实力的一个很好的途径。

3.新建大型宗教景观和宗教圣地城镇化导致建设性破坏严重。这几年随着人们文化遗产保护意识的增强，以往那种忽略文物保护，任意改造宗教古建筑的人为破坏性开发利用，已经少见。但另外的趋势又凸显出来。首先是新的大型宗教文化景观建设，由于忽略了环境的整体协调和美观，往往造成了对环境美观和谐的破坏，导致传统宗教文化景观的肃穆、和谐、宁静、统一的美学文化效果荡然无存。一个钢筋水泥的庞然大物显得突兀生硬，但并没有传达出宗教文化的精神。陕西法门寺文化景区，为了打造"世界佛都"，

---

[1]冯正伟：《道教养生功法的现代意义及其推广》，《中国宗教》2010年第3期。

树立"陕西第二个文化符号",重新改造建设法门寺文化景区,争议就颇大。新的文化景区依托法门古寺而建,景区由山门广场、佛光大道、法门寺寺院、合十舍利塔,以及众多艺术佛像、园林雕塑小品等几部分组成。新建景观的宏伟华丽与老法门寺的古朴沉静并不和谐,后者肃穆前者冲撞,宗教胜地的整体统一和谐的心灵感受和美学效果被撕裂了。

除了一种普遍存在的形式大于内容的弊病之外,很多宗教文化胜迹因为单纯追求经济利益而过度商业化,迎合旅游业发展需要,未能实现对环境和地域民族文化传统的尊重,城镇化建设严重,超出了环境资源的承载度,对生态和环境的挤压破坏严重,缺乏整体性规划和持续发展的理念。

4. 宗教文化产业的评价纬度必须超越增长主义的藩篱,要让宗教文化精神的价值尺度成为宗教文化产业的最重要评估标准。宗教是一种信仰文化,它用不同的方式对生命和世界作出诠释,对人类具有启迪、安慰、寄情作用,给现实的人生一个温暖安定的精神家园。精神性文化内容是宗教的核心,惟有这些根本性的精神得以物态化和被人们体验到,内化为心灵的真实才是评定宗教文化产品和服务的尺度。宗教文化产业发展的评价纬度必须以信仰性文化精神实现为主,否则,宗教文化产业就不是宗教发展的福音,而可能成为宗教发展的灾难。同时,挖掘宗教中深层次的宗教文化内核,合乎消费主义背景下个体对身心和谐的终极追求,也是为了满足物质文明高度发达的现代社会里精神生活的需求,解除现代人普遍存在的精神焦虑、文化失落和信仰空虚。另外,在我国,宗教的一个主要精神方向就是止恶为善,重视积德行善和道德教化,宗教力量往往承担了更多的社会公益性事业,成为社会和谐的促进力量,因此产业化不是它最重要的考量目标。以湖北省的情况为例,最近几年,以宗教活动场所为主体的湖北省宗教界为各类公益慈善事业累计捐款1.28亿元,对理顺情绪、化解矛盾起到了一定的推动作用。[1]引导得当,宗教就是社会稳定的稳压器,积极利用宗教文化资源,确立合理产业化评估纬度,就能够把宗教转化为营造健康文化氛围的动力源。

---

[1] 黄贤友、江华富:《对湖北省风景区宗教活动场所管理情况的调查及建议》,《中国宗教》2010年第5期。

文化"走出去" 文化输出 文化软实力

【内容提要】全球一体化环境中,跨文化、跨国界交流传播既是本土文化发展的必要条件,也是文化发展的动力。开展文化交流是文化管理的重要内容,不论物质形态文化产品,还是精神形态文化内容,都是国际间文化交流的形式和载体。而文化输出是对外文化交流的主流形态,我国文化交流"逆差"的结构矛盾突出,文化交流政策不成体系,不能适应建构国家文化软实力的迫切需要。文化软实力是综合国力的表征,文化交流是提升国家文化软实力的重要通道,也是实现文化强国建设战略的内置性条件。

跨文化、跨国界的交流传播是21世纪文化发展动力,也是各国除政治、经济、军事之外实施国际战略和外交政策的四大手段之一。各种不同形态的文化都可以成为文化交流的载体。不论是物质形态的文化产品,还是精神形态的文化内容,都是国际间文化交流的形式和载体。从内涵上讲,对外文化交流可分为三个层次,即思想文化、艺术文化和实用文化的交流,它反映着一个国家的思想水平、精神生活和文明成果,是人的精神面貌的展示,是国家形象的体现。

(一)文化管理与对外文化交流

对外文化交流是政府文化管理工作的一项重要内容,我们党和政府一直高度重视对外文化交流。早在1983年，邓小平就指出："经济上实行对外开放的方针，是正确的，要长期坚持，对外文化交流也要长期发展。"全球化环境中，对外文化交流更是成为本土文化发展的必要条件。

文化交流是人类最基本的交流形式之一，人类文明进步处处可见因文化交流而促进文化发展的例证。第二次世界大战结束后，法、英、德、美等发达国家都普遍重视文化在对外交流中的独特价值，逐步形成开展对外文化交流的文化自觉。当今时代文化交流更是成为继政治、经济、军事交流之后，国家之间又一个重要交流领域。

1. 对外文化交流内涵和特点

文化交流是不同国家和地区之间，人的意志、思想、生产生活方式的相互沟通和了解，其实质是一个民族或国家的生活方式和文化价值观传达给对方并争取获得对方认可的行为，是一种"异域"文化内容的展示。按照其交流范围不同，可分为跨国境的对外文化交流和国境内的民族文化交流两大类。

对外文化交流主要是通过政府或民间组织之间开展的跨国文化交流活动，旨在加强不同民族、地域间人们相互了解、沟通和友好往来。对外文化交流是不同文化和不同国家间文化交流传播的主要形式。

面对发达国家强势文化的咄咄逼人之势，新世纪中国对外文化交流将在机遇和挑战的矛盾中展开。挑战之一来自敌对势力"西化"、"分化"思想文化渗透，力图把正常文化交流变成意识形态渗透的手段。他们通过各种文化交流的渠道向我国传播反动、有害的政治思想、价值观念和腐朽生活方式。同时，阻止社会主义文化传播，通过所控制的新闻媒体和文艺手段，贬低丑化中国形象。藏独和疆独等反动分子也利用文化交流机会进行分裂祖国的活动。挑战之二来自西方文化的竞争和冲击。文化交流不仅有合作、互补的一面，还有竞争和激荡的一面。由于政治、经济、科技、历史、地理诸多因素的综合作用，西方文化在当代世界文化中处于相对优势和强势。有人认为，文化全球化就是西方文化全球化，实质是西方文化霸权主义的表现。特别是美国文化，其西方盟国亦感到威胁而加以抵制。西方文化，从意识形态到日常大众文化消费，已从整体上构成冲击、同化中国文化的态势。西方文化进入中国容易，中国文化产品出口西方困难，这种不平衡文化交流格局如何改变，是一个亟待破解的难题。

国际文化交流是不同国家间文化关系的主要表现形式，发展文化关系已成为国际间交往的重要内容，文化外交也成为国际关系和国际交往的重要领域。

第一，国际文化交流新格局，涉及领域空前广泛，渠道纵横交错，方式多种多样。文化交流活动广泛涉及文学、艺术、广播、影视、学术、科技等领域，以及群众文化、民间艺术、乡土文学、风俗民情，乃至饮食文化、服饰文化、旅游文化、园林建筑、文物古迹等。交流渠道有官方、民间、团体、个人多种。交流方式如访问、考察、表演、展览、比赛、观摩、研讨、教学、讲座等。不仅艺术表演团体、代理经纪人参与交流，工商企业界等也积极参与交流。

第二，多边文化交流日益频繁。世界各国举办的名目繁多、规模不等的各类国际艺术节如雨后春笋。据估计，现在全世界每年举办的国际艺术节仅规模较大的就达1000多个。各类国际艺术比赛也越来越多，包括音乐、舞蹈、杂技、影视、绘画等，每年数以百计。各种国际组织和各国政府及民间机构每年举办的文化、艺术、科技方面的国际会议和学术研讨、合作项目等，更是难以统计。

第三，民间文化交流占据优势。由于广大发展中国家纷纷实行开放政策，民间对外文化交流活动日趋广大。近年来，无论双边还是多边，民间文化交流在项目数量、广度和深度、效益和影响上，与官方相比越来越占优势。

第四，科学技术交流备受重视。越来越多的国家把科技交流作为对外文化交流的重点，发达国家如此，广大发展中国家也把科技交流摆在了对外文化交流的重要位置上。

第五，艺术交流趋向商业方式。文艺表演和艺术展览采取商业性方式进行，早已是西方发达国家对外艺术交流的基本做法。以商演、商展的形式进行艺术交流，在俄罗斯、东欧、亚洲、拉美乃至某些非洲国家，也逐步开展起来。

第六，语言教学成为热门活动。二战以后，德、英、法等大国对外推行语言教学新形式，借以进行思想、文化传播。近年来世界出现学习"汉语热"潮流，我国政府举办"孔子学院"、"孔子课堂"等作为国际文化交流项目，很好地适应了这一发展需要。

此外，近些年世界大国普遍在他国设立文化中心，作为文化宣传和交流基地。文化中心实际上是以民间名义开展文化宣传活动的官方机构，其管理人员和活动经费都由政府提供，开展本国文化的交流传播，扩大文化影响力和吸引力。

2.对外文化交流的问题与成效

我国对外文化交流取得了一定成效，但仍然存在数量少、规模小、形式简单、品种单一等问题。

在很长一段时间里，中国对外文化交流大多停留在器物文化、工艺类层面上，比如在外国人眼里传统中国形象的关联物是茶、瓷器、丝织品、工艺品（漆器、玉器、景泰蓝等）、传统建筑园林等，精神形态文化内容太少。

有学者集中对20世纪中外文化交流"逆差"问题和结构性矛盾做了实证性研究。从文化著作翻译一项来看，"20世纪中国翻译了西方大约十万零六千八百余册著作，而西方翻译中国20世纪著作（我说的不是古代典籍而是翻译20世纪的中国思想著作）仅仅几百册，其中翻译较多的是王国维的《人间词话》等，而20世纪末翻译较多的是一些当代作家的作品，其他现代中国学者的著作译成西文的则微乎其微"[1]。中西翻译著作出现了巨大文化逆差，中国翻译西学几乎是西方翻译中国20世纪著作的100倍。因此，西方人缺少对中国文化和社会形态的完整认识，也很难深入理解中国文化的精神和实质，中国思想文化著作没有获得西方主流社会的关注和了解，代表中国文化价值观和学术思想的著作在世界上传播有限，影响力微乎其微。

而价值观传播应该是文化交流和传播中最重要的内容和依托，是塑造国

---

[1] 王岳川：《从文化拿来主义到文化输出》，载许静涛、徐沛君主编：《摆脱"逆差"：文化输出与当代文化建设》，江西美术出版社2009年版，第9页。

家形象的主要渠道。这种异域文化传播，起初给予人们的是一种新奇感受，进而会影响人们的思想和行为，通过潜移默化带给人们全新的思维方法、价值观念和生活方式，最终达到"文化化人"的目标。文化领域的交流传播也成为各国争取民族文化资源解释权、生成文化主权的战略诉求。实际这只是管中窥豹，我国对外文化交流长期缺乏整体战略和部署，没有形成合力，主流文化长期不能很好地得到有效传播。

改革开放以来，我国加快了与世界各国的文化交流。开展频率越来越高，品牌文化交流活动活跃，官方和民间的文化交流都获得稳步发展。对外文化交流在规模和范围、广度和深度、内容和形式、渠道和层次等方面，进入了空前活跃的时期。对外文化交流的常态化发展、多层次内容，把一个开放、包容、文明的国家形象呈现在了世界面前。

30多年来，我国同145个国家签订了政府间文化合作协定和近800个年度文化交流执行计划。中外互办文化年等国际文化活动成为中外文化交流的重要舞台。我国现与160多个国家和地区有不同形式的文化往来。与数千个外国和国际组织保持着各种联系，参与多边国际文化活动更加主动。[1]对外文化交流的范围涉及到了文学、艺术、文物、图书、博物馆、新闻、出版、广播、电影、电视、教育、体育、科技、卫生、青年、妇女、旅游、宗教等诸多方面。缤纷灿烂的文化交流活动，传播着中国文化，塑造着国家形象。

中国对外文化交流也创造了一系列世界性影响的知名文化品牌。"中国文化年（中国年、中国文化周）"、孔子学院、海外"中国春节"等知名品牌，已成为广泛传播中华文化的重要载体。海外中国文化中心成为传播中国文化的重要窗口，截至目前，我国已经建立了9个中国文化中心，担负着对外文化交流和传播的重要使命。此外，我国更加积极地塑造"中国形象"，多侧面、立体化提升我国文化的感召力和认同感。我国政府相关部门和一些地方政府，已经主动在世界主要国家，比如美国，进行国家形象（广告）传播，虽是一种短时性独特文化交流表现形式，但也是文化自觉和自信的表现。在

---

[1]谌强：《三十年社会巨变带来我国文化长足发展》，《光明日报》2008年10月7日。

1980年代初,时任英国首相玛丽·撒切尔曾谈到,中国不可能成为文化强国,因为它只是出口制造品,而不是出口价值观。其言今犹在耳,给社会主义文化强国建设提出了战略性启示和反思。

因此,创造当代具有国际视野、国际语言和中国文化底蕴、中国风格的文化精品,并被国际市场所接受,才可能真正推动我国对外文化交流的主导权。"在对外文化交流中,外交虽然是实现不同文化交融的重要手段,是文化软实力由潜在因素转化为现实能力的通道,但文化的内容不仅决定着对外文化交流的范围、力度,还决定着对外文化交流的生命力、持久力,是国际文化交流竞争的根本力量所在。文化有深度,对外文化交流才有力度。文化先进,对外文化交流才有广度。可以说,全球化时代的对外文化交流,取决于哪个国家的文化价值观更适应于时代发展的需要。"[1]我们要把文化建设的实绩作为开展对外文化交流的基础和条件,强固对外文化交流基石和可持续性。

3. 对外文化交流是提升国家文化软实力的通道

当今时代,文化越来越成为民族凝聚力和创造力的重要源泉,越来越成为综合国力竞争的重要因素,对外文化交流是提升国家文化软实力的重要通道。

"软实力"概念是美国哈佛大学肯尼迪政府学院院长约瑟夫·奈1990年提出来的,他认为一个国家的综合国力除了包含各种"硬实力",如经济实力、技术实力、军事实力之外,也包括民族精神、民族凝聚力以及意识形态吸引力、影响力等精神力量表现出来的软实力。约瑟夫·奈认为硬实力和软实力同样重要,在信息时代软实力作用更加突出。

软实力主要包括一个国家或民族的文化感染力、价值观感召力、政治制度吸引力以及外交说服力,它集中体现一个国家的国际威望和信誉力。文化软实力以文化和文化要素为主要内容体现国家实力,比如高效率的生产生活方式、积极乐观的生活态度、团结互助的民族精神、勤劳善良的民族品格、

---

[1] 张殿军:《试论中国对外文化交流的战略构建》,《中国城市经济》2011年第8期。

优越的社会制度等。未来国家间的较量更多的是比谋略，比无形的力量，文化软实力将是这些无形力量的核心。

提升国家软实力要加强文化交流。1998年，联合国教科文组织和世界银行分别出版了《世界文化报告：文化、创造性与市场》和《文化与可持续发展：行动框架》，两份文件都特别强调文化在经济和社会发展中的重要性。

党的十七大报告第一次提出了"文化软实力"概念，指出"要坚持社会主义先进文化前进方向，兴起社会主义文化建设新高潮，激发全民族文化创造活力，提高国家文化软实力，使人民基本文化权益得到更好保障，使社会文化生活更加丰富多彩，使人民精神面貌更加昂扬向上"。这标志着我国已经把文化发展作为国家软实力的具体体现和建设目标，作为重大国策和战略提上了议事日程。

文化是民族凝聚力之根，是创新创造力之源。一个民族的文化凝聚了对世界、对生命的历史认知和现实感受，决定了这个民族最深层的精神追求和行为准则、文化认同感和归属感。文化越先进，创新创造力就越强，形成一个国家一个地区发展的重要推动力量。美国学者亨廷顿在比较"亚洲四小龙"之一的韩国和非洲国家加纳，1960年代两国经济水平何其相似，30年后人均国民生产总值，加纳是韩国的1/14。探求这巨大建设成就差异根源时，他得出了价值观是经济发展的推动力量的结论，文化成为了社会进步的动力源，"这当中有多种因素，然而在我看来，文化应是一重要原因"[1]。作为文化和意识形态吸引力体现出来的力量，文化软实力已是世界各国制定文化战略和国家战略的一个重要参照系。

我国已经是世界第二大经济体，是文化大国却不是文化强国，不对称崛起中亟需提升文化软实力，均衡发展以增强综合国力。近邻韩国的发展带给我们很多启示。韩国的三星电子、现代汽车等各类工业制成品和服装、饰品等时尚产品，与韩国的影视剧、网络游戏、流行音乐一道行销世界，文化"韩流"

---

[1] 塞缪尔·亨廷顿：《文化的作用》，载塞缪尔·亨廷顿、劳伦斯·哈里森主编：《文化的重要作用——价值观如何影响人类进步》，新华出版社2010年版，第7页。

成为韩国产品畅销的先行者和急先锋。如今,"设计韩国"的文化立国理念和战略,已经成为韩国雄立世界繁荣的坚实根基,据联合国教科文组织的统计,韩国已经成为世界第五大文化产品出口国,占到了世界市场的5%。没有对外文化交流,韩国的综合国力和国际影响力很难提高到东亚强国的高度,文化交流为韩国崛起打开了通向世界的通道。我国需要根据当今社会对外文化交流的新趋向和模式,伴随着经济能力的增强强化文化交流,形成文化影响和经济实力的良性互动,把对外文化交流作为提升软实力的通道,最终实现一个文明型国家的均衡崛起。

(二)文化输出是对外文化交流的主流形态

开展对外文化交流,从表现形态看有多种形式,不论是文化外交、各类政府间和民间文化交流,还是文化产品和服务贸易,都在以不同形式发挥文化交流作用。在各种形式的对外文化交流中,当今世界文化产品输出业已成为一种主流形态。

1.文化外交的内涵

文化外交是以文化传播、交流与沟通为内容所展开的外交,是主权国家利用文化手段达到特定政治目的或对外战略意图的一种外交活动。[1]文化外交主要形式包含语言教育、文学作品交换、艺术表演、人员交流、科学技术交流、广播电视文化教育讲座、各种各样文化作品展览以及为文化教育交流提供的信息服务,都既是文化关系的内容也是文化外交的形式。[2]从宽泛意义上说,与这些内容关联的文化产业领域的交流与合作,乃至于文化产品贸易,都属于文化外交的范畴。作为外交工作的重要内容,第二次世界大战结束后,法、英、德、美等发达国家都普遍重视文化在对外交流中的独特价值,逐步形成开展对外文化交流的文化自觉。1966年,时任德国外交部长的威廉·勃兰特首次明确指出,文化关系是继政治和贸易之外国际关系的"第三

---

[1] 黄鑫:《冷战后美国文化外交战略》,2010年电子科技大学硕士学位论文。
[2] 胡文涛:《美国文化外交及其在中国的运用》,世界知识出版社2008年版,第31页。

个层面",文化应与政治和贸易一起并列为对外政策的"三大支柱"。勃兰特的观点不仅确立了文化外交在德国对外政策中的重要地位,而且得到了世界范围的广泛认同。美国则把文化视为政治、贸易和军事之外对外关系的"第四个层面"[1]。

近几年中国文化外交从自在到自觉再到主动,开展得有声有色。国家文化部门积极围绕着国家对外关系的工作格局和部署,为达到特定目的,以文化表现形式为载体或手段,在特定时期、针对特定对象开展国家或国际间公关活动。这类文化外交活动往往具有四条标准:一是有明确的外交目的;二是实施主体是官方或受其支持与鼓励;三是在特殊的时间针对特殊的对象;四是通过文化表现形式开展的公关活动。[2]在所有国家文化交流活动中,文化外交往往占据主导性的地位,而且影响巨大。因此,新时期对外文化交流对我们的外交工作提出了更高的要求,要探索更加有效的形式和方式,艺术化推动中国文化的国际传播,中国文化产品和服务才能获得国际社会认可。

2. 文化贸易是对外文化交流主要形态

各类文化产品的跨国流动成为文化互动借鉴的重要载体,文化贸易已成为国家间文化交流的一种主要形式,因此,对外文化交流中围绕文化贸易的政策差异,往往成为文化交流中的一种显性表现。

(1)国际文化贸易态势

文化贸易有广义与狭义之分。广义上的文化贸易包含硬件贸易和软件贸易。硬件指用来生产、储存、传播文化内容的器物工具和物态载体,如摄影器材、视听设备、影视器材、舞蹈设备、游戏和娱乐器材、艺术创造和表达工具等。软件则指文化内容和文化服务,包括广播电视节目、电影动画片和故事片、印刷品、出版物、视听艺术、表演艺术、载有文化艺术内容的光盘、视盘和多媒体、娱乐、会展等。图书版权、音像、电影、电视节目、演艺、游戏、动漫等都属于文化贸易。狭义上的文化贸易是指文化产品和服务的跨

---

[1] 唐虹:《非政府组织和对外文化交流——以英国、法国和德国的经验为例》,《欧洲研究》2009年第2期。

[2] 孟晓驷:《锦上添花:"文化外交"的使命》,《人民日报》2005年11月11日。

国输入与输出的方式,它通过音乐、戏剧、文学、影视作品、雕塑、绘画、舞蹈等不同艺术形式,既传播思想又赚取利润。市场经济条件下,文化贸易承担着文化交流的使命,且发达国家占据主要地位,具有明显竞争优势。

过去20年间,全球文化贸易总额增长了大约10倍。从1980年到1998年间,印刷品、文学作品、音乐、视觉艺术、摄影、广播、电视、游戏和体育用品等文化贸易的年贸易额从953亿美元猛增到了3879亿美元。但是,这些贸易绝大部分在少数发达国家之间进行。1990年,日本、美国、德国和英国是世界上最大的文化贸易出口国,占全球当年文化贸易出口额的55.4%,而文化贸易进口额也高度集中在美国、德国、英国和法国,占全球当年文化贸易进口额的47%。跨入21世纪以后,文化贸易进出口大国排序有所更替,然而总体格局并没有变化,这些国家占据了90%的市场份额。美国是世界最大文化产品进口国,2002年进口额高达153亿美元;英国是第二大文化产品进口国,进口额大约是美国的一半,为78亿美元;德国是世界第三大文化产品进口国,进口额为41亿美元。[1]

西方发达国家在世界贸易中处于强势地位,甚至文化贸易成为出口最大产业。它们积极开拓国外文化市场,作为向发展中国家传播西方价值思想、移植精神观念的重要渠道。在国际文化贸易中,处于弱势地位的发展中国家往往在国际格局中成为文化资源廉价出口国和文化产品高价进口国,因文化产品的输入同样扩大了西方价值观的传播,挤压了本国传统文化发展和传播的空间。美国以强大的经济实力和高技术手段为后盾,在大众传播媒介的支持下,不仅使文化产品成为日常社会消费品,而且在全世界形成了美国商业消费文化空前扩张态势。如今美国文化的传播渠道和方式早已经呈现多样化趋势,电影、电视、音乐、游戏等时尚流行文化都占有很大的全球市场份额,其本身就是美国对外文化交流的重要载体。正是因为这个原因,在20世纪90年代"关贸总协定"谈判中,法国为保护国家和民族文化的独立性,防

---

[1] 刘国华、张小龙:《浅析对外贸易中的文化交流》,《技术经济与管理研究》2008年第2期。

止美国流行文化产品强势进入,坚持文化领域不能适用WTO贸易自由原则,并带头确定了界定"文化例外"的六条标准。法国长期秉持的保护民族文化纯洁性的文化自觉意识,给我们以有益的启示。

(2)我国对外文化交流与文化贸易

我国对外文化交流活动缺少"以人为本"的特征,常被赋予强烈政治色彩,具有鲜明意识形态指向,交流形式被"泛政治化"。民俗性、表演性交流内容没有进入主流社会,无法影响国外精英阶层对中国文化精神的普遍认同和深入了解。对外文化交流要调动政府、民间机构、企业、个人的力量,尊重并创造条件保障民间社会组织成为中外文化交流的真正主体。坚持以政府力量为主导,民间为主体,政府推动与民间实施相结合的方式,有利于避开意识形态壁垒,增强中华文化走出去的亲和力、吸引力和竞争力,在更大范围、更多层次、更广空间上加强我国与世界各国的交流与合作。

对外文化交流与文化贸易互为表里,相互促进。文化贸易是对外文化交流发展到一定水平的必然体现,也是文化交流的重要形态,文化贸易与对外文化交流相辅相成。文化贸易也是非政府组织参与对外文化交流的直接方式和主要形式,发展文化贸易客观上又促进对外文化交流。文化贸易增长既与我国文化产业发展水平和综合竞争力有关,也与我国对外文化交流政策有关。通过市场化、产品化的文化贸易来实现对外文化交流,是我国自觉主动传播中华文化的应有理念。

但我国文化贸易一直处于严重逆差。据有关部门统计数据显示,目前我国文化贸易进出口的比例大约是10:1。中国文化贸易逆差根源因素很多,缺少能够占领国际市场的文化产品,尤其是知名品牌;缺乏国际营销,文化产品传播方式落后;缺少中西文化的"摆渡者",尚未形成完善的中介机制;缺乏政策规范、政策支持力度不够等都是重要成因。同时我国在货物贸易体系中没有自觉地承担起宣传中国文化的责任,利用货物贸易体系在"中国制造"中更多地融入中国文化元素,推广传播中国文化产品。货物贸易渗透贯彻中国文化影响,增加"中国创造"推动制造业升级,都将是未来中国制造业的使命所在。一个国家,当文化表现出比物质和货币资本更强大的时候,当经济、产业和产品体现出文化品格的时候，这个国家的经济才能进入更高的发展阶段，才能具有可持续发展和持续创造财富的能力。不论是纯粹的文化贸易，还是一般产品贸易，都要努力成为传播中国文化的载体，成为文化交流的渠道。

在对外文化交流的形式和方式上，要更多地采用市场化、商业化模式，更加注重物质文化产品和载体的输出与传播。以往对外文化交流更多注重文化活动、文化展演等活动本身，文化交流应该有的物质内容则交往和流通太少，没有很好发挥文化贸易在文化传播交往中的重要作用，文化交流很少有经济效益方面的考虑，不讲实效，交流活动没有后续的推广和商业运作。而国外开展的对中文化交流则注重物质内容的互动交流。只有国内文化产业不断发展，人们习惯于用市场眼光来看待和运作文化交流时，重实效、有物质内容的对外文化交流才会出现。

3. 文化产品输出问题与思路

文化产品输出就是以文化产品作为贸易对象，通过出口将本国生产的文化产品输出到境外，传播本国文化的同时取得相关利益，文化产品贸易是文化产品输出的主要载体和形式。

（1）文化产品输出的"三大劣势"症候

我国是一个贸易大国，可又是一个文化进口大国，引进多输出少。我国文化产品输出，不仅增幅远远落后于国家对外贸易总体增幅，而且存在巨大贸易逆差。我国文化产品输出存在以下三大劣势：

第一，结构性劣势。我国文化贸易的主体是文化制造品，文化内容产品占比很少。中国文化内容贸易范围主要在其传统市场（香港、台湾地区，以及新加坡和美国的华人）；中国创意产业领域的现代化还有待完善，和日本和韩国相比，中国能够输入全球非华语市场的文化成功案例还不多。[1] 文化内容产品中京剧和杂技是最受欢迎的演出产品，这两种传统演出产品代表了

---

[1] 肖东发、姚雪：《评〈主流——谁将打赢全球文化战争〉——当全球文化战争已经打响》，《光明日报》2012年5月27日。

我国海外文化形象。

第二，特质性劣势。在世界主流文化市场上，我国强势文化产品稀少，尤其在广播电视节目、电影、印刷品、出版物、视听艺术、表演艺术等文化内容和文化服务贸易上。我国文化产品具有传统特色，但缺乏时代精神，原创能力弱，时尚感、国际性通用元素较少，制约中国文化产品获得国际市场认可，增加了形成"品牌"认知度的困难。

第三，认知性劣势。我国对海外文化市场产品需求存在认知性劣势，不熟悉国际文化市场具体运作规律、市场需求、受众审美趋向和接受心理。推动文化产品"走出去"不能单纯依赖中介公司去推广，要与当地公司进行合作寻求"本土化"发展，了解当地消费者文化"口味"，否则文化产品输出将失去针对性。

（2）扩大文化"走出去"思路

目前，我国还是一个文化产业弱国，文化贸易出口数额比较少，文化出口国际竞争力不强。促进中华文化"走出去"，增强文化贸易和产品输出，要进一步加大文化输出的能力建设。

第一，政府与企业进行角色转换，加强合作。执行文化交流的主体多种多样，组织和执行活动的政府机关、民间组织、商业机构和公民个人，都可以成为文化交流活动的执行者。美国、法国、日本等文化发达国家的文化传播模式主要以商业为主，而我国多以政府间官方交流或主要由官方出资支持活动为主，大多数文化企业资金少、规模小、竞争力有限，难以独立"走出去"。文化企业要积极参与到政府文化交流活动中，适时将文化宣传转化为常驻性文化销售和文化服务。同时，政府要扶持文化企业开展文化贸易活动。

第二，文化输出须贯穿营销思维。促进我国文化"走出去"，不能停留在举办几届中外文化节等方面，不同文化市场受众群对外来文化接受程度不同，要做足市场调研，针对国外受众群设计出既有中国特色又能满足市场需求的文化产品，做出文化品牌。同时，日韩文化对中国文化的冲击，也提醒我们利用地缘文化空间加大文化影响和产品输出。

第三，文化"走出去"要整合不同政府部门职能，形成联动效应。如何以产业运作方式使中华文化走出去,是我们面临的巨大挑战。文化走出去的关键是文化产品"走出去"。文化"走出去"要提高相关产业的科技水平,利用高科技对文化产品制作、文化衍生品生产等的影响来促进文化产品销售。为避免外界对中华文化走出去的曲解,要高度重视翻译问题,传统文化精髓难以"信、达、雅"地向国外传递,成为文化交流的障碍。开展对外文化交流,应更多地采取符合当地市场运作的方式,按市场规则出牌。

目前,我国不同文化行业门类分属国家多个部门管理,影响了国际文化交流与合作。要全面规划我国对外文化交流和文化产品出口事宜,利用好文化对外宣传既有资源,先实施"整合",再进行"拓展",努力形成整体谋划、联合行动的联动效应。

(三)文化"走出去"政策与文化软实力建构

新时期对外文化交流已不再是过去单一官方渠道,在组织形式和参与主体上不断拓展,但依然有很多问题值得思考,特别是要从政策层面形成一整套策略体系,有序推动文化交流以提高文化竞争力。

1. 我国对外文化交流政策

我国国际文化交流方式和范围不断得到开拓,特别是文化交流政策相对不够完善,尤其需要协调不同部门间的行动合力。

(1)我国文化交流政策现状

在我国,除了公共外交领域的活动外,开展国际文化交流还缺乏全社会共识,也没有完整的政策法规依据。

第一,推动国际文化交流活动的主要部门。除外交部门的公共外交之外,文化外交活动是我国对外文化交流最重要的项目,像从中法合办"文化年"开始,我国已与多个国家互办的文化年项目,在发达国家举办的"中国春节文化周"等活动,都已经成为了品牌性交流项目。国际文化交流涉及多个部门,分散在各自主管领域当中。最集中的部门是文化部,文化部外联局的主要职能是,指导管理对外文化交流和对外文化宣传工作,组织拟订对外文化交流政策,承办组织大型对外文化交流活动等。商务部、科技部、新闻出版广电总局等各个部委在本领域开展国际文化交流活动。这是我国开展国际文化交流的主要阵地和领导者。1979年1月由邓小平和卡特签署的《中美文化协定》，就是几十年来最重要的双边文化交流法律性文件。2001年生效的《联合国政治、经济、文化权利公约》、《联合国人权公约》等，都是我国开展国际文化交流的重要成果和政策性文件。

第二，文化教育项目成为国际文化交流的重要载体。从2004年开始，我国借鉴英、法、德等国推广本民族语言的经验，由教育主管部门负责，在海外设立名为"孔子学院"的非营利性公益机构，以教授汉语和传播中国文化为宗旨。孔子学院是教育对外开放与国际交流的重要窗口，通过汉语教学，加大多元文化的交流与融合，促进各种文明之间的相互理解和包容。这也是迄今为止我国政府主导、政府财政支持的最大国际文化交流项目。

此外，国务院侨办等许多部门都有一些开展国际性文化交流的项目，分别在归口的领域参加或举办一些国际性文化交流活动。

（2）完善我国国际文化交流政策的重点

《国家"十二五"时期文化改革发展规划纲要》专门部署"加强对外文化交流与合作"。政策支持和政府推动，加快了文化产品和服务"走出去"步伐，呈现品牌化、精品化、规模化发展趋势，文化交流与贸易并重局面。从政策层面上看，还存在机制体制的不适应需要改善。

第一，加强国家层面统一部署，制定"国际文化交流"战略规划。目前，国家层面对推进"文化走出去"战略还没有相应的战略规划，没有明确的中长期发展目标、政策支持体系、重点任务和工程，以及实施路线图。结合"十二五"规划的制定，科学编制"文化走出去"的战略发展规划，并作为文化建设战略任务来部署。明确国家与地方的分工和任务，做到各有侧重。进一步完善支持"文化走出去"的具体政策措施，加强部门规章与相关政策的衔接配套，制定和完善地方性扶持政策。

政府部门间要加强协调配合，理顺文化管理体制机制，加强组织领导。国家层面有多个部委负责"文化走出去"工作，由于统筹、协调和指导力度不够，致使信息未能充分共享，一些行业和文化单位各自为政，"走出去"

未能形成整体合力。因此，要加强对外文化贸易的体制机制建设，加强对"文化走出去"工作的领导，国务院已建立文化部牵头的"对外文化工作部际联席会议"，但其部门整合力度有待加强，要提高管理层级，加强协调整合力度。

第二，提高文化传播能力建设以扩大文化影响力。中国文化要走向世界，必须提升文化传播能力，要从政策上切实得以保障传播能力建设。其一，建立国际文化交流的新载体——国际文化服务贸易平台。要积极开拓文化服务贸易市场，在中华文化与世界文化之间，文化交流与文化贸易之间，搭建一个互通互动的交流平台。如深圳国际文化产业博览会和上海国际文化服务贸易平台，已成为国内外文化贸易、国际文化交流的重要载体。其二，创新对外文化传播手段。运用高新技术创新对外文化传播方式，增强中华文化的国际辐射力。高度重视互联网的运用和管理，把发展积极健康的网络文化作为提高我国文化软实力的新引擎。其三，通过非政府组织向海外传播。鼓励青年人走出去，到海外从事教育、文化、医疗、经贸、劳务等各项服务事业，普及中国语言，传播中国文化。借助遍布全球的华人社团，建设一个文化传播的网络，努力发挥海外华人华侨的媒介作用。其四，借助各类重大会议和国际间活动提升中国形象。充分发挥政府官员公共外交作用，积极开展民间外交，通过全方位外交活动，展现我国整体文化面貌，提升良好形象，增强文化吸引力。

第三，更加重视文化产业和文化对外贸易的价值和作用。不同国家在开展国际文化交流中，都需要考虑如何借助文化传播表达自己民族的历史，塑造民族的形象，阐释民族文化的意义，维护民族集体文化认同和民族文化存在特征。以"文化产业"为代表的国际文化交流在新时代担负着主要责任，它可能带来消费模式与价值观念的变革，引发新形态的新兴产业与新潮流。要逐步改变"文化逆差"，即中国的国际文化交流严重"入超"问题。因此，推动中华文化走向世界，要大胆创造各种文化品牌，抓住主流社会高端人群这个关键，使中华文化传播得更广更远。打造一些新的文化交流传播平台，把我们的图像、声音、文字、信息、影视节目更广泛地传播到世界各地。比如山西小城平遥，创造性地开辟出对外交流的"文化口岸"——"平遥国际摄影节",创建了中国第一个国际图片展示交易盛会,搭建了以图片为世界语言的国际化交流平台,吸引了全世界摄影师并通过他们传播华夏文明,促进了中国与国际间的摄影文化交流,提升了中国摄影艺术的品位,积极推动中国摄影艺术走向世界。[1]这是新时期地方政府的一个创造性文化交流举措,一个有效开展文化交流、传播城市品牌和形象的成功范例。

2. 提高文化软实力的途径

国家文化软实力建构涉及多个方面、多个主体,需要政府和民间社会互动,需要国家和个人互动,需要国内和国外互动,需要建设和传播互动。必须统筹考虑,系统推动。这些年,我们国家也已经多方位地开展了大量工作,需要不断总结改进,增强效果。

(1) 建设好海外文化传播阵地

我国已在海外有多个展示中国文化的阵地,要不断完善这些文化传播载体。

第一,海外文化中心和孔子学院建设。我国已在非洲、欧洲和亚洲9个国家建立了中国文化中心(南北美洲和大洋洲尚无中国文化中心),要加快海外中国文化中心建设,建立对外文化传播的有效阵地。目前已经在建、商建和提出希望建设中国文化中心的还有将近40个国家。海外中国文化中心要根据我国外交的总体需要,加强与驻在国文化机构的合作,面向国外主流社会,展示我国悠久文明和当代经济、文化建设成就。在建设布局上,要以欧美和周边国家为重点,辐射广大亚非拉国家,以形成海外中国文化中心网络。

在国家财力支撑下,孔子学院已成为汉语言国际教育和中国文化传播的最重要平台。截至2012年年底,各国已建立400所孔子学院和535个孔子课堂,共计935所,分布在108个国家(地区)。[2]这些规模化的交流活动项目,就是一种完全由政府主导且采用行政性手段进行的文化交流行为,

---

[1] 刘红:《对外文流的"文化口岸"——平遥国际摄影大展的成功经验》,《山西政报》2005年第5期。

[2] 资料来源:《国家汉办暨孔子学院2012年度报告》,http://www.hanban.edu.cn(国家汉办网站)。

成果显著。未来发展中要把握好数量与质量、突出重点与全面推进、语言教育与文化传播、政府引导与市场运作等重要关系，提高国际汉语教育科学化水平。

第二，锻造国际文化交流品牌。近些年，由政府部门主导的一些双边"文化年"活动，在中国的传统节日，特别是春节期间，往往在世界上许多国家举行一些集中展示中国传统文化魅力的活动，已成为有品牌影响力的常态化文化交流项目。未来我们还要整合社会科学、文学艺术、新闻、广播电视、电影、出版、版权、民族、侨务、体育、旅游等资源，充分利用多边和双边机制，开展国家文化年、中国文化节、"感知中国"等品牌活动，打造文化交流新品牌。

第三，整合拓展"文化走出去"的平台渠道和服务机构。文化交流项目多为政府主导的非营利性项目，"送出去的多，卖出去的少"。文化"走出去"运行机制市场化程度偏低，平台和渠道狭小，缺乏以专营中国艺术为主的国际展演经纪机构和经纪人。文化出口指导方面，由于对文化出口贸易研究不够，进出口的数据信息统计有所欠缺，使有关方面不能为文化企业及时提供全方位、有效的信息服务。[1]要整合拓宽渠道，建立国际市场的营销网络和走出去服务平台。加强国际文化产品和服务交易平台及国际营销网络建设，办好重点国际性展会。要加大政府牵头、文化企业参加的各种国际和国内展会的组织力度，以提高中国文化产业在世界范围内的知名度。发展对外文化中介机构，培育专业贸易公司和代理公司，构建完整有效的投资信息平台和文化贸易统计分析体系。要出台"企业投资海外文化产业指导目录"，为文化企业投资海外提供导向和指南；建立健全行业协会，组织国内文化产业机构与海外中介机构合作；以国家财政支持的方式成立文化产品编译工作室，为文化产品提供高水平、高性价比的编译服务。[2]

---

[1] 吴卫民等：《中国文化"走出去"路径探析》，《学术探索》2008年第6期。
[2] 朱琰：《文化交流与文化竞争软实力》，《艺术百家》2008年第4期。

（2）推动文化产品和服务出口

为了使我国文化"走出去"，不论是政策推动，还是培育主体等方面，我国政府都做了大量工作。

第一，完善文化贸易政策。近些年，我国文化贸易政策从无到有不断完善。2004年始，我国文化贸易逆差问题开始受到关注，中宣部等六部委联合下发《关于加强文化产品进口管理的办法》（中宣发〔2005〕15号），这成为文化产品进出口的较早法规之一。《办法》梳理了网络游戏、音像制品、营业性演出、境外电视剧、影视动画片和电视节目的引进及合拍、境外卫星频道落地、境外报刊发行及版权贸易等文化产品及服务进口办法，并提出了文化产品进口经营许可证制度和年检制。2006年《国家"十一五"时期文化发展规划纲要》围绕文化贸易迫切要解决的问题，从渠道开拓、培育骨干型文化企业、实施"走出去"重大项目工程等方面给予了关注。2009年《文化产业振兴规划》，明确将"文化产品和服务出口进一步扩大"作为5个主要目标之一，分别在重点产业领域、渠道等方面进行了原则性的规划，成为我国文化贸易集中政策的一个汇集。但由于条块分割等因素影响，我国文化贸易政策还不成体系，存在着行业不平衡问题，需要完善文化贸易政策的支持体系建设。

第二，加快文化贸易的各类市场主体培育。我国文化要参与国际竞争，关键还是依靠各类市场主体的竞争力。因此，培育一批具有国际竞争力的外向型文化企业和中介机构，形成一批有实力的文化跨国企业和著名品牌，就是形成我国文化贸易竞争力的关键。

（3）创新文化输出的机制保障

近些年，我国政府在机制上不断完善，切实为不同社会主体创造条件，扩大文化输出和文化交流。

第一，鼓励全社会参与国际文化交流。政府的主导作用和主体角色地位要发挥一种指导和引导作用，更多体现在文化外交领域。政府要更多采用引导企业或社会组织采用商业化运作手段，探索市场化、商业化、产业化运作方式，打造一批具有国际竞争力的文化企业，具有重要影响力的国际文化交易平台，挖掘民间文化输出潜力，借助文化贸易达到文化交流目的。

第二，扩大文化企业对外投资和跨国经营。要采取多种方式，鼓励文化企业通过投资、合资、参股等有效途径，在境外兴办文化实体，经营影院、出版社、剧场、书店和报刊、广播电台电视台等。鼓励从事具有中国特色的影视作品、出版物、音乐舞蹈、戏曲曲艺、武术杂技和演出展览等领域的文化企业采用多种形式开拓海外市场，更直接地参与国际文化市场竞争。

第三，加强非政府组织的文化交流功能。非政府组织是国家文化交流的先行者，往往可以既满足民间需求，又分担了国家政府机构不适合完成的任务。开展国际文化交流，要更加重视民间机构和组织的主体作用。只要政府给予非政府组织强有力的支持，保持与发挥非政府组织的独立性，就可以很好地发挥非政府组织在文化交流领域的先行作用，实现非政府组织成为国家输出自己的价值观念、从事文化外交的"主力军"。欧洲各国非政府组织在本国文化对外发展中起到了不容忽视的作用。比如法国最大、最具影响力的国际文化交流机构"法语联盟"，遍布世界133个国家，拥有1070余所分支机构，注册学生45万，每年参加各种文化活动的人次达六百余万，"法语联盟"在中国北京、上海等11座城市设有培训中心，注册学生超过2万人。[1]因此，我们要把政府交流和和民间交流结合起来，发挥非公有制企业、文化非营利机构等组织在文化交流中的作用。

---

[1] 唐虹:《非政府组织和对外文化交流——以英国、法国和德国的经验为例》，《欧洲研究》2009年第2期。

文化产权　文化主权　文化安全

【内容提要】全球化加剧了各国对文化资源的争夺,发达国家经济上的支配性力量衍生出文化霸权,极大冲击了发展中国家文化资源产权。由于缺乏文化产权意识,我国大量蕴含着巨大社会价值和经济价值的传统文化资源被西方国家无偿或低价开发成现代文化产品,行销全球获取高额利润。保护国家文化产权不仅是保护本国利用自身文化资源获取经济效益的权力,也是保护和掌控对自身文化进行阐释的权利,维护民族文化主权和文化身份认同。全球化语境和主权文化的困境与机遇,要求中国以文化自觉自信采取主动姿态和应变策略,以攻为守保障国家文化安全,谋求文化大国的崛起。

以往人们对产权的认识主要集中于有形的物质资料或产品上,基本上没有关注到文化也有产权问题。但是自二十世纪后半期开始,尤其是到了二十世纪九十年代之后,随着文化产业的迅猛发展,文化已经不再仅仅被看作是观念或意识形态的东西,其作为社会经济发展的重要资源和动力的作用得到了凸显。文化作为一种产业资源以精神内涵为主要存在形式,其最大的特点是可以多次开发和重复利用并有很强的再生作用,这就决定了它具有其他资源所没有的强大生命力和巨大开发价值。

(一)文化产权指涉文化权利和文化身份

产权主要指的是以财产所有权为主体的一系列权利的总和,包括财产的占有、支配、使用、处分等行为权利。《牛津法律大辞典》对产权的解释是:产权"亦称财产所有权,使之存在于任何客体之中或之上的完全权利,包括占有权、使用权、出借权、转让权、用尽权、消费权和其他与财产相关的权利"[1]。它所涉及的是对有形或无形的东西实施控制的权利,以及对获得来自这些东西的收入实施基本要求的权利,它还能够保障其所有人依法享有损害赔偿请求权与实施许可合同缔结请求权。产权制度在现代社会的经济运行中起着重要的作用,它是市场交易有序进行的基础性元素,能够保证产业资源配置的合理性和有效性。

布尔迪厄就曾指出:"任何特定的文化能力……都会从它在文化资本的分布中所占据的地位,获得一种'物以稀为贵'的价值,并为其拥有者带来明显的利润。"[2] 现在越来越多的文化内容被投入商业领域,以产业资源的形式进入了文化产品的生产过程,并为生产者带来了巨大的经济效益。人们越来越多地意识到开发和利用文化资源不仅能产生新的人文精神,更能创造经济价值。在新经济条件下,文化资源进入产业链的趋势必然出现,这也使它和其他的资源类型一样拥有了产权问题。

文化产权主要指的就是文化资源的归属和所有权问题,这种权利的拥有者能够决定自己对文化资源的使用、改变、保护和放弃,并可以据此获得一定的经济收入。

以前人们由于缺乏文化产权的保护意识,大多认为文化是公有领域里的知识,每个人都可根据自己的需要自由对其进行使用,而根本无须征得任何人同意,也更无须向任何人支付费用。但随着文化产业的发展,越来越多地

---

[1] [英] 戴维·M·沃克:《牛津法律大辞典》,法律出版社2003年版,第913页。
[2] [法] 布尔迪厄:《文化资本与社会炼金术》,上海人民出版社1997年版,第196页。

出现了这种情况：有的公司（尤其是发达国家的跨国公司）或其他机构利用其在资金、技术方面的优势，获得并利用一个国家或地区的传统文化资源生产出现代化的文化产品，或在他国传统知识的基础上完成新的发明获取知识产权，它们以此获得了丰厚的利润，但却没有给这些文化资源的原始创造者或继承者以任何利益分享，这对文化资源的持有者来说是显失公平的。

文化资源从本质上说属于人类共同的文化财富，可以而且应该实现全球资源共享，人们都可以从自己的视角去消化和利用其他民族的传统和资源。但是从另一个角度来看，一个国家或民族的文化资源尤其是传统文化资源又是本国或本民族人们辛勤劳动的结晶，凝结了代代人的付出，所以其他国家或地区在利用这些资源时应该尊重和保护它们的主权。一个国家对其他国家民族文化的开发和利用不应该是无偿和随意的，而是应当获得其授权，向其支付许可使用费用并尊重和保护其民族文化资源。

由此可见，在现代生产条件下，文化资源虽然具有共享性，但由于围绕它有着一系列的精神价值和利益预期，它的产权归属问题仍然存在且对文化经济的发展有着重要的影响。所以不能认为文化资源可以共享，它归谁所有就没有价值和意义了。

发达国家在经济上的支配性力量衍生出文化权势，这对发展中国家的文化资源所有权造成了极大冲击。西方的"文化霸权"一方面体现在"文化殖民主义"，即将自己的文化大量输出到世界各地，对各国民族文化资源加以消解，或排挤和影响到其他文化，使之逐渐消亡；另一方面表现在对民族文化资源的占用和改造，它们将其他国家的文化资源据为己有或擅自改造，夺取了这些国家对自身文化资源阐释的权利。

在这一背景之下，人们尤其是发展程度较低国家的人们对文化产权的理解和被威胁的感受极为明显，各个国家的文化自觉意识也逐渐被唤醒。文化危机性、文化所属权、文化资产的保护及盈利、传统文化及资源的公有性和私有性、文化的盗用、文化补偿等问题越来越多地进入了人们的研究视野，大家都在思索通过何种途径来有效维护自身文化资源的产权。

（二）经济全球化与各国文化产权争夺

全球化已经成为当今世界发展最根本的特征，它是在世界范围内市场经济发展的大趋势。以信息技术革命为中心的高新技术迅猛发展，缩小了各国和各地区间的距离，在科技进步和经济发展双重动力的驱使下，世界经济活动冲破地区、民族的壁垒，融为一个遍及全球范围的有机经济整体，体现出越来越相互依存、相互联系的关系，这就是经济全球化的过程。根据IMF（国际货币基金组织）的说法，"全球化是指跨国公司和服务交易及国际资本流动规模和形式的增加，以及技术的广泛迅速传播使世界相互依赖性增强"[1]。

经济全球化对当代世界发展的影响是巨大而深刻的，它是现代化进程在当代的深化与扩展，是科学技术和生产力发展的必然结果。经济全球化被称为一柄"双刃剑"，它一方面推动了全球生产力的发展和世界经济的增长，为一些发展中国家追赶发达国家提供了难得的历史机遇，另一方面也加剧了国际竞争和国际风险的程度，并对国家主权和文化造成了严重冲击。总的来看，它促进了资本、技术、知识等生产要素在全球范围内的优化配置，加深了国际的分工与合作，推动了新的国际经济体系和秩序的形成。

在全球化的大潮中，文化的生产和消费活动也冲破了国界，以往一个国家和一个地区内部的文化产业分工和协作，已经发展成为一系列国家和地区之间的大分工和大协作。世界经济的发展和文化交流的增加为文化产业发展创造出了更多的生产条件和市场需求，反过来，文化产业的发展又促进了文化贸易的往来，推动了经济一体化进程以及国际间的文化交流。

文化产业国际化生产方式的发展使传统上对物质资源的争夺转变为对文化资源的争夺。尤其是20世纪后期，新的信息交换方式的建立，极大地方便了人们对文化资源的采集和重组力度。比如多媒体技术就可以在原生态声像的基础上生成各种根据加工者意愿和想象而创造新的视听感觉，而且这个过

---

[1] 国际货币基金组织：《世界经济展望》，中国金融出版社1997年版，转引自康有金：《经济全球化、文化全球化和中国文化产业发展的战略选择》，《河北理工学院学报（社会科学版）》2002年第1期。

程是可以控制和选择的,这也为文化资源的全球整合创造了极为便利的条件。

越来越多的文化资源作为生产要素进入了国际市场,如何更有效地整合全球的文化资源,使这些要素在全球范围内实现最佳配置成了各个国家都必须面对的现实问题。在文化产业的发展过程中,单纯依靠国内资源和国内市场已经远远难以满足产业国际化发展的需要,当今的文化资源处在不断交流的过程中,各国文化产业发展的竞争实际上也就是文化资源的掌控和开发能力的竞争。某一地域、某一国家的文化资源已不再为该地域、该国家所独有,国际化的生产方式不仅使物质资源的争夺全球化,也使精神文化资源的开发走向全球化。

上海社会科学院的花建研究员就曾指出:文化资源的自由流动给拥有不同资源的国家提供了参与国际文化产业分工的机会。在这个文化和经济都跨入全球化竞争的时代,一个国家的文化生产所使用的文化资源,不应该局限在自己脚下,而应该实现向国际化的跨越,要放眼于世界,用各民族的优秀文化成果生产出具有国际性的文化产品。[1]当今的世界,资源的开放加剧了各国对文化资源的争夺,发达国家在这一过程中凭借强大的生产能力,把生产空间越来越多地拓展到了发展中国家的文化资源身上,利用他国文化资源发展本国的文化产业,创造本国的产业利润,这在客观上也限制了其他国家文化产业对本国文化资源的利用程度。

发达国家的跨国公司成为推动文化资源国际化的重要力量和载体,它们利用其技术先发优势和全球经营策略,大力整合国际文化资源,以求在全球范围内最大限度地攫取利润。文化跨国公司既能根据国际市场的变化迅速调整结构,开发出新产品,又能在全球范围内对各种资源和经营能力实现优化组合。另外在开放的条件下,各国的资金、技术、人才资源等也都随时处于变动的配置当中,这有利于跨国公司从世界各地挖来顶尖人才,汇集先进的创意和技术。

经济实力雄厚、开发技术先进再加上信息和资源的收集能力强,这是当

---

[1] 花建:《经济全球化与中国文化产业的资源开发战略》,《学术季刊》2001年第1期。

今一些文化跨国公司具有强大综合竞争优势的根本原因所在。文化产业发展已表现出这样一个规律：越是国际级的文化产业集团，就越是能够组合利用世界各地的文化资源，越能生产出为不同国家和人民接受的文化产品和文化服务，谁的借鉴、创新能力强，谁就能利用其获得更多的利润。

美国文化产业和文化贸易的高明之处就在于它将全世界的文化资源拿来进行"美国式"改造和再加工。它虽然缺乏文化资源的深厚传统，但有影响力的文化产品却层出不穷，就是因为它不但充分挖掘本民族的文化资源，而且善于从其他民族的历史和故事中为文化产业取材，决不放过任何一个有价值的资源。动画片《狮子王》配乐《雄师今夜沉睡》雄浑有力，充满非洲原始韵味，倾倒了无数观众，并帮助该影片获得了极高的票房收入。这首曲子实际上是由非洲祖鲁族歌唱家林达改编自其本族的民歌，林达不仅改编了乐曲还完成配曲、填词和录制工作。根据迪斯尼公司的估算，这首歌曲的版权使用费收入在 2000 万美元左右，而林达只拿到了象征性的 1 英镑。[1] 这些以低价或免费原料制成的文化产品在让发达国家文化商人赚得钵满盆满的同时，却并没给资源的原始创造者带来什么经济利益。

（三）中国文化产权的流失与保护

以往由于我国对传统文化资源缺乏产权意识，发掘不够，再加上缺乏用国际化手段制造适合于当代受众的产品，往往被外国企业先入为主，致使资源流失国外的现象严重。很多资源被外国人抢先开发成文化产品并成功返回到我国文化市场上，获取丰厚利润。更严重的是，有些资源被外国据为己有，丧失了所有权。

1. 中国文化产权流失的现状

保护好中华民族的传统文化资源已经成为一个不容回避的焦点话题。比如 1999 年，太阳马戏团与成都战旗杂技团合作，推出了以中国杂技为主的大型现代综艺节目《龙狮》。中国的杂技团提供了优秀的杂技资源，太阳马

---

[1] 朱榄叶：《保护传统知识：知识产权领域的新课题》，《社会观察》2005 年第 5 期。

十、文化产权　文化主权　文化安全

戏团参与了节目的创编，但是最终节目属于太阳马戏团，在宣传海报上，根本见不到"中国"字样。随后几年，该节目在世界各地巡回演出，取得了巨大成功，观众接近 400 万人次。太阳马戏团每年安排《龙狮》节目的演出在 350 场以上，每场票房在 10 万—20 万美元之间，而战旗杂技团每年拿到的演出费却只有 60 多万美元。

美国动画片《花木兰》的热映就曾引发了国人对自身文化资源流失状况的忧虑，十年之后梦工厂以《功夫熊猫》再次在世界动画市场打起了中国元素牌。它选取"功夫"和"熊猫"两大中国国宝级的主题元素，加上汉字、鞭炮、筷子、包子、庙会、针灸等具有浓郁中国特色的符号，再加上中国传统的水墨山水画法、余音绕梁的中国传统曲风配乐，讲述的却是一个美国式的励志故事。《功夫熊猫》在北美以首周末 6000 万美元跻身票房冠军，在中国的放映也是在一片争议声中赢得完胜。

在游戏界，《水浒传》、《三国演义》、《西游记》都遭遇到了日本游戏企业的抢注。其中，科乐美公司于 2003 年 5 月 14 日抢注《幻想水浒传》游戏商标，以中国著名小说《水浒传》之 108 人为基础，制作奇幻类角色扮演游戏。全球最大的 K-Java 网络游戏提供商日本巨摩公司于 2004 年 3 月 9 日抢注了《西游记》、《水浒传》、《三国志麻将》、《巨摩三国志麻将》等商标，这使国内动漫界很多以《西游记》、《水浒传》、《三国志》衍生的网络游戏面临被诉侵权遭封杀的厄运。

2005 年 10 月，由韩国申报的"江陵端午祭"被联合国教科文组织正式确定为世界文化遗产，留给中国人一连串关于保护传统文化的反思。"端午祭"的"申遗"成功还仅仅是一个开始。2007 年底，媒体又传出韩国学者提出汉字"申遗"的消息，宣称"汉字是古代韩国人发明的"，再一次对中国历史文化资源的所有权发出了挑战。韩国还在德国举办了"韩国是印刷术的起源国"展览，此中展出的诞生于 1377 年的《白云和尚抄录佛祖直指心体要节》，被它们称为"人类历史上最古老的金属活字本"。另据报道，韩国人还拟将"中医"改为"韩医"申报世界遗产。韩国人对中国文化资源的侵占还体现在另外一些潜移默化的宣传或表达之中，《大长今》在其剧情里，将许多中国菜都冠以头衔称是韩国发明的,最后竟然"满汉全席"也被当成了韩国菜。

另外,中国还有一些独具特色的民族文化资源,由于以往重视不够,缺乏相应的法律和政策性保护措施,再加上经济能力的薄弱,也面临着被严重侵权和大量流失的困扰。我国传统文化资源蕴含着巨大的社会价值和经济价值,但目前基本上是在被无偿使用,受现代知识产权保护的缺陷,很多开发者对那些世代努力维系并发展传统知识的民族的传承者和拥有者不用支付任何报酬,这极其不利于传统资源的保护工作。

在黔东南的少数民族聚集区,一些外国人花钱让人到民族村寨里专门收购各类民族文化服饰和民族工艺品。由于这些多是贫困地区,外国人可以廉价购买到很多具有极高艺术和经济价值的服饰,然后作为旅游工艺品轻松带出境外,转手就可以高价出售或进行展览获益。贵州省一位少数民族文化人士到纽约进行民族文艺表演时,就曾意外地看到了一出"中国少数民族服饰展"。展品包括上百套非常齐全的贵州少数民族服饰,其中一些甚至是他在国内都没有见过的。法国巴黎一家私立民俗博物馆馆长也对我国的民族文化研究专家说过这样的话:"100年后,中国人要研究苗族的服饰文化,或许还要到我的博物馆来研究。"该馆收藏有180多套苗族服饰,其中,黔东南的苗族服饰就有108套,极具文物价值的月亮山地区祭祀服"百鸟衣"有15套,超过了贵州省内的收藏。

从法律制度上看,我国目前对民族传统文化知识权利的保护,可能涉及的法律主要有《著作权法》、《商标法》、《专利法》、《文物保护法》等,这些法律对民族传统文化保护都存在明显困难和不足。从立法上,现今法律制度通常并不认可传统文化资源的产权价值,也不承认使用传统文化资源的相关义务,不给予文化的所有者以产权保护。它们多是将传统文化资源视为公共物品,属于可被免费使用的资源。

国际上现行的知识产权保护体系偏重于从已然充分商业化了的文化活动的角度阐释知识产权保护,许多传统文化遗产因缺乏权利主体的明确性、作品的独创性、发明的新颖性、传承的文献性等条件而难以进入知识产权法保护范畴。从总体上看,它更偏重于保护发达国家的现代文化生产体系,而对传统文化深厚的发展中国家保护较弱。

受其限制,西方发达国家利用我们传统文化资源制作文化产品时,不必在乎什么产权问题,不必为产权支付什么费用或仅支付很少的费用,而在把资源转化为现代创意产品之后,在进行文化贸易时就大讲产权问题,实行严格的保护措施,使我们在使用它们现代智力成果或创意时要付出极高的成本。

2. 保护我国文化产权的意义价值

保护一个国家的文化产权,保护的不仅是国家的经济利益和在国际市场上的竞争力,同时也是在保护自身的文化身份和文化可持续发展能力。

当今世界上的文化交流并没有达到真正意义上的平等与双向,人们并不是都具有平等的能力或自由去做出选择,尤其是在获得资源、权力、信息和媒体方面的不平等,制约着这种能力。文化资源的利用与整合更多代表着居于文化和经济强势地位的民族和国家的利益诉求,它们最大限度地得益于这种交流,因为这种交流获取现实的商业利益,而处于弱势地位的国家则极为被动,这也使文化的多样性受到了极大的冲击。

发达国家利用自己的技术和资金优势对发展中国家的文化资源进行改造,不经来源群体的同意而任意使用,这使得创作民间文化的群体不仅没有获得任何经济上的回报,而且使得有些文化资源被有悖于群体习惯和原创目的而使用,造成了当地文化的变异。尤其是有的人为了更多地赚取商业利润,迎合消费者的口味,将一些带有宗教和神圣意味的资源,肆意加以扭曲和篡改,这不仅给原文化生产群体造成了经济损失,而且往往带来精神伤害。

美国等西方发达国家提出的"全球开放式"的文化资源战略,为其文化产业的发展建立起了合法化的全球文化资源供应与保障系统,使各国的资源都暴露在国际文化产业巨头的掠夺与竞争的压力面前。发达国家由于对国际文化市场所拥有的控制力,使得以他们为主体的评判和阐释标准成为世界性的标准。经济上的支配力量再加上产业开发意识的先进,使他们不仅有对本国文化资源阐释的权利,而且越来越多地获得了对其他国家文化资源内容的解释权,衍生出西方的文化霸权主义。他们以自己的标准衡量他人的文化资源,从自己的角度将各国文化资源改造成所需的文化产品,使文化产品生产和消费表现出单一性的机制。在国际文化市场开放的条件下，这些文化产品又极易被传送回资源的原属国，这就极有可能威胁到这些国家文化产业的发展，或对文化资源的创新产生负面的诱导作用。

当代人们习惯于从文化的差异和区别中认同自身的国家身份和文化特性，对他国文化不了解、曲解在当今世界上是一个普遍问题，"每当一个民族或国家在生死存亡的危难关头，它都会从自己文化资源中汲取力量。因此，对本民族文化资源的开发和利用，就不仅一般地涉及文化资源的保护，更重要的是对其意义世界解读的话语权"[1]。

保护国家文化产权也就是要由国家掌握自身文化资源意义阐释和利用其获取经济效益的权力。在全球多元文化博弈的时代，外族、外地域的文化产业的发展对本民族、本地域的文化资源构成相当程度的威胁，使本地域的文化资源难以得到正常的延续、传播和利用。在这种环境中，保护国家文化资源的安全成为各个国家不容回避的问题，它是使一个民族拥有自己民族文化得到保持、保护与发展的权利，对于衡量民族平等及一个民族的生存与发展都有十分重要的意义。

联合国教科文组织1998年《世界文化发展报告》对后发国家在文化遗产数字化过程中面临的危险曾明确指出：由于后发国家缺乏对本国文化资源的有效保护，依赖于国际资本实现其文化遗产数字化，从而在知识经济时代的国际格局中再一次成为文化资源的廉价出口国和文化产品的高价进口国，那么，它们失去的将不仅仅是对自己文化的解释权，而是整个文化遗产的基本含义发生的变异，从而使一个民族迷失最基本的文化认同感，在文化的根部彻底动摇它存在的依据。[2]

目前，文化产权问题已经引起了国际社会的广泛关注。在《联合国可持续发展二十一世纪议程》中就提出了"推行或加强适当的政策和（或）法律文书，以保护土著人民的知识和文化产权以及维护其习俗和行政制度和办法

---

[1] 胡惠林：《中国国家文化安全报告》，山西人民出版社2006年版，第79页。
[2] 胡惠林：《中国国家文化安全报告》，山西人民出版社2006年版，第80页。

的权利"[1]。另外，联合国教科文组织通过的《保护民间文学艺术表达，防止不正当利用及其他侵害行为的国内法示范法条》、《保护传统的民间文化建议案》、《保护非物质文化遗产公约》也都关注到了传统文化的产权问题。在它们的推动之下，各个国家也在加紧出台各项措施来保护文化产权。我国在2006年发布的《国家"十一五"时期文化发展规划纲要》就提出，要做好重要文化资源知识产权的挖掘、整理工作，建立国家重点文化知识产权保护目录。但总的来看，不管是世界上还是我们国家对文化产权的保护工作还处于初级阶段，缺乏具有可操作性的、且比较易于为人们普遍接受的具体条文和表达，保护体系亟待完善。

（四）全球化语境和主权文化的困境与机遇

全球化是当今时代的基本特征，文化全球化是经济全球化发展到一定阶段的产物，文化全球化的最终目的应该是实现文化在全球范围间的交流和沟通。世界文化从不存在超越于各民族文化之上的统一"世界文化"，经济全球化不等于文化全球化，世界上也不可能存在单一价值体系的所谓"全球化"的文化。

"文化走出去"既是一个文化战略，更是一个政治战略，是中国参与全球化时代话语权争夺的重要举措，是在"非传统安全"成为国家主要安全威胁的背景下，维护中国"文化安全"的重要举措，增强文化竞争力和国家软实力的需要。

文化全球化是经济全球化的产物，在我国刚刚步入经济全面发展初期，又突遇文化全球化巨变，这对我国文化发展造成较大程度冲击，文化竞争更趋激烈。

1. 中国文化发展需要文化交流和融合

如今文化发展中，不同文化间互融渗透、借鉴生发是一种常态，文化交

---

[1]《联合国可持续发展二十一世纪议程》第26章：确认和加强土著人民及其社区的作用方案领域，26.4.（b），转引自颜纯钧：《文化产权和文化安全》，《东南学术》2004年增刊。

流和融合也是文化发展的主要动力。

在中国经济融入全球经济的同时，我们应以开放胸襟、兼容态度和科学精神对待外国文化，汲取人类创造的一切优秀文明成果。中华文化与世界其他国家或民族的文化是相通的，只有"引进来"才能加快中外文化之间的碰撞和融合，通过自觉的文化批判和文化选择，使中华文化根深叶茂，永葆青春。但也要主动"走出去"，向世界展示中华民族优秀文化，用实际行动促进不同文明间的对话，共同推动世界文化多样化发展。

开展对外文化交流要更新文化观念，树立大文化观，使文化交流赶上世界变化脚步。如何更加全面地理解文化的深刻内涵，直接制约着对外文化交流的行动和内容。中国文化是中国人在几千年生存发展的历史延续中生活方式的综合体，绝不是一开展国际文化交流就拿出展示的杂技、中国功夫、大红灯笼等所谓中国元素。"中国人对文化有一个狭隘的理解，总以为文化就是唱歌、跳舞，搞点文艺活动。法国人理解的文化是大文化。这个大文化层面上的互动，带给双方的影响是深远的。"[1]这一大文化的观念，一个重要的层面就是人的素质和精神面貌。在国际文化交流中，建筑、音乐、电影等文化产品的作用很重要，但人的因素最为根本。随着现代交通通讯和信息传播手段的快速发展，世界范围内文化交流活动的深度和广度大大拓展，包括各类艺术节庆、文化展示展览、演艺、文化产品贸易等传统载体外，奥运会、世博会等国际性文体活动已成为各国开展文化交流的重要平台。开展文化交流首先就要有一个开放、宽泛、更加具有时代特点的文化理念作指导，对发展民族文化而言也是一个重要要求。

2. 文化全球化语境挤压发展中国家文化空间

承载着文化内容的各种文化形式正不断涌现，信息全球化由于互联网革命而得到数十倍的增长，各种形式的主流文化也正在不断成长，而且今后将出现更多的主流文化，并且将会根据地区以及人口分布而表现出不同的形态。

现实国际环境中，以文化为核心的国家软实力竞争更为残酷，更加隐蔽。

---

[1] 赵灵敏：《对外文化交流：喧嚣背后的思考》，《南风窗》2005年第2期（下）。

全球化时代的对外文化交流中，谁引领文化潮流，谁就将会成为"主宰"。发展中国家往往因为文化内容创造上的技术、市场、资金、经验等方面的不足，文化资源、人才大量流失，本土文化资源遭受国际流行商业文化肆意排挤，文化阐释权利难以发挥，文化主权的保障遇到前所未有的挑战。因此，文化创造和传播受到巨大国际竞争压力，开放环境下文化生产领域更是直接面临失守危险。

而美国、日本、韩国等发达国家的文化产业集团，以其强大资金实力、高科技水平、先进市场化经营理念，迅速向全球扩张，不断挤压弱势国家的文化产业，进一步加剧各国文化产业发展的不平衡。中国经济总量虽然跃居全球第二，但是文化影响力和文化产业发展还相当落后。从技术上看，西方文化企业广泛应用数字、仿生等高新技术，文化产业与高新技术产业融合很好，而我国文化企业多停留在传统技术甚至手工制作阶段。在抢占市场方面，西方发达国家文化产业发展成熟、经验丰富，熟悉市场规则和市场运作，我国文化企业不能适应市场化发展要求，发展相对滞后。根据世界文化影响力指数排名所提供的数据，中国排名第7位，属于世界大国。然而，我国文化生活现代化指数排第57位，属于初等发达国家，文化竞争力指数排在第24位，属于世界中等强国。中国要从一个文化资源大国转变成文化产业强国，任重道远。

3. 网络文化遭遇更大安全风险

进入新世纪以来，通信技术、数字技术和网络技术融合发展，改变了人类文化生产、传播、消费的固有模式，各种新兴文化业态层出不穷，网络空间成为文化建设新领地和文化管理新领域。

网络传播的跨国界、时空距离边界消弭、传播便捷迅速的特点，进一步加大了网络传播中的国家政治和文化冲突。网络跨界传播特征决定了网络空间充斥了自由流动的信息内容，各种文化思潮激烈震荡交锋，对我国社会主义意识形态带来了严峻挑战和考验。网络传播弱化了发展中国家对发达国家信息舆论宣传防御的能力，信息基础设施落后也进一步加大了"南北"信息鸿沟，进一步弱化了传统传播本来就处于守势的发展中国家。当前互联网流通信息中，80%以上网络信息和95%以上服务信息由美国提供。中国在整个互联网信息输入和输出流量中，仅占0.1%和0.05%。能否以先进技术传播先进文化，让互联网成为传播先进文化的有效载体，关系到社会主义文化事业和文化产业的健康发展，关系到国家文化信息安全和国家长治久安，关系到中国特色社会主义事业的全局[1]。

另一方面，网络社会"人肉搜索"等网络暴力事件，各种网络群体性事件，个人隐私等精神权利、网络知识产权的保护，网络舆情引导和有序疏导，各种论坛、虚拟社区的管理等各种网络社会管理机制亟需形成，密切网上和网下两个社会的有效统筹管理，特别是针对信息泛滥的各类舆情的有效管理，都成为网络社会性媒体管理的重要内容。网络推动了政府信息的公开，但增加了新闻管理的难度；网络带来媒体新空间，但传统媒体面临被边缘化危险；网络成为了反映社情民意的渠道，也是情绪宣泄的场所；网络加强了对各级领导干部的社会监督，但也易产生网络暴力。因此，要高度重视网络文化建设，加强对互联网、手机短信等新兴媒体的应用和管理，支持重点新闻网站建设，提高网络文化产品和服务的供给能力，主动引导网上有效防范和遏制有害信息传播，努力使互联网成为传播社会主义先进文化的前沿阵地、提供公共文化服务的有效平台、促进人们精神文化生活健康发展的广阔空间。

（五）文化大国崛起的主动姿态和应变策略

我国经济的崛起呼唤与经济大国相匹配的文化大国的确立，必须要有清醒的文化自觉意识。面对全球化浪潮和开放政策推动下汹涌而至的全球文化，不同的文化研究者和国际关系战略家发表了不同的观点和主张，尤其是对于以美国文化为代表的世界强势文化铺天盖地的涌入，一些人深表隐忧，甚至以文化侵略、文化帝国主义、文化殖民的激烈言辞予以批判，流露出一种民族文化的保守性的民族主义倾向，也有人抱持着普世主义、世界主义的态度欣然接受。经济全球化背景下世界经济一体化已经是无法回避的环境因素，

---

[1]胡锦涛：《以创新的精神加强网络文化建设和管理 满足人民群众日益增长的精神文化需要》，《人民日报》2007年1月25日。

而正在寻求中华复兴的中国在各种体制、文化、生活方式上该采取什么样的实现方式和策略？有学者指出，中国文化建设正在面临一个无法回避的问题：我们应该把"经济全球化"看成是新一轮的"外来文化"影响，还是将之看作中国改革开放、经济迅猛发展所引发的内生性需求？经济的影响必然伴随着文化问题的产生。

1. 不对称崛起中呼唤"文化大国"崛起

包含文化复兴在内的中华民族的伟大复兴，是一百多年来几代中国人的梦想，也是今天吸引民族经济振兴的内在精神支撑和不竭文化动力。伴随经济发展的中国综合国力不断增强，世界了解中国的需求逐渐升温，在文化建设和产业发展中为中华文化和文化产业走出国门、走向国际市场奠定了坚实基础。同时，我国文化发展实际与文化大国相比却存在很大差距，产业化的运作能力和经验还处于起步阶段，我国的文化实力在国际竞争中还处于弱势地位。随着全球文化多元化时代的到来，"文化"越来越多地成为一个国家的"名片"。但在国际文化交流中，中国文化并不具备与我国的大国地位相匹配的话语权，文化产品贸易也长期处于严重逆差状态。因此，不断提升中华文化在世界上的影响力，增强文化产品的国际竞争力，突出文化在综合国力竞争中的地位和作用，使文化发展的水平与我国的经济实力和国际地位相适应，是当下我国增强国家文化"软实力"、塑造国家形象、呼唤促进和谐世界理念的国际政治文化生态的战略举措。如此话语环境下，必须实现面向国际文化市场的涉外文化产业的发展，缩小文化贸易的差距。

20 世纪中叶以后，随着发达国家的经济逐步从工业型功能向服务型功能的转变，第三产业的比重不断上升，文化产业也得到长足的发展，发达国家一些"磁石吸引力"城市的文化创意产业发展，在经济增加值和吸纳就业等方面成为增长最快的领域。根据英国文化媒体暨体育部创意工业局局长西奈（Michael Seeney）的分析，在 2000 年创意产业为英国带来 600 亿英镑的收入，2001 年带来 785 亿英镑的收入，出口收益达 87 亿英镑，聘用劳动力达 195 万人。到 2003 年，创意产业成为英国的第二大产业，仅次于金融业，经济贡献率占到国民生产总值的 7.9%，所提供的就业机会则居全国第一位。

伦敦已经将创意产业作为核心产业来发展,创意产业的发展也让伦敦这座古老的工业城市重新焕发了活力和光彩。知识经济所推动的全球化发展正进入"后工业时代",非物质性的、符号的交换和消费已经成为超越民族国家的典型的增长领域,国际文化贸易在迅速扩张,全球文化市场在迅速形成。按照联合国教科文组织的统计,在过去20年,世界文化商品的国际贸易额呈几何级数增长,从1980年到1998年,文化贸易量增长了10倍,印刷品、文学作品、音乐、视觉艺术、摄影、广播、电视、游戏及体育用品的年贸易额从950亿美元激增至3880亿美元。这个数字还不包括多媒体、软件和其他版权产品的贸易。美国文化产品的出口已占到其外贸总收入的38%。文化产业以其巨大的文化附加值带动了相关产业,并以巨额利润吸引了越来越多投资者,加快了人才流、资金流、物流和信息流的流动速度,加快了与信息化密切相关的全球化进程。

　　我国经济的崛起呼唤与经济大国相匹配的文化大国的崛起,我们必须有自己的文化自觉意识。"经济的文化化"和"文化的经济化"也已成为同一历史进程的两面,产业发展的趋势就是文化、科技、经济的融合,文化创意、技术创新和经济增长已经成为一个统一的整体。文化产业作为一种生产文化意义的"内容产业",正在向几乎所有的产业门类渗透,作为与知识经济和科技产业密切相关的文化产业,创意产业日益成为支柱性产业,文化产业已成为发达国家主要的经济支柱和经济指标,文化产业提供了新的经济增长点和就业机会。20年前,美国文化产业在国民经济之中的比重还排在第12位,现在则上升到第4位。美国影视视听产品(影视和音像)在国民经济中的位置从1985年的第11位跃居于1994年的第6位,占国际市场的40%。仅美国《读者文摘》杂志社,就拥有6000多名员工、以19种语言、48种国际版本在100多个国家编辑出版,总发行量达2800万份,年收入为20亿美元。在日本,1998年娱乐业生产经营收入达40亿日元,超过日本汽车工业的总产值。

　　现在全球范围内文化产业异军突起,经济形态已经开始在总体上转向以文化意义为基础,在这样的环境下,我们提升综合国力的文化经济发展遭遇了前所未有的压力,起点低产业薄弱但又必须突围,使我们不得不寻求世界范围内的文化资源整合和发展。我们总是强调我国是一个文化资源大国，在发展文化产业方面具有先天的优势，但我们必须清醒地认识到资源优势并不是必然转变为产业优势，美国动画片《花木兰》就是一个典型的个案。从本质上说经过好莱坞的改造，一个中国题材的故事转化成了一部完全美国式的王子式的英雄、受难的主角式的逻辑模式，中国题材的北美变种已经没有了中国文化的精神和价值内涵。这该让那些因为有深厚丰富的文化资源而太过乐观的国人警醒，资源比较优势不见得会自然地转化为产业的竞争优势。美国文化产业的强大与它对世界文化的吸收转化很有关系，主动吸收不同文化的成分融合到自己创造的文化中，然后把打着自己文化烙印的产品"再出口"，变成一种行销世界的大众文化产品，在转换中却不留痕迹地注入了美国文化的精神基因，这也是美国的很多文化产品雄霸全球的成功秘诀。美国的文化产业已经形成了一套成熟的运作模式，在当今400家最富有的美国公司中有72家是文化企业，美国的音像业已经超过其航空航天业居出口贸易额的第一位，占据了40%的国际市场份额。与此同时，美国在发展文化产业方面积累了多方面的经验，诸如全球化市场理念，充分吸收世界文化资源和人才，投资主体多样化，大量吸收非文化部门和个人资金，对文化产业进行政策扶持，注重法律规范和道德监督，重视世界级品牌建设，增强国际竞争力等。早在2003年，美国的电影产业在其国内的票房就有94.4亿美元收入，海外票房更是高达108亿美元，占据了全球市场60%的市场份额。据2010年3月12日美国电影协会（MPAA）发布的《2009年电影市场统计报告》，2009年美国电影全球票房收入再创纪录达到299亿美元，相比2008年的278亿美元又增长了7.6%。其中海外票房收入193亿美元，占全球票房的64%，仍是美国电影票房重头。美国电影海外票房与本土票房约2∶1的比例已经保持七年不变，其中亚太地区涨幅最大，票房进账从2008年的68亿美元增至77亿美元，增加了9亿美元，增长12.3%，其中日本和中国就贡献了增长部分的81%。根据美国电影协会《2012电影市场年度报告》，如今中国已经成为全球第二大电影市场。2012年，全球票房收入347亿美元，比五年前增长了32%。其中北美市场收108亿美元，较前年增长6%，占全球总票房的31%。中国电影市场票房收入增长了36%，总票房达27亿美元，超过日本，成为仅次于美国的全球第二大电影市场。

另外，根据2013年1月国家广电总局电影局公布的数据，2012年，全年生产故事影片745部（含电影频道出品的数字电影92部）、动画影片33部、纪录影片15部、科教影片74部、特种电影26部，全年生产的各类电影总量达到893部。2012年，全国电影总票房达到170.73亿元，同比增长30.18%。其中，国产影片票房82.73亿元，占全部票房总额的48.46%。电影"走出去"工程稳步推进，2012年，在境外40个国家和港澳台地区共举办了118次中国电影展（周），展映国产影片614部次，有47部国产影片译制成英、法、西、阿、俄等十个语种，共向48个驻外使领馆提供了526部次影片，为举办中国电影展映活动提供了保证。全年共有390部次影片参加了32个国家及港澳台地区的77个电影节，其中，有55部次影片在21个电影节上获得73个奖项。2012年，中国电影积极开拓海外市场，全年有75部影片销往八十多个国家和地区，海外票房和销售收入达10.63亿元。[1]随着全球化进程的加快，国际文化产业的竞争越来越受到人们的重视。美国文化产业经验，对于正在发展文化产业、打造文化大国的中国不无启发。

目前，有专家从国家产业安全的视角，表达我国产业发展中企业的竞争力培育问题，"探讨经济全球化背景下的国家产业安全问题，首先要界定两个基本概念：经济全球化和国家产业安全。我认为，经济全球化在资本主义社会初期已经开始萌芽，大体上经过资源贸易、产品贸易、技术贸易、资本输出输入四个层次。产业安全的关键是我们的企业要做强，不断地提高企业竞争力，提高企业人员素质。同时，要加强企业的管理。使我们的企业都努力争取做到国内领先，国际一流。只有这样，才能够真正保障我国产业的安全"[2]。

2. 文化引进与文化输出

在我们的文化自觉意识的带动下，建设文化大国要处理好文化建设的国

---

[1] 2013年国家广电总局电影局新闻通气会通稿（2013年1月9日），《电影艺术》2013年第3期。

[2] 成思危：《经济全球化背景下的国家产业安全问题》，《财经界》2006年第9期。

际关系，最为主要的是处理好引进和输出的关系。我们不仅要善于引进还要善于输出，我们不仅要睁眼看世界，还要能够昂首走向世界。目前，和存在着巨大的外贸顺差相反，我国存在很大的文化贸易逆差。这个反差，要求我们学习和借鉴经济领域促进外贸的一些政策和做法，更多地以外贸的方式来推动中华文化走出去，促进中国文化传播逐步国际化，使世界文化贸易份额逐步增加，全面改善与全球各国各民族的文化沟通和情感交流，成为文化输出大国。

文化产业集中代表了现代经济、文化发展日益融为一体的全球性趋势，文化产业在我国的崛起有其客观必然性，显示出蓬勃发展的强劲势头。但中国文化产品的输出依然非常薄弱，中国现在实际上成为美国、日本、韩国文化产品的加工作坊，中国人挣的是产品加工费。韩国作为一个小国，其文化能够向外传播，得益于全球化这个时代，韩国文化产业的组织运作及其产品确实又具有高位优势，顺应了流行文化的传播由高往低这一规律。据韩国文化观光部统计，从 1997 年起其电视节目出口每年以 33% 增长，其中 19% 销往中国。韩国电视节目出口额自 1999 年的 761.5 万美元，提高至 2001 年的 1235.6 万美元，其中 2001 年韩剧出口达 9515 集，出口额约达 790 万美元；2002 年韩剧外销收入达到 1639 万美元，出口集数为 12363 集；2003 年韩国电视台节目出口比 2002 年增长 46%，达 4300 万美元，进口则约 2800 万美元。在节目出口产品中，韩剧就占 86%（亦即约 3698 万美元），因此韩剧成为韩国最大的电视节目输出品。而且出口市场以中国、日本、新加坡等亚洲国家为主，一些经典剧目还出口到俄罗斯、埃及和阿拉伯半岛。据统计，截至 2003 年，韩国的文化产业总产值已占 GDP 的 5%，2004 年韩国的文化产品已占据世界市场 3.5% 的份额，成为世界第五大文化产业强国。

文化没有政治经济的支撑，就不会有传播力，经济的优势往往使文化拥有了话语权和说服力，使文化能够被接受者容纳。韩国作为后发展国家在现代化方面的成功者，其经济确有相对优势，如韩国的汽车、电子、服装、图书出版、化妆品等行业在中国就很有影响力，这是韩国文化产品在中国流行的深层原因。文化资源更是直接成为其经济发展的巨大力量，经济发展获得了新的资源与动力,经济与文化的交融与互动实现了前所未有的统一。"没有强大的本土文化产业为后盾,文化外贸就失去了根基,国家文化安全就失去另外依托。我们不仅要善于引进来,更要大胆地走出去;不仅要善于引进资金和产品,更要善于引进国际惯例和共同规则,并充分利用这些规则保护我国文化产业,开拓国际文化市场。中国文化企业不能永远只在内河航行,还必须驶向广阔的海洋。只有走出去,才能享受世贸组织的权利;只有大力实施'走出去'战略,才能在世界文化市场占有一席之地。这就需要我们睁大眼睛看世界,了解世界,学习借鉴其他国家的经验,不断增强中国文化产品的'远航'能力。我们的对外文化贸易,不仅要出口低端和初级文化产品,而且要更多地出口附加值大的高端文化产品,积极参与高端文化竞争,把涉外文化产业做大做强。"[1]

而就我国的文化产业发展程度来看,还处于初级阶段:企业总体规模小,实力弱,市场竞争能力不强,一时难以大范围实现文化"走出去"战略,即将文化产业及产品输出到世界上去。就文化产品的国际化问题而言,存在着两个集中的结构性缺陷:一是文化产品的进出口总额在国家对外贸易总额中的比例偏小,二是文化产品的进出口存在着巨大的贸易逆差。这表明文化产业的整体发展规模和国际竞争能力还亟待提高。只要积极实施文化产品走向世界的合理策略,未来在世界文化市场上必能获得一席之地,推动中华文化走向世界。有学者就认为,中国的文化产品应该在立足本土文化的同时,尽量做到与国际市场接轨,用现代意识来处理传统文化资源,沟通中西文化之间的巨大差异。同时,中国文化产品走入国际市场也必须采取切合文化发展实际的策略:一方面牢牢控制国内市场份额,另一方面利用文化亲和力,辐射港台、东南亚华人文化圈,以及韩国、日本等亚洲汉语文化圈,成为区域市场上的强有力竞争者。同时积极培育欧美主流市场,为中国文化产品进入欧美市场铺平道路。

要积极参与国际文化交流与竞争,要实行送去主义与拿来主义相结合。

---

[1] 孟晓驷:《和谐世界理念与外交大局中的文化交流》,《求是》2006年第20期。

文化的生命力在开放性环境下会因为积极的自觉意识和建设行动而焕发文化的生机。我国当前除了学习吸收世界先进文化的同时，还要向世界展示自己灿烂的文化，将中国优秀文化送到国外，使世界逐渐了解中国。因此，大力加强中国文化对外传播的力度，积极主动地走向世界，也是一种促进文化产品亲和力、竞争力的手段，是营造中国文化的崭新魅力的途径。最近一些年，在文化产业发展的同时，这种跨文化交流中的积极主动行为越来越多，并且逐渐形成一些文化品牌，取得了很好的效果，最典范的莫过于孔子学院的设立、多国互办文化年等集中的文化项目和文化活动的开展。

随着我国国力的增强，我国的世界影响已经成为一个不可忽视的存在，了解中国也成了世界各国迫切的需要。语言是一个国家文明的基础，是了解一个国家的第一工具，"语言从来就是政治、文化斗争的有效工具，获取民族和国家经济利益的重要手段，保持和发展国家—民族共同文化的重要内容。文化安全问题也体现为语言安全和信息安全问题"[1]。孔子不仅是中国文化图腾，也是第一个走进西方文明的中国文化符号。从2004年开始，我国在海外设立了以教授汉语和传播中国民族文化为宗旨的非营利性的"孔子学院"，受到了许多国家和地区的重视。

中国大办孔子学院，其实也是通过汉语培训的同时，推销中国文化，树立中国形象。孔子学院已不单纯是汉语教学的场所，而是所在地与中国进行教育、文化、经济、贸易等交流合作的平台。来自教育部的统计数字显示，目前海外通过各种方式学习汉语的人数超过3000万人，100个国家超过2500余所大学在教授中文，英国、泰国、印度尼西亚等许多国家都把汉语纳入了本国正规教育体系。汉语如今在美国成为学习人数增长最快的外语，有2400所美国学校计划开设汉语课程。韩国和日本学习汉语的人数超过100万。同时，拉美、中东和非洲国家学习汉语的人数也在迅猛增长。这些年伴随我国经济崛起的同时，"中国威胁论"等各种不和谐的声音也甚嚣尘上，我国的形象被妖魔化，外在的原因不谈，也有我们对国家形象公关不

---

[1] 潘一禾：《文化与国际关系》，浙江大学出版社2005年版，第246页。

足有关。虽然世界已经步入信息时代，但西方人对我国的了解还停留在一条垂落腰际的大辫子的影像之上。中国功夫、李小龙、瓷器、龙、辫子、孔夫子等，是许多西方人对中国人的第一印象或精神想象，其中唯有孔子是最值得行销的文化概念。作为已经在整个世界产生深刻影响的思想，"孔子"形象正面，传播广泛，十分方便于国家形象的公关。而孔子提出的中庸思想，他主张的"和谐"、"和睦"、"和平"，以及"和合之境"、"和而不同"等观点，也逐渐成为中华文明贡献于当今世界的重要的文化思想。作为与这种文化软形象的主动推广和传播姿态相联系的活动，我们分别与法国、俄罗斯、意大利、德国、西班牙、爱尔兰等国家互办文化年，在埃及等国家互相永久设立文化中心，致力于塑造具有国际文化品牌的传统春节庆典活动，所有这些都加深了不同国家对于中国文化的认识和了解，增强了中国文化的影响力、亲和力，这种文化传播方式必然促动中国文化产业和文化产品服务的输出，氛围的营造起到了一种"润物细无声"的功效，中国出版业在第58届德国法兰克福国际书展上的表现，就是一个很好的证明。

多年以来，我国版权贸易一直处于严重逆差状态，尽管这些年有所缩小，但还是逆差。据国家版权局的不完全统计，2001年中国图书、报纸、期刊出口额为1769万美元，进口额为6904万美元，是出口的4倍，2005年我们整个出版物的版权贸易逆差是7.2∶1，图书的逆差是6.54∶1。而2005年书展中国展团首次实现贸易顺差。据统计，中国展团输出版权1936项，引进版权总数为1254项。除了版权输出，还实现了多层次间的国际合作，与国外出版商针对国际市场，共同策划海外读者关注的、反映当代中国的出版物。到了2009年，我国的图书输出数量为4177项，版权引进输出比为3.30∶1。据海关总署发布的数据显示，2012年，我国出口文化产品217.3亿美元，较2011年增长16.3%。近年来，世界对中国文化产品和服务的需求不断增加。数据显示，"十一五"期间，我国核心文化产品出口额年均增长8.1%，我国文化服务出口额年均增长20%；图书版权引进输出比例由2003年9∶1下降到2011年2.1∶1。视觉艺术品为我国主要的文化出口产品。我国出口视觉艺术品142.1亿美元，增长52.5%，占同期我国文化产品出口总值的 65.4%；出口印刷品 28.5 亿美元，增长 7.1%；出口乐器 14.9 亿美元，增长 6.6%；视听媒介产品出口 28.4 亿美元，下降 44.2%。文化产品主要出口市场为欧盟和美国，对拉丁美洲、东盟和非洲等新兴市场的出口增长较快。我国对美国出口文化产品 61.5 亿美元，下降 3.8%；对欧盟出口 51.7 亿美元，增长 1.6%；上述二者合计占同期我国文化产品出口总值的 52.1%。同期，对拉丁美洲、东盟、非洲分别出口了 17.2 亿美元、15.4 亿美元、13.6 亿美元，同比增长 72.2%、120%、120%。[1] 贸易逆差在逐年不断缩小，文化国际传播能力和影响力有了很大提高。

积极利用文化、外交、传媒等手段来宣传和树立良好国际形象，增强我们自身的"软权力"，积极参与国际文化竞争，增强自身文化的影响力和感召力，由文化资源大国成为一个文化产业大国，增强文化产业在国家经济中的贡献力量，使之成为推动经济发展的支柱产业，这是一个系统的工程。文化大国的地位不能够单纯依靠急功近利式的大众文化的产业输出就能奏效，还必须依靠自身文明素质的提高与文化建设的加强，这是我们在企盼文化大国的国际地位时必须端正的一个关键性问题。从国家战略角度看，中华民族历来就是讲信修睦、崇尚和平的。中国历史上的崛起都是走的和平发展的道路，主要是通过文化的同化和辐射，这已经成为中国国家战略一个非常重要的传统。

中国作为发展中的大国，文化崛起是中华文明复兴的重要内容，文化主权成为建构历史文明大国理念的组成部分。这个宏大目标的实现，将依赖于我们内外互动，事业与产业相谐，从而能够在相互的促进中打造世界文化强国。经济全球化的潮流和发展趋势，也逼迫中国文化在经济全球化背景下要采取多种文化战略，以"文化力"提升国家综合竞争力和影响力。

---

[1] 顾阳：《文化产品出口有望成为外贸新亮点》，《经济日报》2013 年 3 月 28 日。

后 记

整理完这部书稿已是凌晨,不经意间望到了窗外斜挂夜空的明月。这两年北京天气常为雾霾笼罩,夜空灰蒙就成了常态,而今晚的冷风吹散了夜空的灰蒙,也好似唤醒了我轻松明亮的心情,毕竟完成一件事情后有一种如释重负的轻松感,放松的心情驱走了连夜伏案的疲倦。

思考政府文化管理工作,围绕政府文化管理问题开展研究,是我最近五年来最重要的事情。这个机缘要追溯到2008年3月初,当时我马上要从中国人民大学从事博士后研究出站,恰好现国家行政学院社会和文化教研部主任祁述裕教授,需要一位从事文化管理研究的人,协助他围绕公务员文化管理专题培训做些准备工作。于是我就来到学院,协助祁述裕教授开办文化管理专题培训班。从搜罗国内高校的办班方案,到学院第一期厅局级公务员文化专题班的方案拟定,再到联络授课专家学者,进行沟通交流。就这样国家行政学院文化专题培训班从无到有,并成长为品牌班次。如今我们已经筹办了十余期文化专题班,既有来自全国文化管理部门的厅局长班,也有中央国家机关司局级干部选学班,既有厅局级班,也有省部长班,文化管理内容培训已经成为国家公务员培训的重要领域。

随着文化建设纳入国家发展战略,文化管理研究也在实践推动下不断深化。《政府文化管理前沿》一书就是我几年来从事文化管理研究的一个集中体现,全书围绕政府文化管理工作的重要领域和重点问题展开,比如政府公共文化服务体系建设、文化产业发展、文化体制改革等宏观性政策性问题,也有文化产业园区、新媒体、网络舆情管理等重点问题,结合政府文化工作进行了深入探究。其中,几乎所有内容都在学术期刊和重要报纸公开发表过,比如《人民日报》、《光明日报》、《北京日报(理论版)》、《东岳论丛》、《福建论坛》、《学习与探索》、《学习与实践》、《行政管理改革》、《学术探索》、《瞭望》、《武汉大学学报（人文科学版）》、《江汉大学学报（人文科学版）》、《四川行政学院学报》、《青年记者》等，其中有十余篇被《新华文摘》、《红旗文摘》、中国人民大学书报资料全文转载，还有数篇论文获得过国家行政学院和湖北省委宣传部的优秀论文奖，产生了很好的社会反响。当然思考研究的深入还得益于近些年所从事的很多文化管理课题研究和参与国家相关政策制定的实践，参加了中共十七届六中全会文件相关课题研究，参与或主持大量公共文化服务、文化产业研究、新媒体管理等相关课题，文化部委托国家"十二五文化产业发展规划研究"，参加"国家十二五文化产业发展规划建议"、"十二五文化产业发展倍增计划"、"文化部财政部发展特色文化产业的指导意见"等文件的制定起草。承担多项地方政府委托文化规划编制工作，比如北京市、贵州省文化发展战略规划研究等。还作为评审专家，直接参与了国家级文化产业园区等项目的评审等。所有这些工作让自己深入到文化发展前沿，了解政府文化管理工作的紧迫需求和实际成效，深化了自己的学术研究。

视野宜宽，读书需博，研究要专，这是我给自己提出的职业要求。学术研究没有止境，从不敢因一得自足，实际上每一点收获都包含着师友的无私帮助。在这里我要向国家行政学院祁述裕教授、龚维斌教授表示谢意；向中广传播集团孙朝晖董事长、文化部文化产业司赵建军处长表示谢意；向提供发表阵地并帮我完善文稿的朋友致谢，有一些文章就是在约稿催促下完成的。当然，我也要向家人的理解支持致谢，虽然实绩不大但却付出了很多，即使周末也时常呆在办公室读书写作，如驶岁月中总算给自己留下了一些实在的记忆痕迹。

两千多年前那位故乡先哲，似乎总是在不断地提醒着我，逝者如斯，不舍昼夜。往者已矣，瞩望来者。那就让我们把希望留给未来吧，也给自己一个更好的交代。

高宏存记
2014 年春节在望